中国思想的古今之变

蔡晓 著

中国工人出版社

自 序

我们为什么要梳理和学习中国思想

思想是由问题引发的。

在新时代，我们面临的一个重大理论和现实问题是：在西方众多思想流派中，为什么马克思主义能够在中国扎根并开花结果？要回答好这个问题，需要从思想层面去分析。我们说马克思主义理论品格与中国思想具有高度契合性，而这种高度契合性使得马克思主义能够在中国历史文化沃土上扎根并最终枝繁叶茂。那么，这种高度契合性体现在哪里？

我们遇到的另一个重大理论和现实问题是：如何把中国古代思想的话语体系与现代话语体系进行有效转接？这是从前一个问题引出的另一个问题。要回答这个问题，需要建立在对中国思想史梳理的基础之上。比如，作为体现中国思想特色的仁学，在不同历史时期，其意义就有很大不同。从孔子到董仲舒、二程、朱熹，再到近代的谭嗣同，都在讲"仁"，但他们的理解有明显差异。同样讲自然，老子的自然、庄子的自然，到现代人讲的自然，含义肯定不同。而在政治合法性上，中国政治有一条三千年亘古不变的原则：得民心者得天下。它是在怎样的基础上形成的？

我们遇到的第三个重大理论和现实问题是：中国今天所取得的成就究竟依靠的是什么？世界上曾经或依旧有许多号称信仰马克思主义、信仰自由市场理论的国家，却很少能实现现代化转型，有的甚至陷于困境，而中国则展现出前所未有的发展潜力，其中原因值得探究。习近平总书记指出："如果没有中华五千年文明，哪里有什么中国特色？如果不是中国特色，哪有我们今天这么成功的中国特色社会主义道路？"[1]只有中华五千年文明是别人搬不走的、是别人所没有的，这是否意味着中国当今成功的奥秘还要从中华文化特性中去寻找，从中华民族特性中去寻找？这些特性就体现在中国人独特的思维方式、文化性格和精神世界，即中国思想之中。

我们要回答所面临的这些问题，就需要对中国思想的古今之变进行重新梳理和学习。

梳理中国思想须有方法论的选择。

第一，须与国学的进路相区别。国学总会使人联想到国故、国粹，如一大堆发黄的纸片和一大把自珍的"敝帚"。一定要避免自得其乐和自娱自乐。对中国传统文化的梳理不应是文献的堆砌——有学术、没思想，也不应是传统学派（如汉学、宋学）的简单延续——有传承、没转换，更不应把早已被时代抛弃的东西再捡回来。我们所讲的思想是流动的、有生命的，是与当下密切关联的，也是能指引未来的。在中国现代思想谱系中，依然有很多古代思想的影子。比如，两千多年前老子仰望星空吟唱"祸福相倚"，庄子立六合之内察知"安危相易"，孟子大声疾呼"生于忧患，死于安乐"，现在的国歌依然是"中华民族到了最危险的时候"，党的领袖依然反复告诫全党"于安思危、于治忧乱""安而不忘危、存而不忘亡、治而不忘乱"。"忧患意识"是中华文明的精神标识。孔子说："兴灭国、继绝世、举逸民，天下之民归心焉。"我们现在要走的中国式现代化道路，其本质是不走侵人之国、夺人之财、断人之路的

1 《习近平谈治国理政》第4卷，外文出版社2022年版，第315页。

资本主义国家发展老路，而是凭借自己的双手和智慧，与世界人民携手共进。“立人立己、美美与共”是中华文明的另一个精神标识。在处理与他人、他国的关系时，孟子有一个办法，就是先自我反省。君子不轻易发怒，要有理有利有节，一旦发怒必将如泰山压顶。“人不犯我，我不犯人；人若犯我，我必犯人。”此语深得中国思想之精髓。我们需要让古人说现代人能听懂的话，用现代语言来表达古人的思想。

第二，还要与西方学术的进路相区别。我们曾经教条地套用唯心、唯物的标签来梳理中国思想史，或用雅斯贝尔斯的“轴心时代”理论来解释中国思想的起源和发展，或采用别的西方史学理论来解释中国思想的变迁。这会使我们看不清中国思想的本来面目和价值，成为西方学术的应声虫。比如，当西方学者解剖和反思现代性危机，我们的学者就随声附和“要注意现代性对人类生活的侵蚀”；当西方学者要解构民族主义，我们的学者赶紧表白“讨厌民族主义”。其实所谓现代性危机主要是西方社会的危机（上帝死了，一切都有可能），解构民族主义主要是为了确立西方中心主义（主权至上观念成为西方霸权的阻碍）。只要对中国文化有一定了解就会明白：中国是不可能出现西方社会那种与种族主义相结合的极端民族主义的。自古至今，中国人讲天下主义，民族意识反而薄弱，民族精神正是要大力提倡的。在我看来，中国思想的演变走了一条与西方完全不同的路径，就要有自己的研究框架和方法。

第三，关注现代中国主流思想与古代思想的传承。采用从流溯源，再从源顺流，发现纵贯三千年而绵延不绝的民族精神。从中国现代思想、中国特色社会主义的内核出发寻找历史文化支撑，从中国思想源流关系看清楚现代思想之所以如此的文化基因。分析不同时期思想人物的观点时，力求在准确把握其本义的基础上发掘其现代语境下的意义。采用这样的方法后，笔者会经常思考这样一些问题：中国共产党的全心全意为人民服务宗旨是否有中国历史文化支撑？我们党倡导的吃苦在先、享受在后的率先垂范精神是否也有古代思想渊源？这些思想是来自马克思主义，还是主要来自中国思想滋养出来的中华民族精神？

第四，以中西比较的视野，看清楚“我之所以是我”的鲜明特质。我们已经到了可以与西方平视的时代，既不妄自菲薄，也不居高临下。西方有基于西方历史文化传统的理想社会追求，中国同样有基于自身历史文化传统的理想社会追求；西方有基于西方历史文化传统的政治理论，中国同样有基于自身历史文化传统的政治理论；等等。采用这样的分析方法，笔者同样会思考这样一些问题：现代政治秩序一定要建立在“契约论”基础之上吗？中华文明定义下的政治合法性、理想社会是什么？中国思想对人类不平等现象、君主专制是如何分析的？中华文明定义下的“公”与西方文明定义下的“公”是一回事吗？

第五，从思想演变的内在逻辑中，把握不同时期的思想内容，以人为纲并发现思想观念的传承关系。中华文明的悠久与活力就在于它是一部流淌着的思想史，一部变化着的观念史，既有前后的一贯性，也有不断的创新。“苟日新，日日新，又日新。”“周虽旧邦，其命维新。”新、创新、不断创新，是中国思想的使命，是中华文明的使命。但是在创新、求新的过程中，必然有一些最基本的东西是不变的。采用这样的分析框架，我们不禁会思考这样一些问题：中国思想史难道真的如一些西方学者所嘲讽的那样，是停滞的历史？中国思想古今之变的基本逻辑是什么？中国思想的底层逻辑、形而上的基础是什么？按照这样的方法，中国思想的讲法就会与过去有很大不同。

笔者将中国思想的起源定位在商周之际，中国思想的古今之变就要从周公而不是孔子开始。传承中国三千年的道统和治统皆始于周公，以后两者分开，道统由具有强烈文化使命意识的士人来传承，治统则由熟悉中华典籍的历代君王来传承。中国思想是道统的外在化、具体化、历史化。

“天”是中国思想的元概念。当我们对天和天人关系有了系统性认知，形成了较完整的观念世界，就意味着对中国思想的起源有了一定认识。我们通常讲五千年中华文明，但观念史、思想史还是应该从西周开始。最初的中国思想有若干重要特征：突出人的主体性，强调以人而非以神为本位；提出民众是国家的根本，强调以民而非以君为本位；将用于祭祀的礼抽取出来，扩展到人伦关系，用礼法规范社会。这些特征影响着华夏文明的基本品格。周公的政治思想，散见于《尚书》的各篇文诰。他所设计的天、君、民政治关系，蕴含着“得民心者得天下”这条三千年来中国政治亘古不变的原则。从周公思想中抽取的忧患意识、率先垂范等观念，成为中国人恒久的民族精神。他提出的关怀弱势群体、对百姓实施教化等思想，是历代施政者的重要指引。随着西周社会礼崩乐坏，儒、墨、道的创立者——孔子、墨子、老子开始出现，他们面对一个共同问题：如何实现天下太平、万邦安宁？他们从不同角度书写答案、创立学说，孔子的核心是仁爱，墨子则抬出鬼神，老子的主题是自然。将这三位代表人物的思想与作为西方文明重要源头的柏拉图、亚里士多德的思想和《圣经》相关内容作比较，会有新的发现。孔子的理想更具有现实性，而柏拉图开启的是西方“乌托邦”史；墨子的鬼神思想注定不可能演变为宗教和神学；老子的自然是与人合一的有机体，正如西方的自然是与神纠缠不休的生物或机器。

这些最初的特性，到了诸子就更明显，他们共同塑造出中华文明品格。商鞅的法治是以“富强”为价值导向，而非西方的以“制衡”为目标。韩非构思了一个冷酷的“理想国”——明君之国，一条见首不见尾的神龙用“法术势”牢牢把控着一切。儒、道两家的发扬光大者——孟子、庄子，则开启了中国思想史上两条特色鲜明的主线。通过生、死、忧、乐和从俗、化俗等问题的孟、庄观点的对比，可以看出他们代表着完全不同的两种精神气质——一种是站立于道义制高点的仁者无敌、浩然正气，另一种则是人物混同、随波逐流、难得糊涂。如果从身心脱离羁绊来定义自由的话，孟、庄代表着中国式自由的两个方向，一个是从道不从君，不以孔子是非为是非，另一个是顺应自然，放浪形骸而不为俗事所拘。

随着汉帝国大一统格局的形成，“道术为天下裂”的局面结束。一种融合儒墨道和阴阳五行的新儒学在汉初逐渐形成，其代表是两汉群儒之首的董仲舒。他从天人相副和天人感应出发，将西周以来“以德配天”思想推向极致，提出皇权来源——君权天授，皇权监督——灾异谴告，君民关系——君民同体，政权更迭机理——天命转移，革除弊政改朝换代——治道可变但天道不变，天地人之秩序——三纲五常等一整套庞大精致的学说，对后世产生深远影响。他还提出德治、法治、礼治相协调的社会治理模式。德者，得也。董仲舒所说的德治是强调百姓要有所获得，而现代意义上的德治其实更接近他所说的礼治。随着东汉秩序的瓦解，一种新的学说——玄学开始出现，它一改烦琐的经学体系，让庄子思想大放异彩。

主宰南北朝和隋唐思想界的是西来的佛学和本土的道教。佛学的中国化、道教理论的发展，构成这六百年思想史的主题。与成佛、成仙相对立，一种以成圣为目的的学说——宋明道学，有宋一代开始产生。宋明道学分为理学、心学两支，成为中国古代思想的一座高峰。之所以说是“一座高峰”，因为它实现了那个时代的“致广大、尽精微，综罗百代”。这是一套建立在“理一分殊”、万物莫不有理基础上的形而上体系，从宇宙本原、宇宙演化到人与万物的关系，几乎无所不包，但核心还是讲内圣之学的修身、修心。孟子说的“学问之道无他，求其放心而已”成了道学家讨论最多的命题。到了心学的末流，几乎整个民族的精英人物都一窝蜂地陷入求心、修心之中。心学固然造就了“不从人脚跟转”、敢于与世俗搏斗的志士，但也养成了一批志大才疏的读书人，陷入以主观代替客观，以偏激为真理的泥淖之中。直到明末巨变，一批思想人物才有了沉痛反思，“士无实学”是当时的真实写照。顾炎武是从理学内部完成新思想的阐发，将天理和人欲都断定为人性，将尊德性与道问学统一起来。王夫之从社会历史的考察中，提出“今胜于古”的进步史观，展开对君主专制的批判。从“性日生日成”中概括的“人性可变、可革”是王夫之人性论价值之所在。黄宗羲的政治学解决了两个大问题：一是给出了“别人凭什么统治我”的中国式答案；二是提出了民本政治的目标，即共有、共治、共享。

从本质上讲，1840 年鸦片战争之后的晚清巨变是晚明巨变的放大版。一个是北方满人入主中原带来的巨大刺激，另一个是西方列强欺凌中国带来的更大刺激，两者都促使中国思想发生变革，只是晚清思想的变革更为深远，但两者之间的精神是相通的。晚清思想有两条主线。一条是“体制外”读书人、普通百姓，利用西方思想与中国传统结合创立新学说，并用这些学说来指导社会革命。这一条主线以太平天国运动和兴中会、同盟会为代表。另一条是“体制内”士大夫、高级士绅，也借用西方文明成果与中国传统结合，提出改良学说。这一条主线以魏源、冯桂芬等的改良思想，李鸿章、张之洞等领导的洋务运动，康有为、梁启超等推行的戊戌变法为代表。两条主线的最大公约数是如何实现古老中国的现代化转型。第一条主线提出土地分配、妇女解放、基层政权建设等问题，第二条主线提出发展工商业和普及教育等问题。这些问题直到中国共产党带领人民建立中华人民共和国才得到了较好解决，它是以打倒封建主义、帝国主义为基本前提的。

20 世纪初，马克思主义进入中国，这是民族之大幸，因为它为中国实现现代化转型提供了扎实的思想基础、制度基础。许多人会有两个疑惑：中国为什么会接受马克思主义？一个有着五千年文明的社会，为什么能用完全敞开的、欣然接受的心态拥抱这一来自西方的理论？本书对这些问题作了初步探讨。中国人是在传统社会瓦解、传统文化处于低谷的时期接触马克思主义的。中国的先进分子把马克思主义作为改造和重建人与自然、人与人、人与社会新秩序的理论武器，马克思主义的真理力量使中国思想在革命性锻造中被激活，重新焕发出生机活力。斗争精神是马克思主义通过中国共产党人送给中华民族的最好礼物，它重塑了中华民族精神风貌，一扫国人近代以来唯诺恭顺的“奴才”形象，使中华民族彻底摆脱任人宰割的悲惨境地，成为一个意气风发、敢于胜利、空前团结的民族。同时要指出的是，中国化的马克思主义，必然带有中国文化的印记。如果说列宁建党学说中“思想灌输”是关键词，那么毛泽东建党学说的关键词就是“思想觉悟”。一个讲灌输，一个讲觉悟，体现着不同文化背景下思想建设的不同路径。在基督教文化的背景下，西方式社会主义往往同“得救”相联系，与中国思想相结合的中国特色社会主义则与“富裕”相联系。对中国普通百姓来说，最讨喜的寒暄语就是“恭喜发财”，富裕是大家的共同愿望。中国特色社会主义必然是让一部分人先富起来，先富带后富，实现共同富裕。孔子说：“富之然后教之。”孟子说：“天之生此民也，使先知觉后知，使先觉觉后觉也。”二者体现着同样的思维逻辑——让百姓富裕了然后再讲道理，致富路上不让任何一个人掉队，帮扶和脱贫路上一个都不能少。中国特色社会主义的关键词正应是“富裕”和“共同富裕”。

这本书包括了中国思想史中比较重要的一些观念。当读者打开这本书开始阅读，能感悟贯穿中国思想史的生生之谓易之精神、自强不息之力量、厚德载物之气度，还有直冲霄汉之浩然正气，那么就真正进入了中国人之精神世界。倘若如此，便是作者所求之事了。

蔡晓

二〇二二年秋于京

目　录

第一章 中国思想的起源

中国思想的源头可追溯到伏羲。《易》说：『古者包牺氏之王天下也，仰则观象于天，俯则观法于地，观鸟兽之文，与地之宜，近取诸身，远取诸物，于是始作八卦，以通神明之德，以类万物之情。』华夏先祖最初就是通过观察天地获得启示，与神灵交通、万物相宜，从而创立了早期文明。伏羲摆脱纯粹物质利益的束缚，不满足于吃喝繁衍，而是仰望星空、俯察大地，思考生命价值，描画理想社会。从人类学角度看，这恰恰是人类脱离动物状态而产生文明的开端。不过，作为严格意义上的思想——形而上的观念最初还是在商周之际开始系统形成。

一

以人为本位：天人合一的本义

认识天以及天与人的关系，是中国思想起源的原点。以“天”为元概念的天道观，是最具中华文明特色的思想，离开对天道观的分析，就不可能真正理解中国思想。概要地说，在殷周之际，华夏族就形成了“神灵之天”“道德之天”“自然之天”并立的天道观，天人合一是其基本特征。

《礼记·表记》说：“夏道尊命，事鬼敬神而远之，近人而忠焉。……殷人尊神，率民以事神，先鬼而后礼。……周人尊礼尚施，事鬼敬神而远之，近人而忠焉。”可以推测：殷商时期对神灵崇拜达到华夏文明的顶峰。他们认为天、地、人无一不是被神灵控制，神灵可以给包括天子在内的万民带来福祉或灾难，人生的主要工作是祭祀神灵。一种以神灵为本位、王权由神灵授予和支持的“神灵之天”天道观支配着殷商社会。殷商的祖宗神与主神（上帝）合为一体，永远庇护殷商族子孙。郭沫若在《先秦天道观之进展》里说：“殷时代是已经有至上神的观念的，起初称为‘帝’，后来称为‘上帝’，大约在殷周之际的时候又称为‘天’。……由卜辞看来，殷人的至上神是有意志的一种人格神，上帝能够命令，上帝有好恶的，……这殷人的神同时又是殷民族的祖宗神，至上神是殷民族自己的祖先。”[1] 在殷墟甲骨片上，我们可以找到殷商时期对上帝崇拜与对祖宗神崇拜合一的确凿证据。商王每隔十天就要占吉凶，每有大事必用

1　郭鼎堂：《先秦天道观之进展》，商务印书馆 1936 年版，第 14—15 页。

龟占卜问吉凶。祖宗神与上帝一同操控天命，庇佑商族子孙，保证殷商政权的稳固。

公元前1046年，周武王发起牧野之战，终结了殷商统治。周代殷是古代中国的重大事件，实质是重新规划华夏文明发展道路——走向世俗化。为了给周人统治的合法性提供依据，必须建立一套新的“意识形态”。周人首先做的事情是重新定义“天”。殷人的天由神灵所支配，专门庇佑商王及其万代子孙，如果不改变对天的认识，周人的统治就是违背天命。因此，周人要降低神灵的地位，转而用道德即人的德性高低作为获得天命的根本依据。周人还创造了一个观念，天下万民都是天的孩子——天民，所谓“天生烝民”。周代殷是因为“皇天上帝，改厥元子”。“元子”就是长子的意思，是说皇天上帝已经把长子的地位转由文王一系来继承，使其成为管理万民的新天子。周人的天已经成为“道德之天”，已经不是能够庇护殷商的“神灵之天”，它将根据人的德性高低来决定天命归属，纣王因为残暴而辜负天的期望，最终失去天命。

“周虽旧邦，其命维新。”相比于殷商社会，西周社会发生了改天换地式的变化。所谓“改天”，是指逐渐由“道德之天”替代“神灵之天”，天子的职责是“敬天保民”，要做到“顺乎天而应乎人”，能否给民众造福才是天命永固的关键；所谓“换地”，是建立以礼乐为核心的、宗法制度下的分封制，明德慎罚，从制度上废除了人殉、人祭等。考古已经证实，周人故地的墓穴中极少有人殉。随着周代商，一种新的观念开始形成，比如，“天地间，人为贵”，侍奉神灵不如安天下万民；“天命无常，惟有德者居之”；万民皆为天的子孙，上天所看到的就来自百姓所看到的，上天所听到的就来自百姓所听到的。连孔子这位殷商贵族的后裔都由衷赞叹“郁郁乎文哉，吾从周”，发出“始作俑者，其无后乎”的批评。

在华夏先民对天人关系的理解上，还有另一条路径不能忽视，那就是在与自然搏斗的“地平天成”中，在仰观天象、俯察大地的经验中，逐渐产生的用“自然”的眼光看待万物的“自然之天”的天道观。古代天文学的发展对这一天道观的深刻影响，是不能忽视的。从日月星辰有规律地运转，到一年四季周而复始，万物依时生长、恒定有序，由此形成一种天地依据道（规则）来运行即“道法自然”的天道观念。这种“自然之天”与“神灵之天”“道德之天”并存，成为中国古代思想起源的原点。“神灵之天”“道德之天”“自然之天”的天道观，三者之间既相互独立，又相互渗透、相互影响。

“人”这个字很早就产生了。甲骨文、金文中“人”的字形是弯腰祭拜或施礼的样子，是一个懂得自谦、有教养、有礼仪的形象。“人”的地位比较高，主要指氏族先王、王者、氏族贵族（君子）、在位的官员。到了西周初年，“人”这个字可以泛指。当时有“国人”与“野人”之分，说明“人”不再专指贵族，而是泛指有别于禽兽的人种。但殷商以来“人”是高贵的、懂礼仪的、有教养的观念却留存了下来。《礼记·礼运》说：“人者，其天地之德，阴阳之交，鬼神之会，五行之秀气也。”“人者，天地之心也，五行之端也。”“人”是天地之德、天地之心，其地位已经到了无以复加的地步。这种以人为本位，高扬人类高贵、人类价值的意识，与世界其他文明相比，可谓独树一帜，是古代中国何以强大、文明何以绵延不绝的根本原因。

二

以民为本位而非以神、君为本位

《尚书·五子之歌》说："民惟邦本，本固邦宁。"这种"民众为国家根本，国君须敬畏民众"的古代民本思想发端于西周之际。民本思想在近代曾经遭到污名化，似乎不如"民主"来得高大上，其实这是一种错误的类比。民本除了表达民众是国家的根本，还从民与神、君的关系中得以表达，即以民为本位，而非以神为本位；以民为本位，而非以君为本位、以国为本位。

无论是已经消亡的古巴比伦、古埃及文明，还是希伯来、古希腊、古罗马文明，神都是至高无上的，人的最大荣耀就是成为神的奴仆，以神为本位就是必然的归宿。唯独华夏文明强调以民为本位，在民和神的关系上，主张民是神的目的，神只是为民服务的工具。《国语》中有大量神民并举的叙事方式，体现了"事神保民"的思想，将"保民""和民"视为前提，如果"非德""民不和"，神也不会享用哪怕是最丰盛的祭品，更不会降福。《左传》记载姬姓的随国国君夸耀自己祭祀用的牲口毛色好且肥壮，黍稷也很丰盛，肯定会取悦神灵。大夫季梁反驳道："夫民神之主也，是以圣王先成民而后致力于神。"他还警告说，靠国君个人祭祀丰富没有任何用处！同为姬姓的虢公向神祭祀请求赐予土地，史嚚（yín）却说虢国要灭亡了，理由是"国将兴，听于民；将亡，听于神"。

对于民与国家、君主，孟子的"民为贵，社稷次之，君为轻"当属经典表述。孟子的思想有着深远的历史文化渊源。周幽王时期，郑桓公提出周是否会衰败的问题，史伯给出了肯定回答，还以"民之所欲，天必从之”批评周幽王。鲁襄公建造了楚国式的豪华宫殿，叔孙豹还是引用“民之所欲，天必从之”这句话，认为鲁襄公不顾民意，肯定会死在这座宫殿里。以民为本位，而不是以君为本位、以国为本位，是古代中国民本思想的核心。

在具体的民与君的关系上，有几种说法：一是以父子关系类比，如《尚书·洪范》中的“天子作民父母，以为天下王”，君主为万民父母，民众侍奉君主自然如同儿子侍奉父亲。这种观点成为贯穿古代中国的主流意识。即便在现代，仍有不少人以“爱民如子”“当好父母官”来自诩或互夸。二是《礼记·缁衣》提出的“民以君为心，君以民为体”，讲的是君民同心同体。“心好之，身必安之；君好之，民必欲之。心以体全，亦以体伤；君以民存，亦以民亡。”“君民同体，共克时艰”，常常成为中国历史上有为君主念念不忘的话。三是《孔子家语·五仪解》用水与舟类比，“君者，舟也；庶人者，水也。水所以载舟，亦所以覆舟”。这句话后来成为李世民取得贞观之治的法宝。四是将君与民的关系看作“保姆式服务”的关系。如孟子所讲的“文王视民如伤，望道而未之见”（《孟子·离娄下》）。周文王对待百姓就像照顾伤患一样。天下犹如一个大家庭，天子是主事的家长，百姓如幼弱的孩子般接受家长的抚育、教导。这种“视民如伤”的保姆式服务理念自西周以来一直植根于民族心理。五是以“民贵君轻”来解释民与君的关系。君既不是长兄、更不是父亲，而是根本没有民众、社稷那般重要。“是故得乎丘民而为天子”，成为天子只能依靠百姓的认可。孟子阐发的这种思想从宋以后成为主流，一直为历代读书人所念兹在兹。近现代以来，我们用公仆与主人、血与肉的关系解释“君与民”的关系，既有对传统的继承和发展，也体现了时代性。

三

礼和礼制精神

“礼”起源于对神的祭祀，因此“敬”是礼制精神的核心，周人将礼扩展到人伦关系。礼法合一，是古代中国最具特色的法律制度，演变到近代也成为积弊最多的制度。《礼记·曲礼上》云“礼不下庶人，刑不上大夫”，后人将“上、下”皆训为“及”，变成“刑不及于大夫，礼不及于庶人”，认为西周时大夫拥有不受刑法的特权，平民没有以礼相待的资格。这种看法是受了荀子的影响，一直是中国历史上的主流观点。另一种训读“刑不尊大夫，礼不卑庶人”，可能更为恰当。意思是刑法不会更尊崇大夫，礼数也不会鄙视庶人。孔子曾对“礼不下庶人”作过解释。《孔子家语·五刑解》说：“所谓礼不下庶人者，以庶人遽其事而不能充礼，故不责之以备礼也。”意思是庶人突然遇到事情又拿不出钱表达礼数而不要求他备礼，并不认为平民没资格接受礼数。后一种训读有大量的史料作依据，应该更符合礼的本义和礼制精神。

首先，礼的精神体现在对己自谦、对人尊重。《礼记·曲礼上》说：“夫礼者，自卑而尊人，虽负贩者，必有尊也，而况富贵乎？”从礼的角度看，连贩夫走卒也要给予尊重，怎么可能说礼不下庶人呢？“贫者不以货财为礼，老者不以筋力为礼”，穷人不必用财物来表达礼数，老人无须用力气来表达礼数，意思是不能以他们力所不及的方式表达礼数。这种礼制精神体现的是对他人的体谅和换位思考。离开自谦和尊人，就不可言礼。

其次，礼的精神还体现在对等和相互。《礼记·曲礼上》说：“礼尚往来：往而不来，非礼也；来而不往，亦非礼也。”如果只有下对上行礼，卑对尊行礼，而无相互行礼，何礼之有？一方高高在上，另一方卑躬屈膝，是完全违背礼制精神的。这种在人与人的社会关系中追求对等而非平等的思想在后来的孔子学说中体现得非常清楚，它有助于解决好人伦关系的难题。事实证明，对等是一种更具智慧的解决人伦关系的方案，是一种付出与回报对等的方案。

再次，礼用亲亲、尊尊的方式，把个人、家庭乃至整个国家、天下联系成一体。《礼记·曲礼上》说：“夫礼者，所以定亲疏，决嫌疑，别同异，明是非也。”“君臣上下父子兄弟，非礼不定。”毫无疑问，礼还有定亲疏、尊卑的功能。到了后世，往往把区别尊卑、贵贱作为礼的唯一或主要功能。这是礼制与政治结合的必然结果。

最后，礼的功用还在于规范日常生活起居。《礼记·曲礼上》说：“将上堂，声必扬。户外有二屦，言闻则入，言不闻则不入。将入户，视必下。”按照这样的说法，每个人回家走到堂前的时候，需要喊一声“我回来了”，以使全家周知；看到房间门外有两双鞋时，就不可随便推门进去，需要获得屋内人的许可；到了别人家做客，不要一进门就四处张望，而是视线略低一些，以表示对主人的尊重。用这样的礼来规范家庭、邻里，社会关系必然是和睦、友爱的。

西周的礼和礼制精神深刻影响着中国思想的面貌，从而也影响着之后中国人的精神世界。其中最具代表性的是子贡对孔子的评价：“夫子温、良、恭、俭、让以得之。”（《论语·学而》）这样的人格和精神是华夏文明所独有的，它与讴歌暴力和力量的古希腊文明形成极为鲜明的对比。

四

周公的政治思想

周公，姬姓，名旦，周文王第四子，因其采邑在周、爵为上公，故称周公。司马迁的《史记》这样记载周公的自我评价，“我文王之子，武王之弟，成王之叔父，我于天下亦不贱矣。然我一沐三捉发，一饭三吐哺，起以待士，犹恐失天下之贤人”。后世曹操赞为“周公吐哺，天下归心”。周公对中华文明的巨大影响，如何评价都不为过。章学诚《文史通义》曾言：“贤智学于圣人，圣人学于百姓，集大成者，为周公而非孔子。”周公的影响是多方面的，其政治思想尤其值得重视，主要载于《尚书·周书》诸篇诰书之中。

周公在政治上的建树，首先是设计了天、君、民的三角政治关系，即君主因天命而获得统治权；百姓由君主统治；君主要敬天保民，天意体现民意，天命就是民心。这是一个极具智慧的政治设计，提出了原创意义的权力授受关系。君主对民众的治权来源于天命，而天命就是民意，说明君主的权力最终来自民意。从这个三角政治关系中得出一个结论：得民心者得天下。它成为三千年来中国政治亘古不变的原则。

第一，首次把“德”作为获得天命和统治合法性的条件。《召诰》中说，昔日上天还没有终止夏、殷之命的时候，夏、殷的先王确实勤勉尽职，可是后来夏、殷置民众痛苦于不顾，导致孤儿寡母只能悲哀地向上天呼号，上天顾念百姓才剥夺了夏、殷之命；现在周邦的小子（指周成王）接受这一天命，能不向人请教，考求先王的德政吗？周公还向各方保证，我们周邦绝不会不吸取夏、殷的教训。《康诰》中周公对康叔说，民众已经遭受极大的伤痛，要认真记住文王总结殷商盛衰的言论，学习殷商贤明君王治理民众的事迹，多听邦内贤人的肺腑之言，用心体会；要特别求问古代贤明君主保境安民的措施；德行像天一般宏大，才不会辜负期望。

第二，确立了使命意识和忧患意识。《皋陶谟》云：“天工，人其代之。”天子是在代替天完成任务。周人的使命来自上天，天下达的任务是“天工”，如果完成不好，天随时会收回。这种焦虑或忧患意识，来自天命难违、难测的惶恐。《逸周书·度邑解》描写武王克商后非但没有志得意满，反而忧心忡忡睡不着觉，与周公彻夜长谈。武王说：“我未定天保，何寝能欲。”因此，武王需要彻夜操劳。周公在《召诰》中说，上天让周王接受使命，既是无上荣光，也是无穷忧患；夏能为天命服务多久，我不知道；殷能为天命服务多久，我也不知道；但夏、殷如今被剥夺了天命，这点确凿无疑；我周邦如今接受这一使命，只有时时刻刻想着夏、殷之鉴，努力履职。周公还说，上天赋予周王（指成王）究竟是愚还是智，凶还是吉，长还是短，不得而知，全凭自己努力了，要用德来祈求上天延长使命，不过度使用民力，不用杀戮来治理民众。周公在《君奭》中对召公说，我不敢断言周人能永享这份福分，也不敢断言能永保这个大位，光靠我不行，还要靠大家；单凭天命靠不住，需要用文王德政。周公历数前辈贤臣良相的事迹后说，今天轮到我小子旦如临深渊、战战兢兢；你我肩负着武王的重托，要做民众的核心，共辅周室；你我重任在肩，需要选拔更多的人才，方可成就我周邦的盛世。他在《梓材》中告诫康叔说，上天既然把中国民众和疆土托付给先王，你就要用德行去感化迷途的人们，使之心悦诚服，完成上天的使命。周公所表现出来的以天下苍生为念、舍我其谁的使命意识，深刻影响着后世。

第三，形成了关爱鳏寡孤独等弱势群体的华夏文明品格。《康诰》开篇周公就教诲康叔，你我彰显于人世的文王父亲，明德慎罚，从不敢欺负、轻视那些失去妻子的男人、失去丈夫的女人，该用的任用，该敬的敬重，该罚的处罚；要把民众的病痛当成自己的病痛；不可结怨于民众，不能败坏我们的信誉，你让百姓得到实惠，百姓自然不会与你分开。《梓材》进一步强调，不能让东土的人们相互残杀、相互凌虐，即便鳏夫、寡妇和临产的孕妇也要和睦相处，如同一家人一般；要责成各级官员，让每个人都能有所养、有所安。由此可见，传于后世的《礼运·大同》所称“鳏寡孤独废疾者皆有所养，男有分，女有归”的大同思想，并非没有史实依据。《康诰》告诫康叔，民怨不在于大小，关键在于能否使不顺心的人顺心、让不努力的人努力。言下之意，民怨很小，但如果不做顺民心的事，终究不行；民怨很大，但如果努力去做顺民心的事，最终也能化解。周公在写给成王的《无逸》中提出“先知稼穑之艰难，乃逸”，历数古代圣王勤勉为民的事迹，比如殷人“祖甲”长期过着庶民生活；文王也是穿着粗劣的衣服、做着辛劳的工作，亲自开垦土地、修建房屋，品行良善而心怀小民，惠泽孤苦之人，从而要求成王了解农耕的艰辛、知道庶民的困苦、懂得安逸的害处。周公还指出，文王和历代贤王，当民众怨恨而咒骂他们时，他们就更加注意自己的德行修养，并说“有过失，应该都是我的过失”。

第四，产生了从民意看为政之得失的思想。周公在《酒诰》里说：“古人有言曰，人无于水监，当于民监。”这里“监”当“鉴”理解，意思是，古人讲了，不要用水来观察自己的相貌，而要到民众那里看看自己到底是什么形象、什么做派。统治者的形象、统治者的政绩怎么样，不是自己说了算，应当到民众当中去了解，用民意来修正自己的施政行为，用民意来检验为政者的绩效。这一观点，是周公对中华政治文明的又一大贡献。这一见解比唐太宗的“水能载舟亦能覆舟”更深切，更摆脱了统治者的功利性。

第五，提出了明德慎罚、推行教化的国家治理模式。《康诰》交代康叔到殷地后的任务，“汝惟小子，乃服惟弘。王应保殷民，亦惟助王宅天命，作新民”。意思是：年轻人啊，你的责任重大！周王既统领天下，就要保护殷地民众，你要辅助周王敬奉天命，担负起革新殷民旧习、发愤图强的重担。首次提出“作新民”的问题，这是中国历史上的一个大事件，标志着“化育万民”思想的形成。华夏文明有着强烈的道德教化意识，把教化万民视为统治者的神圣职责。国泰民安，除了指百姓生活有保障，还要有精神的追求。《史记·鲁周公世家》记载：“鲁公伯禽之初受封之鲁，三年而后报政周公。周公曰：‘何迟也？’伯禽曰：‘变其俗，革其礼，丧三年然后除之，故迟。’”足见周公长子伯禽曾致力于移风易俗，用周人文化改变殷民。在同时代其他文明无一例外地将被征服部族变成奴隶或者肆意屠杀的背景下，周公提出对殷人从思想行为等方面进行改造，适应新社会的需要。从中可以看到，周公留下的德政在人类历史上有多么了不起！在世界大多数地区还处于茹毛饮血的蒙昧时期，以杀戮、毁灭、奴役为常态的时代，周公提出慎杀、少杀、不杀的“德治”主义，其功德胜过任何言语。《康诰》提出“如保赤子”，并用病人和小孩来比喻对民众的教化工作。其潜在的含义是：对待病人除了药物，更多要依靠自身的免疫功能以实现自愈；当小孩有了必要的照料，就会自然地健康长大。《康诰》折射出一个重要观点：人的思想观念上的改造和自新最重要，主要通过自我觉悟。周公对康叔说，即便是犯下极大罪行，只要是初犯且能够真诚悔过自新，就不要杀他们；对于屡教屡犯的，即便是小小的罪行但怙恶不悛，也要严惩。这种以教化为先的做法，为孔子的“不教而诛谓之虐”提供了理论和实践基础。与重视道德教化相契合，周王室自上而下建立完整的官学体系。在国和都设立国学，在郊外设立乡学，周王的王城还分设小学和大学两个等级。这套官学体制对保存古代中国的文化遗产发挥了重要作用，直到春秋末年官学衰落、孔子首倡“私学”，但秦汉以后，官学重新恢复。

第六，提出了率先垂范、以身作则的为政者标杆。《召诰》说“其惟王位在德元”。“德元”的“元”有首要、最初的含义，意思是德之首，周公要求成王在德行方面成为全天下的楷模。当周王率先垂范以德作表率，“小民乃惟刑用于天下”，小民才以此为榜样，效仿于天下。这种将君主与小民并列，要求君主率先垂范、小民紧随跟上的思想，在人类文明史上实属罕见。作于西周中期的《诗经·小雅·角弓》有：“尔之远矣，民胥然矣；尔之教矣，民胥效矣。”意思是：王室父兄疏远，民众会跟着学；王室之言传身教，民众也会效仿。与以身作则相应的是，如果一个国家、一个部族出现问题，责任就主要由首领承担。武王对殷商遗民训话说：“胥告商之百无罪，其维一夫。”（《逸周书·商誓解》）表达了所有过错全在纣王一人，殷民无过错的观点。这种观点与周公在《康诰》中表达的惩治首恶，以及“父子兄弟，罪不相及”的思想一致。孔子对此称赞说：“周有大赉，善人是富。虽有周亲，不如仁人。百姓有过，在予一人。”（《论语·尧曰》）盛行中国古代两千多年的“连坐法”应始于春秋，尤其是在商鞅变法之后。孟子以“罪人不孥”的原则，对“连坐法”和株连亲属的做法持批评态度。针对殷人喜欢酗酒的陋习，周公发布了人类历史上第一部非宗教原因的禁酒令——《酒诰》，对聚众饮酒作乐的严惩不贷。同时指出，过去殷邦历代贤明的先王能够时刻自省、自励，从而带动臣属继而带动诸侯及各级官员都无暇喝酒，其言下之意就是，实施禁酒令的关键还在于各级官员带头。这条治国原则依然适用当今中国社会。

第七，形成了重视农耕的文化传统。周人有致力于农耕的悠久传统。《诗经·大雅·生民》记载了周人先祖后稷，教民种植、发展农耕的事迹，与殷人善于经商形成对照。《洛诰》中周公提出自己要把主要精力放在农政方面，以作为安定民众、治理殷地的措施。在面向殷商遗民发布的多篇诰书中，都要求殷人服从天命，平整好自己的土地，专心种植黍稷，以此祭祀先祖、奉养家人，完成这些任务后才可以牵着牛车外出经商。《无逸》中周公反复告诫即将亲政的成王“先知稼穑之艰难”“则其无淫于观，于逸，于游，于田”。

周公发布的诰书中，存有一些对后世有影响的思想萌芽。给召公的《君奭》中，周公把自己比喻成在大江大河游泳的人，尽管没有什么把握，依然奋勇前行。这种“知其不可为而为之”精神被孔子所坚守。“天命靡常，惟德是辅”是周人灭殷后的总结，这种天命思想与不同的天道观结合，可以朝若干方面展开。第一，天命无常，一切都在变动之中，没有永恒不变的东西。在天命无常下会带来三种处世态度：或者完全顺从它的摆布，顺天安命；或者对天命保持敬畏，做到尽人事、顺民意，知其不可为而为之；或者相信人的力量可以影响天命、改变天命，甚至于制天、裁天、胜天。第二，对天命的存在表示怀疑，不相信有天命，但相信人与天（鬼神）之间存在神秘的感应关系，天（鬼神）有扬善罚恶的功能。第三，天命无亲，对于任何人来说都是一个常量，对谁都是公平的，顺从天命就是人人遵从统一的法则，实现制天命而用之（利用天命的法则）。第四，从天命的变化中引申出变易的思想，从而理性客观地研究祸福、存亡、安危、奇正等关系。战国时期各家各派大多沿着这些不同的思想路径展开。

以上是对周公思想的简要概括。

第二章

儒墨道的创立者

自平王东迁、周室式微，华夏大地进入了实力强大的诸侯相继称霸天下的春秋时期。这是一个礼崩乐坏的时代，也是一个怨天尤人的时代。依靠天命、礼乐建立起来的社会秩序逐渐瓦解。面对如此混乱的局势，如何实现天下太平、万邦安宁，成为那个时代的课题。孔子、墨子、老子分别给出了不同的答案，成为儒家、墨家、道家的创立者，将中国古代思想推向一个高峰。

一

孔子

孔子（前551—前479），出生于鲁国陬邑（今山东曲阜），先祖是宋国公室，子姓，孔氏，名丘，字仲尼，为商纣王兄微仲的后裔。鲁国是周公后裔的所在地，地位崇高，保存着最完备的礼乐文化和西周典籍，因此孔子既承继着殷人的血脉，又浸润着周人的文化。孔子家世清楚，没有什么争议，其生前屡屡碰壁，自嘲为“丧家狗”，但死后成了万世师表、至圣先师。孔子对自己一生的评价很简单，就两个字：好学。“其为人也，发愤忘食、乐以忘忧，不知老之将至云尔。”（《论语·述而》）好学精神贯穿其一生，这是孔子最精准的自画像。

1. 孔子学说概述

孔子接受过系统教育。他通过学习思考周人遗留下的文化遗产，得出一个结论：先王之道是如此的完备，无须我们创作，效法先王之道，回到尧舜时期“天下为公”的大同社会该是多么美好，即便回到文武和周公时期的小康社会也不错。孔子认为，现实中一切问题的根源就在于人与人之间缺乏相亲相爱的感情，人与人之间无法进行心灵沟通，或者不把人当人看。孔子把“仁”这一殷商时期就有的古字进行彻底改造，注入周礼的精神以及自创的新义，变成他全部思想的核心。仁的本义是两个人在一起，相互亲近。郑玄将仁解释为“相人偶”。所谓“人偶”就是人与人之间亲密的意思，独则无偶，偶则相亲。梁启超说：“仁者何？以最粗浅之今语释之，则同情心而已。”[1] 仁的基本含义就是爱，就是把别人也当作人一样去爱。

1 梁启超：《先秦政治思想史》，东方出版社2012年版，第91页。

"仁者爱人"是对仁的本质性解释。但孔子的"仁者爱人"是建立在"亲亲"基础之上。人世间没有无缘无故的爱，也没有无缘无故的恨，儒家认为人之爱本缘于血缘亲情，但又不能仅限于血亲，而是要推而广之，实现"人不独亲其亲，不独子其子"和"老吾老以及人之老，幼吾幼以及人之幼"的理想。孔子强调"为仁由己"，即仁是发自内心的对他人的感情，这种感情、这种仁爱之心，岂能是由他人决定、由他人强迫、由他律能够解决的？当代人在唱的"让世界充满爱"最符合孔子的思想，如果人与人之间充满爱，还有什么问题不能解决的？这就是孔子的逻辑，这就是孔学的思想起点，接着孔子就把个人、家庭、社会、国家、天下编织在一个统一的思想体系之中。

第一，仁者以修身为本。

怎么实现仁？就从实现"人之所以为人"开始，从强调修身、修己开始。"自天子以至庶人，一是皆以修身为本。"而修身的方法是外用礼仪来节制行为，内用礼的精神熏陶心性。"小大由之，有所不行，知和而和，不以礼节之，亦不可行也。"（《论语·学而》）为准确理解孔子这一思路，我们可以把"修身"与现代社会学的"社会化"作些比较。所谓社会化是把社会主流价值观、社会规则通过外在的教育、也通过个体内在的感悟，将生物意义上的人塑造成适应社会需要的社会人。本质上讲，修身也是把一套合乎道德理想的规范内化于心、外化于行。西方学者分析为什么柏拉图的《理想国》位列各大学阅读榜单前位，原因是"它在政治方面发出的信息是：需要开发民智，使人民有资格成为理想的国家的居民"[1]。而孔子发出的信息是：让每个人都重视修身，使自己成为有德的君子，才有资

1 〔英〕阿兰·瑞安：《论政治》上卷，林华译，中信出版社 2016 年版，第 59 页。

格成为仁者，有资格成为“大同社会”的成员。孔学的修身更多强调内省，正其心、诚其意，看到别人的善举，想一想怎么能努力赶上；看到有贤德的人，想一想怎么能向他看齐；看到没有贤德的人，就反省自己是否也这样。孔子对人性充满乐观，总是用积极的态度对待人生。有一种“人能弘道”的大气魄，有一种“任重道远”的使命感，有一种“知其不可而为之”的悲壮感，更有一种“见危致命”的牺牲精神。之后的孟子在这条路上走得更远，他高举人性善的大旗，试图挖掘和弘扬人性的光辉。不过，孔、孟似乎高估了人的内省、自觉能力，事实上，除了极少数人，绝大多数人还是需要他律甚至惩戒来达到修身的目的。

第二，从五伦入手实现“仁者爱人”。

修身是个人的事情，也是与他人相关联的过程。孔子从人世间最基本的五对人伦关系入手，研究如何实现仁。这五组基本人伦关系分别为：君臣关系（可视为上下级关系）、父子关系、夫妇关系、兄弟关系（可视为长幼关系）、朋友关系，这就是所谓的“五伦”。五伦是基础社会关系，五伦和谐了，社会失序问题就能解决，百姓就可以安居乐业。君臣既是上下级关系，也是对等关系。所谓对等，在孔子看来，只有君像君，臣才能像臣，君仁和臣忠是对等的。到了孟子那里就说得更加直白了，“君之视臣如手足，则臣视君如腹心；君之视臣如犬马，则臣视君如国人；君之视臣如土芥，则臣视君如寇雠”（《孟子·离娄下》）。正因为君臣之间是一个利益共同体，相互之间要有仁爱、要同心协力就是一件再正常不过的事情了。如果君不能做到仁，为臣的怎么办？孔子的办法很简单，就两个字——走人。等到为君的发现自己孤家寡人，自然体会到待臣仁爱的重要性。

父子是血缘关系，最自然真切，但总有一些例外来破坏这种关系。过去我们宣扬父爱如山、母爱如海，但没有人认真研究过父母与子女之间的真实关系。当代有了互联网，我们才发现一个现象，当有人抱怨小时候受到恶父恶母的虐待，会引来一大拨跟帖，诉说自己同样的经历，最终形成两种主流意见：其一，毕竟是自己的父母，将来还会照顾他们；其二，虽不会以其人之道还治其人之身，但也不会真心待之。两千多年前的孔子就意识到类似的人伦困境，提出父慈子孝这种对等关系。按照孔子的思路，如果做到父慈，子孝自然是一件很正常的事，不需要特别关注。儒家特别关注两个问题：一是父慈子顽，父母含辛茹苦地养育却培养了一个不孝子，毫无疑问，这正是要被谴责的；二是父不慈，怎么办？如果父母从小虐待、仇视孩子，孩子长大后依然毫无怨言侍奉父母，从而感化了恶父恶母，这体现了极为崇高的“孝思”。儒家追捧的舜帝就是这样的典型。周人的先祖后稷生下来就被生母抛弃，最后成为有大功于社会的人。这不是一般的孝所能涵盖的，这是圣人才能做得到的事情。父顽，子该孝还是不孝，这是伦理上的一大困境。根据现有文献判断，孔子解决这一问题的办法就是由你自己做决定，前提在于你是心安还是不安。如果你忍心让曾经虐待你的父母落入困境，你可以不管；如果你不忍心，于心不安，你就去帮助他们。

夫妇是婚姻关系，也是一切社会关系的基础。《礼记·礼运》将这种对等关系概括为夫义妇听，符合孔子的思想。如果夫无义，妇怎么办？理论上，妇可以不听，但是在传统农耕社会，体力不占优势的妇女很难逃离家庭、独自生存。实际结果可能出现几种情况：夫无义，妇听，妻子长期受丈夫精神上和肉体上的虐待，或了此一生，或终究反抗、鱼死网破；夫无义，妇不听，家庭长期不和睦，或解体，或凑合一辈子；夫有义，妇不听，专以控制夫为能事，民间叫“妻管严”、文人叫“河东狮吼”；夫有义，妇听，实现夫唱妇随、琴瑟和鸣、情笃意浓。最后一种是孔子希望实现的，前提是夫妇要相互敬重。儒家讲夫妇相敬如宾，夫妇一辈子客客气气、从不红脸、从不吵架。这是人伦中的最高境界，也是后儒倡导以周公之礼来行男女之事的根本原因。许多人不以为然，待到经历了太多的波折，才发现“相敬如宾”才是婚姻的真谛。

兄弟关系不单指同胞兄弟，反映了“先生”与“后生”、“老”与“幼”的关系，这种长幼关系也是所有人不可能回避的。兄良、弟悌是解决这一对关系的原则。长者有长者的风范，少者自然给予敬重。尊老的前提是老人须自尊。孔子往往把悌与孝并称为孝悌，行悌与行孝的规则是一样的。他说“幼而不孙弟，长而无述焉，老而不死，是为贼”（《论语·宪问》）。意思是：年幼的时候不知道敬重长辈，年长的时候不能给他人以帮助，这样的人老了还活着，就是个贼！可见孔子对不讲孝悌的愤怒。

朋友关系是司空见惯的人伦关系，这种对等关系要用“信”来维持。孔子说，“与朋友交，言而有信”。曾子每天反省自己，“与朋友交而不信乎”？没有了信，也就没有朋友关系。朋友关系的真谛就在于相互有信，言必信、行必果。朋友之间有了信，相互间都有了信用，还用担心社会失序、百姓不得安宁？

在讨论完五种最基本的人伦关系之后，我们到达了孔子思想的另一个层面，即把“仁者爱人”这种抽象的东西具体化为孝、悌、信、忠等内容。泛泛谈大家相亲相爱，确实无从下手，也无法实施，那么就从五伦入手，使仁爱得以实现。孔子讲：“孝，德之始也；弟，德之序也；信，德之厚也；忠，德之正也。”（《孔子家语·弟子行》）于是“仁者爱人”就转化为：讲孝、讲悌、讲信、讲忠。因此仁爱的内涵做了第一次的扩充。

第三，“推己及人”让仁爱洒满人间。

社会毕竟复杂，不单单这五种关系那么简单，比如，国与国之间，陌生人与陌生人之间，穷人与富人之间，地位高贵与卑贱之间，等等。怎么处理？按照孔子的思路，有两种办法：第一种办法，从积极的角度说，就是由近到远、推而广之，做到“推己及人”。尊重自己的老人，能不能推而广之也尊重一下别人的老人？关心自己的孩子，能不能推而广之也关心一下别人的孩子？孔子就是这么考虑问题的。孔子说：“夫仁者，己欲立而立人，己欲达而达人。”就是说我好，你好，大家好；我发达了，你也发达，大家一起发达。还有一种解释，我好了，也帮助你好，然后大家一起好；我发达了，还要帮助你发达，最后大家一起发达。这与一部分人先富起来，先富带后富，走共同富裕的道路，是一个思路。这既是孔子的理想，也是当代人的理想，现代中国人阐释的中国特色社会主义也是这个理想。第二种办法，从消极的角度说，那就是“己所不欲，勿施于人”。你不想干的事，也不要让别人干；你不希望穷，也不能让别人穷。让别人做你自己都不相信的事情，违背了孔子所说的“恕道”。这样的人不是坏蛋是什么？子贡问孔子，有什么话可以一辈子实行的。孔子说，就是恕，就是“己所不欲，勿施于人”（《论语·卫灵公》）。这里还是有一个疑问，人为什么要走这两条路？我富贵了，很享受，凭什么也要带动你富贵？我的老人、孩子照顾得好好的，凭什么也要照顾你的老人、孩子？这就是人伦关系的困境。面对这个困境，古今中外思想家提出多种解决办法。孔子的办法很简单，就是前面讲过的用“安心”来指引人的行为。你富贵了，别人还在挨饿，你安心吗？你发达了，别人还在穷困潦倒，你安心吗？如果不安心，就能去实行“忠恕”之道了。孔子的思考也就到这为止。如果有个富贵之人面对别人的穷困潦倒而真的无动于衷，很是“安心”，甚至看到别人受苦受难，心里还挺享受，孔子就没好办法了。这其实也是现代社会要解决的难题。

通过把五伦关系由近到远推行，我们达到孔子思想的第三个层面——“天下归仁”，即世界充满了仁爱。

第四，以天下苍生、万民福祉为念。

“天下归仁”是不是孔子的最高境界？过去我们认为孔子的理想是“克己复礼”，要回到周公那里去。证据之一是颜渊问“什么是仁”，孔子回答“克己复礼为仁。一日克己复礼，天下归仁焉”（《论语·颜渊》）。如果认为西周初年是孔子的理想，其实是错误的认识。综合分析孔子的思想，仁依然是一种手段，也就是前面所说的，孔子想通过仁达到人与人之间相亲相爱，从而实现一个更为宏大的社会愿景。这是天下为公的大同世界，而非家天下的小康社会。子贡问，如果能够为天下百姓谋利，怎么样？孔子答，哪里只是仁，这就是圣！连尧、舜都难做到。在回答子路的问题时，孔子说，修养自己以安定天下百姓，连尧、舜都难做到。挂念天下苍生、为万民谋福祉，是圣的境界，这才是仁学的归依。没有这种胸襟、情怀，确实难以理解孔学的精髓。仁适用于所有人，哪怕贩夫走卒，只要有心即可为仁，所谓“为仁由己”或者说“为人由己”，能不能成为仁者，能不能做个堂堂正正的人，凭自己的选择。“古之学者为己，今之学者为人。”这是孔学的真谛。当今一些学者出于某种原因，将仁看作为政者的德行，“克己”也只是为政者克服私欲，实则是回避了普通士人的责任。梁启超早就把这个问题说得非常透彻，“儒家深信非有健全之人民，则不能有健全之政治”[1]。

孔子生活在“溥天之下，莫非王土；率土之滨，莫非王臣”的环境中，深知讲修身、讲五伦、讲忠恕、讲博施于民之困难，需要有地位的人出来带着干。这符合周公的率先垂范、以身作则的思想。

1　梁启超：《先秦政治思想史》，东方出版社 2012 年版，第 108 页。

孔子说："上敬老则下益孝，上尊齿则下益悌，上乐施则下益宽，上亲贤则下择友，上好德则下不隐，上恶贪则下耻争，上廉让则下耻节，此之谓七教。七教者，治民之本也。"（《孔子家语·王言解》）"政者，正也。子帅以正，孰敢不正？"这成为两千多年来教导为政者的基本信条。

孔子从春秋末年礼崩乐坏的现实问题出发，提出仁这一解决问题之道，其基本路径是先修身，处理好五种人伦关系，从亲到疏，由近及远，将仁爱推广至整个社会，最终实现天下万民幸福这样的大同社会。曾子在《大学》中把这一路径概括为：格物、致知、诚意、正心、修身、齐家、治国、平天下。他从"君子之德风，小人之德草"出发，请领导带头、群众跟上，正名责实、名实相符、天下归仁、天下为公。这是正统儒学的治国思路。

2. 孔子理想国与柏拉图理想国之比较

孔子的学说为世人勾勒出了中华文化中的理想国，与同时代的柏拉图构筑的理想国作比较，有特别重要的意义。双方的首要区别在于，柏拉图脱离了希腊的传统文化、雅典人的道德标准，写的是属于个人的理想国；孔子则是从华夏民族的文化遗产、道德原则出发，构建起人们憧憬的理想国。柏拉图对雅典的民主政体，毫不掩饰地抱有敌意。他痛恨希腊传统，诸神本来应该是英明睿智、无所不知，但在荷马等诗人的笔下，诸神却通奸、谋杀、自大、无恶不作，毫无宽恕之心。他写出了《理想国》之后，近代以来西方世界各类乌托邦和反乌托邦作品不断出现。孔子没有写过理想国，但他有理想中的"王道"。孔子继承了周人对理想社会的向往而有所损益。

孔子关于理想国的故事是从这里开始的。上天降下一群人，他们都是天的孩子，故叫"天民"。上天没有事先规定谁是长子（元子），可以统率这群天民。天民缺乏谋生的技能，更不知道如何分工协作，既穷困潦倒，又彼此争夺不休。他们不懂自谦，也不会对人恭敬，以强凌弱、欺辱孤儿寡母成为其生存法则。这时，有一个人勇敢地站了出来，他聪明、睿智，技能超群又有仁爱之心。他仰观天象、俯察大地，懂得宇宙的空间和时间，明白四季运行的规律，不仅教会大家使用火、建造房舍、制造舟车，还教会大家播种五谷、饲养畜禽、纺线织布，亲自品尝百草，救治病人；当附近的蛮夷抢夺他们的畜产、杀害他们的妻儿，他带领大家击退侵略者；当洪水肆虐、荼毒生灵，他又带领大家疏浚河道、划分天下九州。他用仁德感化麻木的心灵，用善行打动桀骜的性情，用礼制规范人们的行为，使每个人都能各得其所，各司其职。“小德川流，大德敦化。”人类如脱缰野马般的欲望终于安定下来。百姓敬仰于他的德行，称颂他为圣人，拥戴他为圣王。圣人虽有自己的家庭和妻儿，但以天下为公，其财产也只是维持个人正常的开销，没有余财。他相信：“与其有聚敛之臣，宁有盗臣。”（《礼记·大学》）仁者以财发身，岂能以身发财？为自己聚敛财产，实在是平生最大的耻辱。他公平公正地对待每一个人，犹如天、地、日、月一样，不偏私于任何人。天下乃天下人之天下，非一人一姓之天下，有德者居之；圣人无常心，以百姓之心为心；民之所欲，天必从之。在这样的大同社会中，大家拥戴德才兼备之人，讲诚信、促和睦。人不能只偏爱自己的家人和孩子，应让所有老人都有依靠，壮年人尽自己的本职，无依无靠的弱势群体都能得到照料，男人有正当职业、女人有良好归宿。财产得到珍惜，但不需要藏自己家里；才智技能充分展示，但不是为了夸耀。奸诈害人的伎俩都消失了，强盗窃贼也没了，实现夜不闭户、路不拾遗。

再好的社会也会有无良之人。根据《尚书·吕刑》记载，圣人制作了“五刑”“五罚”“五过”来治理社会，一定要起用良善之人来执行法律。对于有轻微过失的，先用“五过”，主要是批评教育，也就是红红脸、出出汗，使人闻过则改。大部分人知错、悔错、改错，但还是有些人不知悔改，那就用“五罚”，主要是罚款、降低生活标准或者关几天禁闭。于是又有一些人改过自新。可是，总有极个别怙恶不悛的人，只好动用“五刑”，这时候就不需要讲什么仁德了。仁德只能对有仁爱之心的人，不能用于坏人。圣人制作的这套惩戒体系，本意是为了避免更多的人犯错，把“五过”挺在前面，就是为了避免“不教而诛”这种暴虐行为，先有所警示，知错就改。如果一开始就采用行政高压，用严刑峻法来惩治，百姓只求免于刑罚而无廉耻之心；如果先用道德感化，用自谦和尊重他人的礼制精神教育，百姓会有羞耻之心且自重。

按照《尚书·益稷》的看法，圣人总有一天会老去，怎么办？有人劝说，何不让自己的孩子接班呢？圣人认为自己的孩子无德无能，不配为君。圣人的权力不是依靠血统遗传，而是自我修身、自我觉悟得来的。终于，圣人从民间找到一位德行远播的人物，经过三年的考察，圣人终于在自己还没有“老糊涂”的时候，把大位禅让于这位后起的圣人，践行了天下为公、大公无私的信念。这位后起的圣人又选拔一些贤能的人来辅佐自己。按照中国的传统这叫“圣君贤相”，按照现代人的概念这叫“执政团队”，按照柏拉图的说法这叫“哲人王”和“城邦卫士”。不管怎么称呼，这是一个时刻为民、虚怀若谷，有情怀、有梦想、有激情的优秀团队。这里摘录一段《尚书·益稷》记录的舜帝与伯益、皋陶之间的对话，可以窥探孔学的理想国中的执政团队是如何讨论国政的。

舜帝说：“禹啊，你说说你的情况吧。”禹拜谢说：“我没什么可说的，我只想着每天努力工作。”在皋陶等人的劝说下，禹讲了自己治水的过程，但把伯益和后稷的功劳摆在前面，同时请舜帝注意安民。禹说："舜帝，要特别慎选在位的大臣，如果使用正直的人辅佐，天下会响应。"舜帝说："对啊，大臣是我的股肱。你们听清楚了，如果我有过失，一定要提出来。不要当面顺从、背后议论。我会谨慎对待身边的人，凡是愚蠢且喜欢搬弄是非、恶意中伤的，一定受惩戒。为官的要虚心采纳下属的意见，做得好的表扬，正确的意见及时采纳，否则要给予惩治。"禹说："舜帝，你说得好！天下的百姓、贤人，都是你的臣子。你善于举用他们，采纳他们的建议，赏罚分明，天下谁敢不听你的？但舜帝你也有好坏不分、劳而无功的时候。"禹继续对舜帝批评说："可不要像丹朱那样傲慢，又懒惰贪玩。另外，'三苗'的事你还要多花点心思。"这时候，乐官敲打起玉磬、拍击起搏拊、弹起琴瑟、唱起歌来，要求各位大臣一起舞乐。舜帝亲自作歌"敕天之命，惟时惟几""股肱喜哉，元首起哉，百工熙哉"。皋陶拜身说："要念念不忘我们的事业；要谨慎对待我们的法度；要认真考察大家的成就；要认真啊！"舜帝说："君王无大志，大臣不勤勉，万事皆荒废。我们一起加油干吧！"

说完这个理想国的故事，我们再来看看柏拉图的理想国中人们是怎么生活的。哲人王是高贵的沉思者，没有家庭生活、没有个人财产，除了智慧就是智慧，这就是他的美德。在他统治下的老百姓，简直就像一群低能儿，他们的美德就是服从有金子般灵魂的人，最大的贡献就是生产理想国需要的食物及其他必需品。谁让他们的灵魂是用黑铁而不是金子做的呢？与苏格拉底对话的格拉孔抗议说"这样的社会，人的日子猪狗不如"。但苏格拉底对此嗤之以鼻。西方世界很有影响的小说《美丽新世界》[1]基本克隆了柏拉图理想国的

1 《美丽新世界》是英国作家阿道司·赫胥黎创作于1931年的一部长篇小说，在西方世界影响巨大。

构思，用反讽的方式来反对西方社会的乌托邦思潮。其中的第一种姓 α（阿尔法）和第二种姓 β（贝塔）是新世界的主人，控制着这里的一切，他们出生前的胚胎经过特殊的保护。第三种姓 γ（伽马）是普通人，而第四种姓 δ（德尔塔）和第五种姓 ε（艾普西隆）出生之前智力就被科技手段扼杀，成为完全听命于高种姓的劳动者。这些低种姓的人们，非常满足于自己的地位，因为那些如此复杂的超出他们能力极限的智力活动就像神一般的存在，他们庆幸有高等级种姓去完成，自己只要在流水线上安心干活就行了。在这个美丽新世界，女人存在的意义就是满足男人超乎寻常的性需求，但她们深感骄傲和自豪。

我们再来看看孔子理想国的普通百姓是怎么生活的。

"礼仪三百、威仪三千。"你以为"礼仪"和"威仪"是给圣人准备的，不是！哪怕普通百姓也有"礼仪"和"威仪"，每个人都有尊严、人格，不可侵犯。所谓"三军可夺帅也，匹夫不可夺志也"（《论语·子罕》）。在孔子看来，从天子至庶民，其人性都是一样，没有区别，不同的教育导致不同的结果。所谓"性相近，习相远"，后天教育最关键，贵族教育和平民教育必须平等（有教无类）。这种教育以"作新民"为宗旨，即通过教育使每个人都是理想国的建设者。一个没有意志、没有抱负的人，在孔子所憧憬的社会里没有存在的空间。人类除了男女性别不能互换，其他都是可以变动的，没有人生来就是奴隶，没有人生来就是主人。"对人尊重、对己自谦"的礼制精神得到充分体现，更加熠熠生辉。人的尊严和价值得到充分肯定，由亲到疏、由近及远惠及天下所有族群。孔子的理想国是一个富足、温馨、丰满、忙碌而极富人情味的社会。

婴儿的降生是一件隆重的喜事，对生命的尊重就从呱呱坠地开始。出生三日就有礼节，送红色的鸡蛋给婴儿祝福；三十天，要置办满月酒；满百天，聚会庆贺。孩子长到8岁，统一进入小学学习，15岁进入大学，学习内容包括礼、乐、射、御、书、数等功课。以礼、乐为核心，所谓“礼所以修外”“乐所以修内”，文武兼备为教学目标。到了20岁，举办隆重的冠礼——成年礼，预示着从今往后将承担起社会的重任。举办了成年礼才有资格娶妻生子。孔子说，婚姻是一件结两姓之好又和合民众的大事，岂能儿戏！男人要用最敬重的心情迎娶新娘，三代圣王必定是敬重他们妻子的楷模。整个婚姻采用纳采、问名、纳吉、纳征、请期、亲迎这六礼。《诗经·周南·桃夭》云：“桃之夭夭，灼灼其华，之子于归，宜其家室。”桃花般美丽的女子啊，终于出嫁了，要承担起和美家室的责任。有了家室的男子则要挑起“慎终追远”的担子，祭祀祖宗、缅怀先人，不忘圣人的恩德，教育子女饮水思源，让美好的品德代代相传。还要举行名目繁多的乡饮酒礼、乡射礼、燕礼等，以和睦四邻、情谊四方。这是一种以“生活”为目的、多姿多彩的社会。“独乐乐，不如众乐乐。”那种“以别人的痛苦衬托自己幸福”的思想，以为“人生就该自私自利”“人生丰富多彩但不完美”的宿命观点，在孔子所设想的社会里没有存在的空间。为和睦乡邻，需要经常性举办乡饮酒礼。首先要选出当地贤德之人为主宾，贤士为副宾，确定宾客。乡大夫为主人，早早迎宾于庠门（学校大门）之外，宾主三揖三让而进门，然后盥洗、入座，接着起乐、唱歌、吃饭、喝酒。经常性的程序还有赋诗言志、酒后观德。饮酒过量是一种失德，因此乡饮酒礼正是考验一个人品行的绝佳时机。最后，奏起乐曲，礼送宾客，典礼结束。这样的生活只有发自内心对礼制尊崇的自我约束，而没有权力对人性的肆意践踏。人在这种平和、富足的日子里生活，但总会有老去的一天。正如人的降生是一件隆重的事情，人的老去更是一件隆重的事情，意味着一个人完成了人世间的任务后安然离世。

人岂能像草木一样任其枯亡？人要有尊严地生活，更要有尊严地死去，这样他的音容笑貌将长存于后人的孝思之中。人有很多种死法，但不能因做了坏事被人唾骂而死，也不能遭刑杀而死，更不能受辱、受迫而死，即死于“非命”；而是因年老身体机能逐渐衰竭而死，即死于“正命”，这样的人生才是圆满的。对死于“正命”的人都要举行葬礼，以寄托人们的哀思。对此，两千多年后毛泽东有一段著名的话可作为这种理想的现代注解。“今后我们的队伍里，不管死了谁，不管是炊事员，还是战士，只要他是做过一些有益的工作的，我们都要给他送葬，开追悼会。这要成为一个制度……村上的人死了，开个追悼会。用这样的方法，寄托我们的哀思，使整个人民团结起来。”[1] 这是对“慎终追远，民德归厚”理想最好的现代诠释。

孔子理想国里的圣人并不是完美无缺，施政也会有失误的地方。孔子对“子产不毁乡校”的赞美，隐含着一种理想：民众可以聚在一个地方议论时政、针砭时弊，也有权利对官员的施政进行监督。柏拉图的理想国把“绝对服从”当作劳动者美德的观点，在孔子的理想国里就没有存在的空间。解决经济民生问题，根本的道理就在于：生产财富的人越多越好，靠食利为活的人越少越好，大家都努力工作，财源才能亨通。所谓“生之者众，食之者寡”，幸福是靠辛勤劳动换来的。

孔子的理想国不是一个超越世俗，在绝对理念、彼岸世界或遥远的未来构筑的乌托邦，而是建立在你我他的现实世界里，温馨、绚丽、丰满。这个理想国显现出人性的光辉、人类的温情，使人感动而追思，代表着中国人对理想社会的追求。相反，柏拉图的理想国是脱离于希腊历史传统的个人构想，由此开启的西方乌托邦传统，

1　毛泽东：《为人民服务》，参见《毛泽东选集》第3卷，人民出版社1991年版，第1005页。

一直游离于现实社会之外。中国历史文化中从来没有柏拉图、托马斯·莫尔所设想的纯而又纯的公有制思想，而强调公私兼顾、合众私为大公。可见，中国道路的根和魂来自自身的历史文化传统，而非西方式的乌托邦。中国的理想社会须建立在对自身历史文化认知的基础上。

二

墨子

墨子（约前 476—前 420），名翟，出生于小邾国（今枣庄市山亭区），是宋国贵族子鱼（宋襄公庶兄目夷）的后裔，属子姓。小邾国是西周宣王时邾国国君夷父颜的庶子友父受封而建立的小方国，自西周以来邾国一直为鲁国的附庸，深受鲁文化的影响，小邾国也不例外。墨子也有着殷人血脉，受教于周人的文化，同时还糅合了东夷人的传统。战国时期的墨子声名远播，到西汉后默默无闻，湮没于历史的喧嚣之中。墨子曾是儒门弟子，但终因不满意孔学的观点而与之分道扬镳，聚徒讲学、自立门户，创立墨学这一战国时期的显学。

1. 墨子学说概述

墨子推崇孔子，对所处时代问题的认识与孔子相似，但他认为孔子解决问题的药方开错了。错在哪？主要有四点：不信鬼神（以天为不明，以鬼为不神）；厚葬居丧（厚葬久丧，重为棺椁）；喜欢乐舞（弦歌鼓舞，习为声乐）；相信命定（以命为有，贫富夭寿）。其中最关键的是，他认为，儒家不相信鬼神具有惩恶扬善的作用，这会使解决社会问题的一切办法都流于空谈。这是理解墨子思想的关键点，也是理解墨学发展的出发点，更是解开墨学思想的钥匙。墨子身处殷商故地的下层社会，鬼神思想很有影响力。他将古代思想中“神灵之天”的天道观加以改造，成为统率其他思想的总纲。墨子构思了一套有别于孔子的解决战国初年社会问题的方案。

第一，墨子与孔子的主要区别。

针对春秋以来的各种乱象，孔子归因于人与人之间缺乏“仁爱”，墨子既赞成又不满意。一是对“亲亲基础上的仁爱”不满意，墨子认为这导致各爱各的家、各爱各的国，爱家人胜过爱他人，爱乡邻胜过爱国人，天下纷争皆从此出，所以墨子提出人人相爱的“兼相爱”主张。二是对“疑虑鬼神”不满意。墨子分析说，倘若天下之人都相信鬼神，都确信鬼神“能赏贤而罚暴”，天下还能乱吗？这一切的根源就在于大家失去了对鬼神的信仰。因此，墨子呼吁，天下王公大人、士君子要兴天下之利、除天下之害，就必须认真对待“鬼神有没有”这个大问题。墨子对这两个问题进行了系统论证。

墨子说，知道混乱的原因是治理天下的前提。何以起乱？就在于人与人不相爱。父子、兄弟、君臣都从自己出发，相互损害，不爱对方，怎能不乱？近代西方个人自由主义者论证从个体自爱出发，最终实现他爱的思维逻辑在墨子那里不可接受，但与法家的思维逻辑倒是接近。法家认为，如果人人都是圣人、都利他，天下反而不好治理了。顺着墨子的逻辑，强盗正是因为只爱自己、只爱自己的家，才会去偷窃别人，如果能够爱别人如同爱自己、爱别人的家如同爱自己的家，还能为盗吗？大夫、诸侯也因为各爱自己的家族、各爱自己的邦国，才会相互攻伐。因此，墨子的结论就是——“天下兼相爱则治，交相恶则乱。”（《墨子·兼爱上》）墨子认为，邦国与邦国相互攻伐，家族与家族相互侵夺，人与人相互残害，强大欺侮弱小，富贵欺凌贫贱，狡猾欺骗愚笨，就是“别相恶”，就是天下之害；人人爱别人就如爱自己，爱别人的国家就如爱自己的国家，爱别人的家族就如爱自己的家族，人人相亲相爱、相互提供利益，就是“兼相爱，交相利”，就是天下之大利！20世纪80年代初，中国社会提出“我为人人、人人为我”的口号，其实就是墨子思想的翻版。

针对“兼相爱固然好，但难以实行”的观点，墨子在《兼爱》篇中进行了详细批驳。他认为，这是因为大家没有认识到其中的好处。首先如果大家能够认识到“你爱别人，别人也会爱你；你憎恨别人，别人也会憎恨你”，那么实行兼相爱有什么困难的？其次是居上位的执政者不去实行。比如晋文公喜欢衣着朴素，结果大臣都粗衣烂衫；楚灵王喜欢细腰，结果大臣都饿得东倒西歪；越王喜欢勇猛战士，结果将士肯蹈火而亡。如果居上位的人肯实行，实现兼相爱并不难。墨子举出大禹治水、周文王治理西土的故事，就是兼爱天下。周武王灭商成功后对天祷告：“纣王有至亲，不如我身边有仁人，天下所有人的罪责，我一人承担。”“兼相爱、交相利”，就是圣王之法，治天下之正道。墨子还用设问的方式来证明。比如，这世界上谁不喜欢“兼相爱”的人？谁不讨厌“别相恶”的人？如果你披挂出征、生死未卜，如果你出使遥远国度、前途凶险，你会把家人托付给“兼相爱”还是“别相恶”的人？如果你可以自主选择国君，你会选择“兼相爱”的国君还是与之相反？你是希望爱他人的父母然后所有人都爱你的父母，还是希望憎恨别人的父母然后别人都憎恨你的父母？这里的答案不言自明。墨子又摘录古代文献中的大量事例，论证自己主张的正确性。如“万方有罪，即当朕身；朕身有罪，无及万方”“文王若日若月乍照，光于四方”“王道荡荡，不偏不党；王道平平，不党不偏”“投我以桃，报之以李”等。可见，墨子试图从古代思想遗产中证明自身主张的合理，其用心之密、用力之多、用情之切超过孔子，而孔子说出一个主张时，往往不加论证。

第二，发挥鬼神的赏贤罚暴作用。

墨子深知人的趋利性，尽管人人都喜欢“兼爱”，但自己不一定会实行。这种“搭便车”的心理，在现代社会依然普遍。当大多数人都遵守规矩，少数不守规矩的人就会得到红利。人人都痛恨贪官污吏，但自己手握重权的时候，往往会忘记原来的痛恨。墨子自以为的高明之处，就是搬出一个独立于人类的鬼神，它具有赏贤罚暴的功能，让所有人都不敢打自己的小算盘、小九九。于是，墨子提出另一个主张：“明鬼”。目的就是证明这世界上存在鬼神。

墨子用他的“三表法”论证鬼神有无。他提出，你可以先到乡里问问广大百姓，肯定有大量看到鬼、听到鬼的人来做证。接着，再看看史书上有没有记载，《春秋》果然记载了周宣王冤杀杜伯，三年后杜伯穿着红衣、乘坐白马素车，拿着红弓、红箭射杀周宣王的故事。史官可不会说谎。最后，看看历史上有没有鬼魂的故事发生，还确实有。比如，从前秦穆公大白天在庙堂里遇到句芒这一神灵，被多赐了十九年阳寿。当然，还有燕简公、宋文君等发生的故事皆与鬼神有关。这些故事被墨子写得活灵活现，令人悚然。为了彻底驳倒怀疑鬼神的人，墨子还搬出尧、舜、禹、汤、文、武依据鬼神治国的事迹，比如，在祖庙行赏，以告知祖先我行赏的公允性；在社庙行罚，以告知上天我断狱的公平性。墨子认为，古圣王治天下必先鬼神然后再说人事。圣王害怕后世子孙忘记鬼神、不侍奉鬼神，先在竹帛上书写，又专门在盘盂、金石上镂刻下来，反反复复，用心何其良苦！而如今居然还有人说“鬼神者，固无有”，那就是反圣王的非君子之道。墨子认为，如果鬼神能赏贤罚暴，作为施政于国家、万民的手段，实在是一件利国、利民的大好事。当官府官吏不廉洁，男女没有分别，鬼神看到了；当盗寇淫贼肆虐，杀人放火四起，鬼神看到了，那么，这些坏人还怎敢如此嚣张？人们畏惧上天的诛罚，天下就可以大治。这就是墨子的基本结论。《易经·观卦》曰：“观天之神道，而四时不忒，圣人以神道设教，而天下服矣。”其“神道设教”与墨学观点一致。

墨子的鬼神论是和天道观连在一起的，也可以称为“天鬼”或“天神”。鬼神法力无边，鬼神之神明，不为幽林密谷所遮蔽，鬼神之惩罚，不为世间力量所抵抗。墨子又列举夏桀、商纣的故事，他们的结局和儒家说的一样，但是原因却不同。儒家认为是桀、纣失德导致天命转移，而墨子认为是因为他们侮辱鬼神、残害万民，所以鬼神借助汤王和武王，分别用九辆和一百辆战车就把他们给灭了。这就是鬼神有“积善得福，不嫌微贱；积恶灭宗，不避高贵”的能力。因此，相信鬼神有百利而无一害。

第三，提倡“尚同”。

从《墨子》一书对古代文献信手拈来、旁征博引来看，墨子的博学不亚于孔子，对历史、对国家、对社会、对人性都有深刻的洞察力。在提出用“兼相爱”解决天下混乱，用鬼神迫使人们实行“兼相爱”之后，又会出现第三个问题，即一人一义，二人二义，十人十义，人越多其义也越多，每人都认为自己正确而攻击对方，天下就出现大乱，这可怎么办？按照墨子的逻辑，可以用鬼神去赏善罚恶。但人人都这样，鬼神就难以责众，更何况一人一义，其义不同，何来善恶之分？于是，墨子提出第三条思想主张：“尚同”。

墨子的“尚同”建立在社会起源论基础上。人最初的时候没有政府，每人有每人的主张，结果就是相互怨恨、相互残害，如同禽兽一般。这是不是有点像霍布斯《社会契约论》的开头？猜对了开始，结果却不一样。墨子的主张不是让大家签订一份让渡权利的合同，而是推举天下最贤能的人做天子。有了天子，大家觉得还不行，需要推举贤能的人担任三公。可是天下实在太大了，对广阔土地上的问题不可能都了解清楚，所以划出很多邦国，按照同样的办法推举出国君、长官。有了政府，天子开始发布政令，凡是听到善与不善的，都要向上报告；上面认为正确的，必须看作正确，上面认为错误的，必须看作错误；上面有过失，就应该进谏，下面有善举，就应该举荐；与上面保持一致，而不在下面相互勾连。做得好给予奖赏，反之，给予处罚。按照这样的方法，里长把一里内百姓的主张全部统一起来，听从乡长的主张；乡长把一乡百姓的主张全部统一起来，听从国君的主张；国君把一国百姓的主张又全部统一起来，听从天子的主张。天子统一了天下的主张，天下就可治理了。

不过，墨子的思想没有停留于此。他认为，百姓只知道与天子保持一致是不够的，关键还要与“天”保持一致，否则天就会降下各种灾难。天有意志，叫“天志”，属于有人格意志的神灵。天子和百姓最终要与天志保持一致。天志是什么？天志就是天下百姓的心愿。墨子反复证明：天爱天下之百姓，天之爱民厚也。兜了一圈，原来百姓最终是和百姓的心愿保持一致。用现代的话来说，每个人要与人民群众的根本利益、长远利益保持一致。这才是墨子鼓吹“尚同”的真实目的。这个政治架构与周公的三角政治关系密切相关。后来董仲舒借用了墨子的思路，提出“屈君以伸天，屈民以伸君”的命题，而天意就是民意。

墨子认为，与古代圣王相比，现在的居上位者只贪图享乐，要求下面和自己保持一致，却不与天保持一致。比如，同样的“五刑”，古圣王用来善治天下，而“苗民”用来荼毒百姓；同样一张“嘴”，可以传好事，也可能引发战争。墨子想以此说明，天子、诸侯和各级官吏都是治理天下的工具。这些工具用得好则天下得治，用得不好则反遭其害。推举天子、诸侯不是让他们骄奢淫逸，设置官长也不是为了增加他们的俸禄、过富贵生活，而是为民兴利除害，使贫者富、危者安、乱者治，这才是墨子设计天帝、鬼神的真实用意。现在的王公大人宠幸弄臣、优亲厚友，个个高官厚禄，结果就会上行下效，百姓绝不会与上面保持一致。若上下主张不同，居上位的长官所要奖赏和处罚的人不符合众人的意见，这种奖惩的效果就会适得其反。古圣王谨慎统一主张，做到上下同心，上有疏忽遗忘的，下面提醒弥补，下有怨害蓄积的，上面帮助疏导。这样一来，那些为善者连周围人还不清楚时，天子就会发现并给予奖赏；那些为恶者周围人尚未识别时，天子就会发现并给予惩罚。先王曾说，这不是我有多能干，这是众人在帮我视、听。有了大家的共同帮助，任何事都能办成。墨子引用了一句古语：“一目之视也，不若二目之视也；一耳之听也，不若二耳之听也；一手之操也，不若二手之强也。”墨子总结说，爱护百姓，真诚对待他们，引导他们富贵，再用惩罚督促于后，想让百姓不与君王保持一致都难。

第四，提倡“尚贤”。

墨子的学说贯穿着“官无常贵，而民无终贱”“有能则举之，无能则下之”的“尚贤”思想。墨子的理想家园与亚里士多德《政治学》中描绘的理想城邦，形成鲜明对照。亚里士多德认为，要保证公民有从事自由的政治活动的闲暇时间，必须有奴隶替他们从事繁重的体力劳动。对于天性属于奴隶的人，奴隶制就是符合自然法则的正义。为人所津津乐道的公民自由政治活动，其奥秘是必须有成群的奴隶在为主人拼死干活。亚里士多德的政治教育目标是把年轻人培养成为绅士，小心翼翼地维护社会等级，使“灵魂高尚”的人始终处于好的社会地位。墨子却要让底层的有能者上，这在亚里士多德看来是匪夷所思的。在墨子的世界里从来就没有压榨别人以自肥的想法，而是人人皆劳动获得生存的权利。这也体现出中西文明的本质差异。

墨子尚贤任能，孔子也讲选贤与能，但两者是有区别的。墨子的“贤”更偏重于“技能”，儒家的“贤”更偏重于“德性”。墨子举例说，王公大人有只羊不会杀，有件衣服不会做，肯定会去找好的屠夫、好的裁缝，而不会去找没有能力的骨肉之亲或颜值高的人；有匹马病了、有张弓坏了，也懂得找好的兽医、好的工匠。道理很明显，非能之人，只会徒增损失。可一到治国怎么就忘了呢，只顾及那些亲属、近臣而不去找贤能之人呢？实在是知道小道理，忘了大道理。墨子又举了历山耕田、河滨制陶、雷泽捕鱼的虞舜，平土治水、胫毛脱落、三过家门而不入的大禹，教人耕种、使民致富的后稷，还有其他古代历史上的名臣伊尹、傅说等，正是他们的才能得以发挥，才实现了上利于天、中利于鬼、下利于民。

墨子“尚贤”是尚实际能力而非抽象“德性”，他更多注重先贤的行为，学习他们亲力亲为的态度；孔子“尚贤”更多注重尚先贤的精神，学习他们爱民的品格。所以，当樊迟问孔子如何种庄稼，孔子背后骂樊迟是小人，“扶不上墙的烂泥”。孔子是想说，读书人应以知识回馈天下，所谓“劳心者治人，劳力者治于人”，满腹经纶却去种地，岂不可惜。墨子则是“摩顶放踵利天下”，以苦为乐，认为耕种、捕鱼、担土等粗活恰恰是圣人所为，既然连种庄稼这种粗活圣人都干过，而且是贤能的体现，那么任何工作就只有分工不同、没有高低贵贱之分了。“百工之事，皆圣人之作也。”（《周礼·考工记》）只要能用自己一技之长贡献于社会，就都是好样的，这就是“义”。人人各尽所能，所有工作都没有高低贵贱之分。这种观点符合人民领袖毛泽东提倡的“只有分工不同而无贵贱之分”的价值观。儒家同样讲“尚贤”，讲“任人唯贤”，在现实中往往有较大区别。墨子主张“非乐”，反对享乐，认为只有能吃苦为社会服务，才是禹之道，才可称为“墨”。墨子说，我不是不知道音乐之悦耳，雕饰之悦目，肉食之美味，高屋之舒适，可上不符合圣王的教诲，下不利于民众的心愿，怎么能去做呢？对此，许多人不理解。程繁（当时一位兼治墨儒的学者）反驳说，过去诸侯听政累了听听音乐，农夫一年四季劳作，也会在击缶中得到休息，而今夫子提倡“非乐”，不就像马套上车就不松开，弓张开后不松弛吗？庄子也不理解，认为这种吃苦受累的活太难了，恐怕不是圣人之道，违反天下人之心，墨子自己能做到，天下人能做到吗？近代梁启超也不理解，认为庄子的评论实在公平透彻，墨子的观点就是反天下人之心、让天下人不堪。的确，墨子舍己为天下人的思想，在整个人类文明史上极为罕见。唯其如此，墨子是我华夏之圣人。

至此，墨子通过“兼爱”“明鬼”“尚同”“天志”“尚贤”“非乐”等初步建立起一套思路清晰、系统完整的学说。

墨子的“非攻”，反对战争，是其思想体系的必然产物。两千五百多年来，墨子的“认知悖论”一直困扰着人类。他说，偷盗他人财物，残害他人性命，谁都认为是犯罪；而发动战争，使生灵涂炭，却被世人夸为英雄。这种“认知悖论”拷问着人类的良知。奥古斯丁也曾引用过亚历山大大帝与被俘海盗的一段对话。亚历山大问，为什么要做海盗？海盗回答说，为的是和亚历山大一样的目的。海盗说他不服气，仅仅因为亚历山大有许多战船而他只有一艘，就被当作海盗遭受谴责，而亚历山大却被颂扬为英雄。奥古斯丁引用这个故事的目的是想说明，尘世国家本来就是一大群成功的强盗。奥古斯丁有“上帝之城”作为信念，才不会因尘世间的是非错乱而困惑。但墨子不同，他是一位入世的和平主义者，为这种颠倒黑白感到深深的困惑。他力求证明反对战争（“非攻”）的合理性和可行性，但是与其他议题相比，在这一问题上的证明就逊色多了。

墨子是这样论证反对战争的合理性的。首先他算了一笔账。假如军队出征，冬季、夏季行军因严寒和酷暑，困难大，不可行；春季、秋季出征又妨碍播种和收获，人误地一时、地误人一年，会发生饥荒。军队所需弓箭、铠甲、盾牌、刀剑等耗费巨大，战士阵亡无数，百姓为运输粮草死伤无数。发动战争，攻占一个地方，死伤更多，得不偿失。有人辩解说，南方的楚国和吴国，北方的齐国和晋国，受封时不过百里，通过兼并使土地数千里、人口数百万，这不就是战争的好处吗？墨子说，假如有医生开药给一万个人吃，仅四五个人吃了管用，能说这种药管用吗？无数个邦国的灭亡，才成就了楚、吴、齐、晋的疆土。墨子的这个比喻有点匪夷所思。因为战争本来就是强者的权利，通过战争获取土地、人口，对他们来说就是一笔合算的买卖。弱者自然不希望战争，更不敢觊觎强国。墨子还构筑一套反战理论。战争是不义的行为，上不符合天的利益，中不符合鬼神的利益，下不符合百姓的利益。先王就是反对攻伐，才获得上天的赏赐、鬼神的降福、百姓的赞誉，从而赢得天下。战争不仅败坏道义，还损失大量人口、财产，国家会因此衰败。有人辩解说，你认为战争不义，当年大禹征讨三苗，商汤征伐夏桀，武王讨伐商纣，怎么算？他们可都成了圣王。墨子还是辩解说，他们不叫“攻”（战争），而是“诛”（剿灭）。这有点像现在的打仗和剿匪的区别。墨子活灵活现地描述神灵如何帮助禹、汤、武王，天地如何对三苗、桀、纣表达愤怒，最后坏人被诛，万民被救，“天志”

得以实现。其实墨子还是没有解决一开始的“认知悖论”。春秋无义战，而现代人喜欢用正义和非正义来区别战争，可是又有谁来判断正义与非正义？这似乎是永远没有答案的问题。

2.约伯之问与跌鼻之问之比较

墨子的鬼神论很引人注目，简单地批评或者否定，没有任何思想上的价值。一些学者故意不谈墨子的鬼神论，大有“为贤者讳”的味道，其实大可不必。我们从基督教阐发的信仰与墨子鬼神信仰的比较中，可以看到墨子鬼神天道观的必然归宿。

《旧约·约伯记》记载了关于约伯信仰神的心路历程，称为“约伯之问”。乌斯地有个人叫约伯，生活很幸福，是一个义人，蒙神的喜悦，有七个儿子、三个女儿、七千只羊、三千头骆驼、五百头牛、五百头驴，还有很多仆婢。耶和华认为地上再没有像他那么正直、敬畏神、远离恶事的人。撒旦却对耶和华说，约伯敬畏神是有所图的，因为他拥有的都是蒙你赐予，如果毁掉他的一切，肯定弃你而去。耶和华就与撒旦打赌，看约伯的信仰是否功利，是否有所求。于是灾难降临到约伯头上，瞬间，牲畜、仆婢、子女全部死了。约伯撕裂外袍、剃了头伏在地上说，我赤身于母胎，也必赤身回归，耶和华赏赐给我的，也有权收回。看来遭受人生重大变故后，约伯依然信仰坚定。接着，耶和华命撒旦让约伯从头到脚生了毒疮，痛苦不已。妻子说，你还是放弃神吧。约伯说，我们从神那里得福，不也应受祸吗？约伯继续保持对神的信仰不动摇。这段文字的神学意义在于，约伯之所以信仰依然坚定，是因为对自身的重大变故有理性的解释：神给你，也可以收回，是合理的。凡合理的就不会疑虑，这也是信仰者基本的素养。这时候约伯的三个朋友从外地过来看望他，看到约伯的惨状都极其悲伤地大哭不止，怀疑约伯有罪才导致这样的结局。约伯开始诅咒自己，希望自己不曾出生，与他的朋友对话中，相互问了一连串问题，讨论神与人的关系：患难愁苦之人，为什么当初要赐予生命和光？人为什么生下来要受苦？我若有罪，于你何妨，为什么选中我当箭靶子？神为何不赦免我的过失？我无罪孽、无罪过，神为什么拿我当仇敌？恶人为什么存活，还能享有高寿，势力强盛呢？为什么看不见神定期惩恶呢？等等。而这些问题是约伯无法用理性回答的，所以他感到困惑。约伯的三个朋友囿于道德报应论的观点，非但不能安慰他，反而让他更觉得自己无辜。别人认为约伯是有罪而遭受苦难，但约伯认为自己有义，而神有些不义，他要与神争辩。最后耶和华在旋风中与约伯对话，但没有直接回答约伯的问题，而是说世界上的一切不可思议的事都是神所为，而渺小的人根本无法理解。神没有指控约伯犯什么罪而受苦，也不责备约伯自认为正直，但是责难他怀疑神的正义并与神争辩。实际上，神的喜怒与人类美德并没有必然联系，做好人不值得夸耀，更不能因此要求神只给你赐福而不让你受灾祸。约伯原来的委屈不仅全部消失，并且“在尘土和炉灰中懊悔”，更加顺服。约伯之问在基督教的信仰中具有重要的神学意义。

神有人不可全知的权能和智慧，也给人不可全知的宇宙秩序及人不可全知的目的和意义，所有的创造和毁灭无须理由，人只要相信，只要顺服，神的恩典就够用了。神的正义和至善丝毫不容怀疑，人不能与神辩论，不能怀疑神的动机，更不能责难神的任何行为。相信神的绝对公正，但不是体现在一时一事，神可以让恶人得意、善人遭殃，可以让自以为是的人中计，也可以让断绝一切念头的受苦人看到生机，神为什么要这么做？不要问，不能想，只要你坚信正义永存，有神如慈父般在天上看着你，关照着世间的一切就够了。上帝的宇宙秩序与人类能理解的道德秩序并不相同。在末日审判那一天，蒙神喜悦的人一定会居大位，恶人会遭惩罚，造物主的永远不可窥测的目的就会实现。那么，人面对苦难的正确思维和态度是什么？就是保罗说的，凡事相信，凡事盼望，凡事忍耐。

墨子与他的弟子跌鼻也有一段类似的对话，可以称之为“跌鼻之问”。有一天，墨子生病了。跌鼻进来问道，先生认为鬼神能通明一切，能带来祸福，做善事就奖赏，做恶事就惩罚，可先生作为圣人，为什么还得病呢？或许先生的言论有什么不够到位的，或许鬼神也非通明的。面对弟子的疑问，墨子说，怎么能因此怀疑鬼神之明呢？人得病的原因很多，有因寒暑，有因辛劳，就像房屋有一百扇门，只关上一扇，盗贼走其他任一扇门都可以进来。同时，另一位跟随墨子学习多年的弟子也提出疑问，先生说鬼神通明，能给人带来祸福，使善人富贵、恶人祸患，我侍奉先生这么久了，怎么还没有得福，或许先生的话不对，或许鬼神有问题。墨子说，怎能因你没有得福就怀疑我说的不对呢？墨子问，听说过隐匿之罪吗？那人说没有。墨子又问，如果有个人比你强十倍，你能赞誉他十次，只称赞自己一次吗？如果有人比你强百倍，你能终身称赞他，而从不夸耀自己吗？那人回答说，不能。墨子说，隐匿一个就有罪，你故意隐匿他人那么多的善行，就是重罪，还求什么福？从神学的角度看，墨子的回答有很多漏洞，不能让弟子完全信服，而这些漏洞就是他神灵天道观的缺陷。

墨子的鬼神与殷商时期的鬼神不同，不是与地上皇权结合能预知一切、控制一切的上帝，也不与祖宗神合二为一，专门庇佑自己的族人，而是唯百姓意志为意志的伦理化神灵。墨子的鬼神与以色列人的耶和华不同，既不是宇宙的唯一创造者，也不是不受人意志影响的神。从历史上各宗教的竞争看，一神教有巨大的优势。墨子的鬼神赐予人类祸福时，是直接的而且是单向的。善就赐福，恶就降祸，善人得福后就永享福禄，恶人得祸后就永遭诅咒，这种直截了当的、单向赏善罚暴的思路很容易被现实中复杂的关系所揭穿。更何况一旦追求可复制、可检验的善福恶祸关系，任何宗教都得破产。现实中，我们经常看到善人遭祸、恶人善终，好人短命、恶人长寿，做了好事却飞来横祸、做了坏事却飞黄腾达的现象。这些困惑，约伯凭个人信仰就能合理解释，如“神给你，也可以收回，不能凭行善就蒙受神的喜悦”“绝对不允许妄测神的意志，人的理性永远理解不了神的正义和至善，善人遭祸正是考验信仰是否纯正的象征”。但墨子那里无法给出合理的解释。我们无从知道跌鼻对墨子的回答是否满意，估计疑问很多，比如，人的祸福不全是鬼神给的，有些可能是命中注定，有些可能纯属偶然，有些甚至因假仁假义获益。按照墨子的观点，那些遭受灾祸的人是咎由自取的恶人，那么哪天墨子不小心遭了灾，完全有理由对墨子的人格、行为产生疑问。这种疑问在告子那里就有。有弟子告诉墨子，告子说墨子满口仁义但行为却很坏。言下之意，就是墨子虚伪。而约伯之问则说，在神的面前，人所谓的正直、善行都不值得一提，做好人并没有什么值得夸耀的，更不能因善行而蒙受神的喜悦。这里善福恶祸的链条很长、也很复杂，“神既能赐福也能随时收回，既能降祸也能随时收回”的观点，就可以回避或解释现实世界的悖论。至于约伯的其他问题，比如神造物的目的、人类存在的意义、正义如何最终得以实现等，墨子的鬼神思想更是难以解释。从神学的角度看，墨子回答另一弟子的问题尚有可取之处，那就是“你不够善，你有罪，还求什么福”？但这种善是难以达到的，最终也会失去信徒。

有人会说，用《旧约·约伯记》中的约伯之问与墨子的跌鼻之问作比较，是不合理的。这其实就是笔者想表达的意思。因为，墨子的本意绝非创立一个宗教，他的主要兴趣并不在此。近代以来的学者大多把墨子看作宗教领袖。比如，冯友兰在比较孔子与墨子时说，

“孔子是一位文雅有修养的君子，墨子则是一位充满战斗精神的布道家”[1]。他把墨子看作如使徒保罗一般的宗教家，其实是在用“君子可欺以其方”去蒙骗西方人罢了。梁启超也认为墨子非哲学家，非政治家，而是宗教家。[2]这些仅皮相之见。墨家是一个严密又带有神秘性的团体，但从来不是也不可能发展成宗教性团体。墨子搬出鬼神，并非以鬼神为本位，还是以人为本位。他认为，只有相信鬼神赏善罚暴的功能才能制约王公大人的为非作歹，使居上位的认真听治，居下位的努力干活，最终实现天下大治。他的鬼神最终是为人服务，而基督教是以神为本位的——人只是神在尘世间的工具，人类永远无法凭理性知晓神创造人的目的和意义。墨子的观点后来被董仲舒借用过去并加以改造，变成“天人感应”“灾异谴告”，出了三百多年的风头。但鬼神天道观下的中国社会依然是一个世俗性社会——统治社会的权力最终来自民众，而非神这个绝对主权者。

这里，与孔子遇到困厄时的“子路之问”作一对比就更清楚。《孔子家语·在厄》记载，孔子受楚昭王的邀请准备赶赴楚国，结果在陈蔡之地受到围困，断粮七天，跟随他的人都相继病倒。孔子依然在讲授学问，用琴瑟伴唱。子路满脸怨气地问，从前听老师讲，做善事的人上天会降福，做坏事的人上天会降祸，如今老师您积累德性推行仁义已经很久了，处境怎么还如此穷困潦倒？孔子说，你不懂，我来告诉你。如果有仁德就一定会被人相信，伯夷、叔齐就不会饿死在首阳山上；如果有智慧就一定会被任用，比干就不会被剖心了；如果忠心就一定有好报，关龙逄就不会被杀了；如果忠言劝谏一定会被采纳，伍子胥就不会被迫自杀。学识渊博、深谋远虑但时运不济的人很多，何止是我！但芝兰长在密林深处，不会因无

1 冯友兰：《中国哲学简史》，赵复三译，北京联合出版公司 2017 年版，第 34 页。
2 梁启超：《先秦政治思想史》，商务印书馆 2014 年版，第 177 页。

人欣赏而不芳香；君子修身敬德，不会因穷困而改变节操。子路听完后走开了。孔子叫来子贡，问他怎么看？子贡说，老师，您的道太博大，天下容不下您，何不降低一些？孔子说，好的农夫善于耕种，不一定善于收获；好的工匠善做精巧的东西，不一定顺每个人的心意；君子培养道德学问，创立政治主张，别人不一定采纳。不努力提高自身的道德学问却只求被人采纳，说明你志向不远大、思想不深远啊！孔子又问颜回，颜回说，老师的道广博，天下容不下，尽管如此，您依然竭力推行。世人不用，那是他们的耻辱。老师您又何必忧虑！不被采纳才显出您是君子。孔子听了高兴地说，颜家的儿子，将来你有钱了，我给你当管家！

从这段对话中，我们可以看出孔子才是真正的“布道者”。孔子在如此困厄的境地依然保持顽强的信念，体现了世俗性信仰的崇高。孔子在任何时候都是乐观的。子路问：“君子亦有忧乎？”孔子答：“无也。君子之修行也，其未得之，则乐其意，既得之，又乐其治，是以有终身之乐，无一日之忧。”（《孔子家语·在厄》）这种始终怀抱“道”而不坠的态度，是中华文明历五千年依然不绝、不死，不断焕发活力的奥秘所在。

三

老子

老子（约前 571—前 471），陈国相人（今河南鹿邑县），姓李名耳，字聃。陈国为虞舜后裔封国，保存虞舜无为而治思想传统是可以预见的，老子受到这种文化氛围的影响。老子曾任周王室的“守藏室史”，即管理周王室图书馆的史官，有机会接触当时留存的各种古文献，当时的史官还有观察天象的职责。与孔、墨皆“祖述尧舜，继承历代圣王遗志，致力拯救天下”不同，老子主张“绝圣弃智”，抛弃人为的干扰或努力，让一切按照自然法则生长。

1. 老子学说概述

老子生活在春秋末年，同样能感受到时代的问题，但对于问题原因的探究，老子的结论与孔、墨完全不同。老子的身份使得他能比其他人看到更多的文献资料，熟悉古今成败得失、存亡祸福的故事，更了解现象背后的“真相”。“金玉满堂，莫之能守；富贵而骄，自遗其咎。”（《道德经》）历史上多少豪庭巨宅沦为荒茔枯冢，多少富贵之人含恨而亡，可多少人能吸取教训？总想好上加好，总想富而又富，最终都逃脱不了同样的结局——“其人与骨皆已朽矣”。孔、墨开私学之先河，老子并不认可。熟读诗书又有何用？四处奔波宣讲自己的主张又有何用？学习先王的事迹又有何用？孔子认为问题出在人与人之间缺乏仁爱，墨子进一步提出“兼爱”，甚至用鬼神来逼人为善。老子一概否定。“大道废，有仁义；智慧出，有大伪。”（《道德经》）之所以讲仁义，就是天道被废弃的结果，仁义越多，离大道就越远。孔子心向往之的“礼”，老子直接斥之为“乱之首”。春秋末年同样的乱象，有不同的解释，有不同的归因，有不同的药方。犹如21世纪国际秩序的混乱，美国人认为是自己不够强大，需要发展更强大的军力；另一方则认为是美国霸权带来的混乱，必须建立多极世界。同样的现象，归因不同，就会有不同的思路。老子认为，春秋末年之乱象是必然的，祸福本来相依相随，有福必然有祸，谁说只能享福不能受祸？因此，唯一出路就在于遵循天道自然法则，向自然学习，“人法地、地法天、天法道、道法自然”。这就是老子思想的出发点。

第一，何为自然天道？

老子的重要贡献之一是开创了中国思想中对万物本原的思考。他认为，万物之有，本原于“无”。从“无”中产生“有”之后，就按照自然演化，一生二，二生三，三生万物。万物包括人与社会都逃脱不了自然演化这张“天网”。遵循自然天道是人类不能逃避的宿命。“自然”是老子思想的核心，犹如“仁爱”是孔学思想的核心，“鬼神”是墨学思想的核心。

那么，自然天道是什么？看不见、摸不着，也不会说话。老子教了我们一个办法：观察事物，体悟意义。他注意到“水”这一自然之物——“上善若水”，这世界上几乎所有的美德全部集中在“水”的身上，简直就是“道”的化身。水滋润万物却从来不去争斗，待在最不显眼的低处；水性绵绵至柔，微则无声、巨则汹涌；水能滴水穿石，涤尽一切污垢，却又淡泊如镜，静如处子。从“水”中悟道，就知道人该如何做事了。老子还观察到骤雨似乎都不长，狂风虽猛却不如微风那么悠然长久，于是总结出“飘风不终朝，骤雨不终日”“刚强易折，柔弱至坚”的道理。后来的文人志士模仿这套方法，好像也从竹子中看到气节，从磐石中领悟坚韧，从玉石的温润中感受君子的品德，从蜡梅中发现芳香当从苦寒来，从青松中获得革命意志。老子塑造出了中国文化千年来的共同思维方式。老子运用玄览（或直觉、静观）发现，上天什么也没有特意为之，就这么自然演化着，居然成就了如此一个大世界，这便是“无为而无不为”的最高境界了。老子从中受到启发，认为弃绝人类所有的刻意创造出的知识，不听、不想、不看，就不会有贪念、妄念、淫念，使人复归于婴儿，怀抱赤子之心，就真正接近自然天道。与孔、墨开口一个先王、闭口一个先王不同，《道德经》没有一句提及先王事迹，而仁义礼智简直是万恶之源。庄子后来又狠狠补了一刀：“圣人不死，大盗不止”，连老子喜欢提及的圣人最好也死掉算了。

第二，治国修身当静虚无为。

老子作为古代思想的继承者，在最基本的问题上与孔、墨相同，都坚信天道倾向于善人，做了坏事都不能逃脱上天的惩罚。只是老子认为世间万物、芸芸众生，最终要回归本原。本原是什么？那就是静。老子还发现，万物在天地面前没有特别的，都像刍狗（草狗）一样。圣人也把百姓看作“草狗”，并不滥施仁爱。历史上那些所谓的有为君主，人为设定了哪些能做，哪些不能做的条条框框，以为是在治理国家，其实是违反自然法则，结果却是禁忌越多，百姓越穷；武器越多，国家越混乱；心眼越多，怪事越滋生；法令越密，盗贼四起。相反，如果以静虚治国，不乱作为，百姓就会自我化育；不瞎折腾，百姓就会自然富足；没有贪欲，百姓就会自然纯朴。因此，“治大国若烹小鲜”，不折腾百姓、百姓也不自找麻烦，遵循静虚无为的自然法则，这不是最好的办法吗？

事物都有两面性，任人唯贤，看似好事，但所有人都会你争我夺；看重奇珍异宝，只会激起更多的贪念；推行慈孝，恰恰是人间没有慈孝。老子认为，假如圣人没有为己的私心，又保持谦卑的态度，以百姓之心为心，对于善者和不善者、守信者和不守信者都能各因其用，断绝用小聪明占小便宜、投机取巧获利的念头，使百姓心思归于朴实，那是一种多么美好的境界。

熟悉中国古代思想的起源，就不应奇怪为什么会有静虚无为的思想，而应奇怪为什么对后世会产生那么大的影响。它至少存在四种发展的可能性。第一种是庄子的思路，发展到自由放任的无政府状态，最后发展到魏晋玄学。第二种是韩非的君主“秉要执本”，这种清虚以自守更像是一种巩固君主绝对权威的策略和权术。第三种是黄老道家思想，为汉初治国理政的准则，是一种君无为、臣有为的虚君思想。第四种就是被后世的儒家吸收，变成儒学思想的一部分，比如朱熹理学以静虚为本。当然，静虚无为思想也会向佛、道两教渗透。

比较老子与儒家、墨家的治国思想，可以看出其中的差异。孔子强调，“子率以正孰敢不正；上好礼则民莫敢不敬；君子笃于亲则民兴于仁”。要求执政者有为、敢为、先为，这种“敢为天下先”的精神恰恰是老子所反对的，而把“不敢为天下先”视为自然法则，视为保存自身的一种策略。至于墨子的“兼爱”“尚贤”“兴天下利除天下害”，按照道家后学的观点，更是导致天下混乱的祸害，简直是违反人的自然之性。

老子坚信自己观点的正确，从现代的角度看，还是有一些心理学基础的。人都有滥施仁爱并从中获得自我满足的心理倾向；过度的帮助往往会助长他人的懒惰；以善良之心办事，结果往往把事情搞得一团糟。庄子用混沌的故事解释了老子的思想，说是南海之帝和北海之帝为了报答中央之帝混沌的善待，为其凿七窍，一天凿一窍，到了第七天混沌就死了。看来“有为”之政害死人，仅凭善良愿望，同样会给人间带来灾难、给百姓带来祸害。

第三，生而不有的理想境界。

老子对理想社会的描绘成为中国历代文人“采菊东篱下，悠然见南山”的精神归依。这一理想社会建立在自然天道观下。万物自然生长，是谁在拥有？谁在主宰？谁在利用？好像都没有。

按照老子的看法，理想社会贯穿着这样的自然正义观：“生而不有，为而不恃，长而不宰”（《道德经》），养育你并不占有你，帮助你并不控制你，成就你并不主宰你，这与基督教所宣称的创造你就有权拥有你、统治你、毁灭你的所谓神的正义有本质区别，体现中西文明价值观的巨大差异。在这样的理想社会中，尽管有领导人，可是百姓却感觉不到他的存在；总在你需要的时候出现，不需要的时候离开；总在你困难的时候提供帮助，你快乐的时候离开。犹如一年四季自然运转，春天大地回暖、夏天酷暑难忍、秋天凉风习习、冬天白雪皑皑，百姓都不会去想是谁在主宰、谁在领导我们。稍次一等的领导人，就需要百姓经常赞誉他、亲近他；再次一等的领导人，百姓会心生畏惧；最次一等的领导人，百姓会起来反抗。因此，“知止”，知道自己该什么时候出现、什么时候隐退，是理想社会领导人的最高境界。时刻保持谦逊，就如江海之于河谷，永远接纳源源不断的水流，终成汹涌浩瀚的大海。老子的理想社会是一个神话吗？不是！它有着深刻的社会依据。其实，从某种意义上说，现代社会的管理者最高境界何尝不是如此？百姓吃穿住行都是那么顺利地进行。拧开水龙头，清水哗哗的；摁下开关，灯泡亮亮的；打开燃气灶，火苗旺旺的。百姓以为一切都那么自然、那么理所当然，从来不会去关注背后有多少默默的付出。百姓“岁月静好”，却不知有多少人为此负重前行、默默奉献。老子把这种境界称为：“太上，不知有之”。百姓生活中好像感觉不到有管理者的存在。在这样的社会里，百姓只专注做好自己的事情，再也不需要劳心费力地与他人周旋，讨得别人的欢心以求自己有立足之地。就如后来庄子所讲的“与其相濡以沫，不如相忘于江湖”，大家都能从劳神的人际关系中获得解脱，求得解放。国家很小，百姓也不多，满足于自己吃饭、穿衣、睡觉，陶醉在自己的生活之中。虽然有船、有车，也有武器，似乎没有派上大用场。在这样的社会里，一派祥和气氛，既没有战争、没有奴役、没有嫉恨，也没有钩心斗角、相互使坏，完全是一派世外桃源。这种世外桃源成了中国人寻求身体解脱、思想放飞的精神象征。

第四，消除一切刺激不必要欲望的因素。

按照当代认知心理学的观点，人的焦虑、不安和困惑来自认知不平衡。比如说，一位先生挣了一千万元，别人认为很多了，可他本人却坚持认为按照自己的能力应该挣得更多。这种认知不平衡，就会产生冲突。实现内心平和，获得幸福感的办法是消除认知不平衡。比如，让这位先生改变认知，真真切切感受到一千万元是很大的成功，很不容易，他就会有成就感和满足感。老子在两千五百年之前，就采用直观的方式思考这些问题，认为“罪莫大于可欲，祸莫大于不知足，咎莫大于欲得”。人的欲壑难填，什么时候能有个满足？如果不满足，各种罪恶、祸害、灾难就会降临。这个时候让人们彼此讲究仁爱，彼此谦让，恐怕有些对牛弹琴。人在富贵的时候，往往会忘掉贫穷时的窘迫；人在春风得意的时候，往往会忘掉失意时的落寞；人在步步高升的时候，往往不屑于别人的帮助。这就是人性的弱点，老子看得很清楚。纷扰的色彩使人眼花；和畅的音乐使人耳乱；驰骋打猎，让人心花怒放；贵重物品，让人驻足停留。老子觉得圣人只求饱腹即可。消除内心的认知不平衡，达到心平气和、心安理得、高高兴兴的心理状态，既是消除贪念的好办法，也是阿 Q 精神胜利法的心理基础。老子的这些观点是好还是坏，就看从哪个角度观察了。

基于对人性的洞悉，老子提出了一套消除矛盾、消弭纷争、解决冲突的办法——从平息内心的骚动开始。比方说，你看到一辆豪华的汽车，心里想：不就是代步工具，好点差点没什么本质区别；你看到一个美女，心里想：不就是皮相好看点而已，家里的糟糠之妻能给我生儿育女、乐乐呵呵挺好。但是，两个自我在内心搏斗非常辛苦，就需要借助外力了。老子就想创造这样一种社会环境：让圣人不去鼓励称赞贤人，大家也就不会去相互激烈竞争；不去重视稀罕的宝物，百姓也不会去盗窃；不要让贪欲得逞，民心就不会动摇。事实上也是这样，当没有人去炒作君子兰、比特币、邮币卡的时候，谁又会当作宝贝呢？按照王弼的注解，量才录用、唯才是用，并没有什么值得夸耀和显摆的；贤人也是人而已，特意崇尚贤人，就誉过其实了。这一观点是不是有点眼熟？约伯之问要传递的思想也是：信仰和善良没有什么值得夸耀的，更不能成为神赐福于你的理由。任何深刻的思想最后都会相互交合在一起。真正好的社会，无善无恶、平平淡淡，百姓不能有太多心机，不能有太强好胜心，依据自然本性、诚实而质朴就好。当今互联网上的“知乎”“爱问”上有一个引发热议的话题，说是中国老百姓深知潜规则，喜欢玩心机、钻空子、要小聪明，很多人将此归结为中国人的本性或者说没有大智慧。按照老子的看法，那是由于统治者喜欢用智巧、心机、大道理糊弄百姓所导致的。正是在这个意义上，老子反对以智谋来治理国家，认为“以智治国，国之贼；不以智治国，国之福”（《道德经》）。在管理禽兽的时候，人类可以得意于智力卓越，满足于人类对牲畜的“高贵”，或者陶醉于人类对动物的“爱心”。可是在管理有同样智力的百姓时，所有的爱心、残暴、阴险等很容易被识破，当醉心于“我是卓越统治者”感觉的时候，其实危险就在脚下。因此，“绝圣弃智，绝仁弃义，绝巧弃利”就必然成为老子的政策选项。自己规规矩矩，百姓自然淳朴（我自无欲、民自朴）。领导人实实在在，大家都实实在在；领导人夸夸其谈，大家也夸夸其谈。法家继承了这一观点，我们在《商君书》中看到大量的鄙视“诗、书”的观点，就不足为奇了。

第五，反者道之动，弱者道之用。

老子主张“绝智弃辩”“绝伪弃诈”，可《老子》一书成了后来一切谋略的祖源，守时待势的谋划、故意示弱的权谋、正言若反的权变、祸福转化的计谋、以弱胜强的策略都可以从中找到依据。以谋略著称于世的鬼谷子将道家的这一脉发扬光大，继而成为战国纵横家的鼻祖，以纵横捭阖之术扭转乾坤，把各色人等玩弄于股掌之间。反智谋的老子，却有着最善于谋略的后学，看来这也符合“反者道之动”。

老子认为，世间一切似乎都遵循“反者道之动”——反其道而行之的规律。正言若反，反言若正。老子列举了有与无、难与易、长与短、高与下、白与黑、美与恶、善与不善、损与益，以及祸与福、雄与雌、强与弱、废与兴 、取与予等，发现它们之间都存在相互依存、相互转化的关系。由此可见世界上的万物都存在对立面，简单地讨论祸好还是福好，善好还是恶好，白好还是黑好，似乎没有多少意义。后来庄子沿着这一“相对主义”的思想路线走下去，推向“齐物论”的极端，死和生没有什么区别，人和动物，甚至和一块土疙瘩都没有什么区别。

“祸福相依”的思维模式如此强大，以至于两千多年来一直主宰着中国人的头脑。一种思维方式几千年不变，对于其他文明是一件少见的事情，但对于中国文化的传承却极为平常。我们在安定的时候，总会想到危险是否会降临；当混乱的时候，总会认为乱到极致就是大治的开端；发现事情变得容易的时候，总会疑虑困难是否在前面等着。这种居安思危、慎终如始的态度不仅体现在老子思想中，也横贯儒、墨，成为中华文明的精神标识。当然，他们之间也有细微的区别，当老子用这种态度看待春秋末年的混乱，给出解决问题的办法是："将欲弱之，必固强之；将欲废之，必固兴之；将欲取之，必固与之。"（《道德经》）这就是说什么事情都得反着来，明明想削弱它、取代它、废弃它，却摆出一副叫好、交好、卖好的姿态。后世总结的"笑里藏刀，绵里藏针"，就是这种思想的实用化。

孔子讲究温良恭俭让的君子美德，老子更是把柔弱胜刚强的思维推向极端，两方发力塑造出一个民族的性格。老子觉得，天下最柔软的是水，但没有事物能战胜水，那么柔弱胜刚强就是天下至理。从中可以引申一个道理：能承受全国所有屈辱的人，才能成为社稷之主；能担当天下所有灾祸的人，才能成为天下之王。《马可福音》说："在你们中间，谁愿为大，就必做你们的用人；谁愿为首，就必做众人的仆人。"看上去意思接近，其实有文化上的重大差异。基督是要求信徒用最谦卑的态度侍奉神，能为神的事业做最卑微的工作。老子却提供了有普遍意义的思维方式——正言若反、反言若正的思维。按照老子的思维，会造成两种不同的传统。一种是真诚相信圣贤能为天下人承担罪责。比如，后人称赞的商汤，当国家发生大旱的时候，他独自到桑林向上帝鬼神祈祷：所有的罪责都由我一人承担，别祸及百姓。始于汉文帝的"罪己诏"，历经各个朝代，由皇帝主动揽责。另一种是作为权谋和策略，所谓吃得苦中苦，方为人上人，吃苦的目的最终是成为人上人。这就是作为潜规则的"厚黑学"了。老子嘲讽那些博者、智者、辩者不知道"反者道之动"的道理，一味向前而不知进退。殊不知，当老子说众乐乐而自己独闷闷的时候，那种自以为高明、自以为脱俗的态度，也坠落到了自己所批评对象的境地。当他把柔弱绝对化，绝对胜刚强的时候，恰恰陷入“反者道之动”，绝对胜刚强的反面就是绝对败于刚强。现实就是这样。

2. 老子的自然与亚里士多德的自然之比较

不仅老子讲自然，古希腊的亚里士多德也讲自然，大家都讲自然，但双方的含义有明显差异。

亚里士多德用观察和直觉来理解自然。所有物体都会从空中掉下来，那是因为大地和海洋是物体的自然归宿，下降是无须解释的自然过程。木头燃烧，鸟儿飞翔，人体衰老，就如苹果落地一样，都是内在自然潜能的实现。亚里士多德的自然是由“目的论”支配的世界。自然界弥漫着由“目的论”所支配的秩序：下雨是因为植物生长需要水分；为什么要有植物，那是给一些动物提供食物；鸡蛋为什么孵出小鸡，那是因为变成小鸡的目的已经自然地存在于鸡蛋之中。亚里士多德分析自然的方法——寻找目的，深刻影响了中世纪的欧洲，极大阻碍着自然科学的进步，因为它和今天指导我们的科学定律完全不能兼容。亚里士多德满足于用“常识”解释自然，比如物体运动，那是外力推动的结果，因为日常观察到的运动都是外力持续作用的结果。事实上惯性定律表明，物体运动不是因为外力，恰恰是没有外力将永远保持已有的运动状态。

老子通过观察和玄览来理解自然，相信自然法则统治着天、地、人。但他对人的兴趣要远远大于对天、地、万物的兴趣，因此这种所谓的自然法则必然与人有千丝万缕的纠缠。老子观察自然天道，最终还是要为人服务的。因此，老子对于木头为什么会燃烧，鸡蛋为什么能孵小鸡，苹果为什么掉落地上，重的东西肯定比轻的落得更快等问题丝毫没有兴趣。他的兴趣点与亚里士多德完全不同，比如，植物生长时期的枝条是柔软的，枯死之后就变脆硬了；水滴能够把岩石穿透；坚硬的牙齿先于柔软的舌头老化……这类自然现象让老子最感兴趣。难道不是自然向人类显示柔弱生、坚强死的道理吗？这就是老子的思维模式：从自然中获得对人、对社会的启示。

“天之道，损有余而补不足，人之道则不然，损不足以奉有余。”（《道德经》）按照这样的看法，“木秀于林，风必摧之；行高于人，众必非之”就符合天之道了。一句话，低调、内敛、深藏不露是遵循自然的首要法则，也成了行为处事的黄金法则。当然，这条法则是后人从老子的思想中总结、引申出来的。《道德经》中的本意可能不是这样的，只是坚持认为真正得道的人都是将自己有余的奉献给天下人。“圣人为而不恃，功成而不处，其不欲见贤。”（《道德经》）功成而身退是符合自然天道的美德。这样解释更符合老子的原意。确实，历史上真能做到功成身退的，大都得以善终。

我们经常说天长地久。老子就在想：天地为什么能长久存在呢？原因是天地并不是为了自己而生存，所以能长久。能给世界万物带来好处的天地，谁不愿意它长久？因此，“长久”的奥妙就是：圣人遇到好事就要退让，遇到利益就要置之度外，就是靠着这种无私才能成其长久之私。老子说：“天地之所以能长且久者，以其不自生也，故能长生。是以圣人后其身而身先，外其身而身存。非以其无私邪？故能成其私。”（《道德经》）无私者，不刻意考虑自己，却能领先和保护自己，所以能成其私。这里藏有心机，因为“无私”的最终结果是“能成其私”，后人过度解读，将“私”等同于私欲，好像“无私”的最终目的是成全个人的私欲，一下就把老子的思想推向了“厚黑学”。但老子真正的意思是：如圣人能无私利人，而得长久之私，这种私就是真正的大公。能无私而利人的人，谁都希望他长寿，因为他长寿了，才能够更好地为他人谋利。这种长寿之私，不就是大公吗？

老子是否考察过江海，现在无从考证，但是他肯定注意到江海之浩瀚，而江海的浩瀚就因江海在低处。老子从中又悟出了与天地长久相类似的道理：圣人要领导百姓，就必须保持谦卑的态度。一个只给百姓带来利益，却从不与百姓争夺好处的领导人，谁又不乐于推举，天下还有谁敢与他竞争？这就是老子从天道自然中悟出的又一个结论。这种不争之争，被视为东方思维的大智慧。

与老子喜欢观察自然一样，亚里士多德观察过葡萄种子长成葡萄藤的过程，他得出的结论是：种子里的潜能变成了现实。对同样的自然现象，老子却得出意趣完全不同的结论："合抱之木，生于毫末；九层之台，起于累土；千里之行，始于足下。"（《道德经》）通过观察，老子认为：做任何事都要谨慎又谨慎，慎终如始；局面安定时就要想着如何保持，比出现混乱再去纠偏要容易；事情出现端倪之初就发现并加以解决，要比闹大了容易处理。良医治未病，良相治未乱，就是这个道理。看来，同样的自然现象用不同的视角观察，其得出的自然法则的区别竟然如此之大。人类社会的无限可能性绝非虚言。

当然，亚里士多德绝不是只对葡萄种子转化为葡萄藤这一纯自然现象感兴趣，也对研究自然法则与人类法则的关系感兴趣。令人吃惊的是，亚里士多德从物质的组成中居然看到有统治元素和非统治元素之分。正是这种二元性，亚里士多德声称人要划分为自由人和奴隶。原来奴隶制度天然地存在于自然法则之中。老子却从自然观察中看到另一番光景：自然法则是让万事万物都得到好处，而不伤害它们；所以圣人公平对待任何人，做什么事都不跟别人争夺；圣人不积攒私产，把它们用在最需要的人身上，反而使自己更加富有。说明不同文化传统在看待同一种自然现象时会得出完全不同的自然法则。在前科学时代，所有的自然法则不过是某一社会现实和价值观在自然界中的投影罢了。善人看见的都是善，恶人看见的都是恶。只有摆脱人类文化偏见，建立在数学和实验基础上的法则，才可称为自然法则。

分析老子的自然思想，会产生一种强烈的看法：如果能够忘却人的问题而真正关心自然之道，可能会开辟出更加广阔的思想天地。只是老子的兴趣并不在与人无关的自然，而是把自然当作说事的工具，是寄托个人思绪、个人理想的工具。老子赞扬“水德”，后人也可以按照这样的思维方式找出一大堆理由去赞扬“火德”“土德”。而水、火、土是否真有这样的德性，全凭人的主观想象。庄子等人就是用自己的想象给自然天道梳妆打扮。荀子批评“庄子蔽于天而不知人”（《荀子·解蔽》），其实恰恰相反，应是“蔽于人而不知天”。老子以及后继者庄子的自然之道，并不是理解自然的好方法，恰恰窒息了理解自然的兴趣、窒息了对客观自然的探索。

老子的自然观阻碍了对真正的客观自然的研究，妨碍我们用超越个人偏好的理性目光看待自然现象。当我们感受到徐徐清风时，只会与惬意的人生相比拟，永远也不会想到清风的抚动与潺水的流动都遵循同样的法则——流体力学。其实，真正崇尚自然并不是把自然仅仅当作寄托个人情思的载体，自然之中并不存在我们自认为的德性，它有独立于人类的运转规则，我们要敬畏其中的规则，努力发现。

第三章 儒道法中的诸子学说

战国时期是一个大动荡、大变革的时代，也是一个社会经济快速发展的时代，更是一个思想文化繁荣兴盛的时代。在百家争鸣的众多流派中，对后世持续产生影响的主要是儒、道、法三家，它们是中国思想的主轴，商鞅、孟子、庄子、韩非是主要代表。

一

商鞅

商鞅（约前 390—前 338），卫国（今河南安阳）人，姬姓，公孙氏，为周文王嫡九子康叔后裔，后因获封于商地而称商君。综观商鞅一生的实践和著作《商君书》，可得出结论：商鞅主要继承了古代务实派政治家、思想家如子产、范宣子、李悝等人的思想遗产，吸收了孔、墨的某些观点，其厌恶诗、书，不喜欢用权谋治国的态度，其自然天道观更接近老子。要准确释读《商君书》，需从问题入手。当时的秦国和秦孝公面临的当务之急是，结束“诸侯卑秦”“丑莫大焉”的局面，实现富国强兵。商鞅的办法是发展农业和发展军事双管齐下，从农业获取财富，又将财富集中于军事储备，最终打造出这样一个社会——“民之见战也，如饿狼之见肉，则民用矣。凡战者，民之所恶也。能使民乐战者，王”。

1. 商鞅的治国思想

正式变法前，商鞅首先发布《垦草令》（开垦荒地的法令）。该法令的目的是，以减免租税等优惠条件动员本国并吸纳三晋百姓来秦国开垦荒地。这项措施可以看出受李悝“尽地力”思想的影响，即向土地要财富，努力将自然资源转化为财富。为此，商鞅提出二十条环环相扣的措施。主要内容为：整顿吏治、统一税收、打击贵族奢侈性消费、建立军功授爵制、控制国内游民等。《垦草令》取得初步成效后，在秦孝公支持下，商鞅前后进行了两次大规模的变法，其变法思想体现在以下几个方面。

第一，社会可治理是因为人性趋利避害。

商鞅认为："人生而有好恶，故民可治也。"（《商君书·错法第九》）因此，国家治理建立在人人都有欲念这一基础上。但为政者不是单纯迎合百姓的愿望，而是要充分利用它来实现国家目标。他认为，如能让贫穷的变富裕，让富裕的不那么富裕，国家就能强大，就能"王天下"。这句话可以从多重角度解读。一是国内不能有过于悬殊的贫富差距。二是百姓太富裕，或太贫穷，对国家都是一个隐患。百姓太穷，则民贫国弱；百姓太富，则会富则逸、逸则淫、淫则害。三是国家要具有调节贫富的手段。商鞅的问题依然是现代社会治理中难以绕开的大问题。

商鞅提出，能够提升国家实力但不能运用这种实力，国家必然虚弱；能够提升国家实力又能有效运用这种实力，国家必然强大。他的意思是，如果不能把国家实力转化为对外战争的能力，而是任其在国内自我消耗，国家就会削弱，如果能将国家实力有效转化为战争能力，输出于外，国家就会愈加强大。这一有某种"军国主义"色彩的观点，与古罗马和美国的历史有很多相似之处。试想，如果不能将国家实力转化为战争能力，犹如经济繁荣、文化昌盛、科技发达的大宋王朝，几代人努力积攒的巨额财富最终变为他人囊中之物。因此商鞅思想具有一定的超前性。

商鞅还提出一个似乎很"惊悚"的观点：治理百姓要以百姓所讨厌的开始，最终实现所喜好的；如以其所喜好的开始，将最终败于所讨厌的。这似乎与儒家倡导的"民之所好好之；民之所恶恶之"相悖。但恰恰是这种反其道而行之的治国理念，体现了商鞅务实、理性甚至冷酷的行政作风。商鞅认为，农战是百姓所感到困难和畏惧的，但这恰恰是国家强大的根基，富贵是百姓所向往的，直到盖上棺材板那一刻才会罢休（"共阖棺而后止"），但富贵不会从天而降，只能从最艰辛的农战中获取。以满足百姓喜好为施政出发点，其实是一种小恩小惠式的治国术。人类历史绵延几千年，农业和军事依然是现代国家用力最大、补贴最多的领域。我们常说“由俭入奢易，由奢入俭难”，俭是困难的事情，所以需要推动，而奢却是很容易的事情，无须鼓励。

第二，“虚君”思想的实践。

商鞅描绘了实行法治的美好愿景：君主躺在舒适的床上，听着管弦乐曲，天下得到大治。从商鞅治秦十八年而秦孝公默默无闻中可以看到“治不听君”这一“虚君”思想的有效实践。治国之要务在于普通百姓依法办事，交给百姓去决断则王天下，交给官员去决断则国强，由君主来决断则国必弱。有道之国，治理无须听从君主，百姓也无须听从官吏。如果说孔子、墨子、老子思想还是学者的个人观点，商鞅思想却是一种付诸实践的国策。他认为，推行法治的根本在于“刑赏断于民心”，君主和官吏都不能“释法任私”，只要百姓能依据法律办事，就没必要让官吏和君主决定。如果本区域内马上能够办理的事非要由上级决定，则国家必然衰败。

商鞅与秦孝公“虚君”思想的实践，给“君无为臣有为，无为而无不为”的无为政治提供了依据。

第三，依靠赏罚而非仁义治国。

商鞅认为，单纯用仁义教化百姓是行不通的。“仁者能仁于人，而不能使人仁；义者能爱于人，而不能使人爱。是以知仁义之不足以治天下也。”（《商君书·画策第十八》）既然仁义不足以治天下，就要“赏随功，罚随罪”。通过刑法的作用，让人人信任法律犹如日用，做到“明刑之犹至于无刑”，实现天下无刑的理想。

首先，法的价值体现在定分止争。法可以保证庸才、庸主也能治理好国家。故商鞅说：“不以法论知能贤不肖者唯尧，而世不尽为尧，是故先王知自议誉私之不可任也。故立法明分，中程者赏之，毁公者诛之。”（《商君书·修权第十四》）法犹如准绳，是判断是非的标准。其次，法的价值还体现在以刑去刑、以杀去杀、以战去战和以治去治、以赏去赏等方面。百姓知道触犯刑律必受严厉惩罚，就不敢去违犯，不违犯就没有处罚，没处罚就等于没有刑罚了，则最高尚的道德就会确立。因此商鞅特别强调“刑去事成”，而不能“刑至而事生”。最后，法的价值实现要避免君主个人喜好掺杂在为政之中。在“尚贤”还是“尚法”上，商鞅主张不“尚贤”，因为贤人会揣摩、迎合君主的好恶，讨得君主的欢心。而“尚法”则可以不考虑君主的个人喜好。法无恶无善无情，“有功于前，有败于后，不为损刑；有善于前，有过于后，不为亏法”（《商君书·赏刑第十七》）。功是功、过是过，有功便赏、有过就罚，功过不相抵。

第四，监督的有效性在于监督者与被监督者利益分化。

商学派的监督思想在世界法治史上有着独特价值。通过变法，商鞅在秦国建立起一张庞大而有效的社会监督网，根据出土秦简的记载，可以大致作一勾勒。整个农村主要是由《分户令》而产生的自耕农组成，通过什伍连坐而结合在一起，这些农民同时是秦国锐士的主力；土地归国家所有但使用权可以转让，手工业、制造业由政府管理，工人由罪犯和官奴组成（城旦舂、隶臣妾等）；公共工程由各级政府组织，由工人和服徭役的农民完成；各关口有人值守，没有政府批文一律不得通行，想四处旅行、流浪基本不可能；从朝廷到各郡县都有一批忠于法律的刀笔吏。

商鞅对于用设官置吏的方式加强监督持强烈的怀疑态度，因为官与官之间利益一致，不可能相互监督。他认为，有效的监督产生于利益的分化，有效的法律实施也有赖于不同利益主体的相互监督。商鞅设计了三对监督关系。

第一对是国君与官吏因利益不同的监督。国君颁布法令，但不负责解释和实施。法官保存并解释法令，但不负责实施。其他官员负责实施但无权颁布和解释法令。这三者之间利益各不相同，可以相互制约，保证法令的有效实施。从睡虎地出土的秦简《法律问答》可一窥秦法的实施，古文献与考古材料可相互印证。

第二对是官吏与百姓因利益不同的监督。耕田和打仗是最困难的两件事，就是孝子、忠臣也不愿意为父母和国君效力。怎么能让百姓做到这点呢？除非用刑罚胁迫、用奖赏驱使。但刑罚和奖赏由官吏来执行，必然会有徇私枉法的可能。百姓努力耕作、拼命作战却得不到依法享有的权益，怎么办？需要有监督作保障。比如百姓不清楚法律，可以问法官，法官将详细告知，百姓即以法官之言正告官吏，官吏就不敢为非作歹。从维护自身的法定权益出发，实现百姓对官吏的监督，确实是人类文明史上的绝妙构思。这种做法是不是史实，有待于更多出土秦简的佐证。但是，百姓通晓法律就能维护自身权益的观念不是没有历史依据的。郑国子产“铸刑书”时，晋国叔向反对的理由之一就是“民知有辟则不忌于上”，百姓知道有法律规范就不会忌讳统治者。罗马《十二铜表法》的公布，作用之一是制约贵族随意解释法律，维护平民利益。商鞅提出“为置法官，置主法之吏，以为天下师”，则根本否定了“刑不可知，则威不可测”的秘密统治法。

第三对是百姓与百姓之间利益分化的相互监督。一般来说，邻里守望相助，同乡百姓之间的利益是共同的。由于采用“连坐”和“告奸”，使相互之间的利益产生分化，从而实现相互监督。如同博弈论中的“囚徒困境”，假如揭发邻里的过错，可以获得奖励，但会遭到邻里的嫉恨甚至报复；假如不揭发，一旦邻里有过错被人揭发，自己会受到牵连；如果协助邻里隐匿过错，暂时会相安无事，但一旦暴露，又会承受更大的惩罚。通过利益分化而实现相互监督，可以保持社会关系的均衡。比如，现代社会的医疗机构、保险机构和患者之间的利益不同，可保证相互监督的有效性，从而实现社会效益最大化。如果患者与医疗机构串通，或者保险机构与医疗机构串通，必然使监督关系失效、社会关系失衡。从社会治理角度看，通过利益分化、相互监督，不仅增强治理效能，也可降低成本。正如《商君书》指出的，官吏在千里之外决断事务，一年一上报，即使有所怀疑也难以判定。通过不同利益者的相互揭发，使错误得以暴露和纠正，就会可靠得多。比如，举报依然是现代社会管理的手段之一；不同政党之间的相互"扒粪"可以保障政治活动的相对公正；不同利益团体的竞争，可以增进公益事业等。

第五，法律惩戒的界限在于是否有威慑力。

由于各种原因，诉说秦法的酷烈已经成为传统中国的"政治正确"。比如《史记·陈涉世家》记载，陈胜、吴广在大泽乡遇暴雨，道不通，估计已经失期，而失期按秦律全部处死，于是就有了后来的起义。后人对此深信不疑，直到 1975 年睡虎地秦简出土，才有人产生质疑。如《秦律十八种·徭律》规定，为朝廷征发徭役，如耽搁不加征发，应罚二甲；迟到三天到五天，斥责；六天到十天，罚一盾；超过十天，罚一甲。[1] 同时还规定，所筑工程不满一年而损坏的，主持工程的司空和其他负责人有罪。这些规定即使以现代法律衡量也属于正常的惩罚，不仅谈不上严酷，反而会令人对其为政问责的做法心生敬佩。现行《商君书》确实主张轻罪重罚，对轻微的过失也采取重刑。但这种重刑主义，是以"刑去事成"为界限，如果刑罚有足够的威力，就不要再加重。商鞅说："夫先王之禁，刺杀，断人之足，黥人之面，非求伤民也，以禁奸止过也。"（《商君书·赏刑

1　睡虎地秦墓竹简整理小组编：《睡虎地秦墓竹简》，文物出版社 1978 年版，第 79 页。

第十七》）因此，法律惩罚的边界应以是否有威慑力为标准。这也是现代法治的一条基本规则。

由于徙木立信的故事，很多人会认为商鞅提倡重赏，奇怪的是，《商君书》反复出现的却是坚持“赏少”的观点。商鞅认为真正能“王天下”的国家是九分刑罚、一分赏赐；而虚弱的国家，赏赐最多。商鞅尤其反对的是，单凭个人的良善就给予奖赏，犹如奖赏不偷盗的人一样荒唐。这一治国原则与儒家完全对立。通行旧中国两千多年且愈演愈烈的以政府名义为守寡妇女竖立贞节牌坊的制度，就是赏善的典型。一个国家、一个社会，当各种赏善层出不穷时，恰恰也是沽名钓誉之人如鱼得水之时。

2. 富强和制衡：中西法治之比较

历史上商鞅以刻薄寡恩、残酷冷血的形象示人。在西方法治主义神话的笼罩下，商鞅在中国法学界的评价也不佳，不仅不配称法治，还是以法律之名行专制主义之实。这就需要用更广的视角对商鞅思想作些分析。与商鞅差不多同时代的东西方都发生过几起著名的变法（立法）运动，一是公元前 594 年雅典梭伦改革；二是公元前 449 年罗马十人委员会制定《十二铜表法》；三是公元前 351 年申不害相韩。

梭伦改革之所以赫赫有名，因为它是西方法治主义的开端，拉开了西方宪政的序幕。一位美国人说，“如果没有梭伦，也许美国照旧会有一部宪法，不过这部宪法的下述色彩会淡得多：制约与平衡，不同利益群体和阶层的妥协，以及混合政府”[1]。可见西方法治主义的基本特征是制约与平衡，而这种特征是由西方社会结构所决定的。古希腊古罗马与古代中国完全不同，它由贵族与平民、自由民

1 〔美〕拉塞尔·柯克：《美国秩序的根基》，张大军译，凤凰文艺出版社 2018 年版，第 61—62 页。

与奴隶、公民与非公民组成，相互之间等级森严、不可逾越。[1]“平民和贵族不得通婚”是古希腊古罗马的一条铁律。随着时间推移，一些平民的财富、影响力超过贵族，由此带来的矛盾和冲突成为当时最突出的问题。由于雅典特殊的地理位置，平民通过经商与航海致富的机会更多，更容易超越传统土地贵族的实力。梭伦立法，以及罗马人考察雅典后的成果——《十二铜表法》，核心都是协调贵族与平民的利益。为人津津乐道的英国《大宪章》，核心还是国王与贵族分权制衡。而古代中国社会结构完全不是这样。西周采用分封制度，同姓或异姓的诸侯带着族人去某地筑城、武装殖民，推行国野和都鄙制。如果西周禁止国野之间或都鄙之间通婚，很有可能中国古代社会将产生与古希腊古罗马类似的社会结构——贵族与平民这两个共同体独立发展、有不同的生活方式和风俗。但是，周公采取的是一项同姓不婚的政策，只要是姬姓，哪怕隔十代也不允许通婚。西周以来，尤其是春秋以来，城市与农村、征服者与被征服者逐渐融为一体。中华文明一直鼓励的是融合，让所有生活在同一片蓝天下和土地上的人们血肉相连。而西方文明从古至今强调的是分割，贵族与平民，自由人与奴隶，本国公民与外邦人，国王、贵族、僧侣和第三等级，基督教与异教，新教与天主教，白人与有色人，分割得清清楚楚，当相互之间发生冲突后，首先考虑能不能压制，压制不了再彼此妥协，但是从来没想过彼此融合的问题。因此，制约与平衡始终是西方法治史的基本课题。秦国的社会结构完全不同于古希腊，如果也要商鞅搞出一部平衡秦国贵族与普通百姓权利的法律、一部贵族不得侵犯平民利益的法律，那就是关公战秦琼、堂吉诃德战风车了。任何立法活动都不能离开特定的历史和文化做纯个人的

1 〔意〕朱塞佩·格罗索:《罗马法史》，黄风译，中国政法大学出版社 1994 年版，第 64—65 页。

主观构思。

公元前351年，申不害相韩开启了与商鞅同时期的变法。韩非评价说："韩者，晋之别国也。晋之故法未息，而韩之新法又生；先君之令未收，而后君之令又下。申不害不擅其法，不一其宪令则奸多。故利在故法前令则道之，利在新法后令则道之，利在故新相反，前后相悖，则申不害虽十使昭侯用术，而奸臣犹有所谲其辞矣。"（《韩非子·定法》）旧法与新法、旧政令与新政令，同时并存、前后矛盾，给人留下钻空子的机会。韩非这一评价是中肯的。忽视法律的统一，法治便是空谈。此外，申不害的品行也很有问题。他所谓的吏治，更多是让韩昭侯采取"阴术"来驾驭群臣，用阴谋诡计那一套。这种帝王之术实在是贻害千秋。从韩非在《定法》篇中对商鞅与申不害的对比性评价中可以看出两者之间的本质区别。韩非肯定商鞅变法使秦国"国富而兵强"，可惜"无术以知奸"，富强的好处大多落到做臣子的头上了。他举了几个例子：孝公和商鞅死后惠王即位，先有张仪出卖秦国的利益给韩国、魏国；武王即位，甘茂坑了秦国而把私利给了周室；昭襄王即位，又有魏冉（秦宣太后之弟，昭襄王之舅）为扩充自己的封地陶邑而越过韩、魏攻打齐国，秦国一点好处也没捞着；范雎为了自己的封地汝南，使秦国进攻韩国八年劳而无功。因此，这些都是商鞅不采用"术"反而被大臣得便宜的结果。韩非的这段评价切中了一个要害，即商鞅讲法，不讲术。《商君书》通篇没有一个"术"字，因为术治与法治是两种对立的治国理念。术治讲阴谋，法治讲信用；术治讲为君，法治讲为国；术治讲权变，法治讲规矩。商鞅提出以诚实取信于人，以成效赢得民心，以严格执法树权威，以农、战为切入口换来秦国的强大，以严格监督而不是用帝王之术控制人臣。韩非这段评论也暴露出韩非之法与商鞅之法的本质区别。与韩非担忧人主丢失权柄相比，商鞅反复强调“治不听君”，实质是将“虚君”思想运用于变法实践，法权在社会治理中处于主导地位。相比于申不害、韩非等，商鞅变法更具有现代法治主义的特征，即法权而非君权至高无上。

不同于梭伦改革、古罗马制法是为了平衡和制约，也不同于申不害变法是为了韩王控制群臣，商鞅的变法则是为了富国强兵。成功的中国式法治实践始终与富强相关联，而西方法治始终与制衡相关联，体现了中西法治主义原点之不同。这些都是由双方历史文化的差异、社会结构的差异所决定的。在中国，法治或变法的成功与否，首要的标准是有没有让国家富强、人民富裕，而在西方，首要的标准则是有没有把各方利益平衡好，有没有把各种权力制约好。标准和目的不同，决定了法律制定的指导思想不同，评价标准也不同。中国人对商鞅变法的评价就是按照这样的标准，认为前者成功、后者失败。如果用是否平衡和制约好各方利益、权力来评价商鞅变法，显然牛头不对马嘴，正如我们用富强的标准衡量梭伦和古罗马会显得有些荒谬。这种差异性决定中国的法治实践更多是以能否富强作为法治的出发点和立足点，并致力于实现一个富而强的社会。至于公平正义、定分止争、平衡利益则是次一级的，因为一个富而强的社会必定会是公正、和谐的社会。

二

孟子

孟子（约前 372—前 289），邹国（今山东邹城）人，为鲁国孟孙氏后裔，与庄子生活在同一时期。庄子的思想从魏晋以后大显于世，孟子则从中唐以后持续影响了古代中国一千多年。细读《孟子》一书，会感到一股浩然之气力透纸背，其深切而浓郁的为民情怀，尽道而死为正命的豁达生死观，穷不失义、达不离道的精神风骨，生于忧患、死于安乐的忧患意识，富贵不淫、威武不屈的大丈夫气节，令人感怀。孟子性情刚烈，并不是一位谦谦君子，朱熹赞扬孟子有“英气”，不同于颜回的“敦厚”。孟子敢于争、敢于辩，不给君主留情面，使梁惠王落得“王顾左右而言他”的窘境。孟子之辩，塑造了我中华不屈不挠之性情；孟子之争，塑造了我中华刚毅勇猛之品行；孟子之道，塑造了我中华大无畏牺牲之精神；孟子之义，塑造了我中华不以邻为壑之胸襟；孟子之仁，塑造了我中华视民如伤之情怀。

1. 仁学的三个逻辑前提

孟子比庄子早出生三四年，庄子目睹的社会凋敝、百姓痛苦，孟子同样能感同身受。孟子认为，他所处的时代，统治之暴虐超过任何一个时期，人民之憔悴也超过任何一个时期。针对同样的现实环境，庄子以保全生命为真，采取的策略是避世、从俗、幻想与天地同生死；孟子则完全相反，生命固然可贵、死亡固然可恶，但是面对比生命更重要的道义、比死亡更可恶的暴行，唯有舍生取义。针对战国时期的问题，孟子认为，上不实行仁政，下不遵守法令，官吏不相信道义，工匠不信任衡度，君子犯义、小人犯刑，而国家还能幸存倒是很奇怪的事情。城池不坚固、军队武器不多，不是国家有兵祸的原因；田野没有开辟，财货没有聚敛，也不是国家衰弱的原因。而上无礼，下无学，贼民兴，离丧乱就不远了。孟子高举孔子的仁学，提出仁政主张，将孔子亲亲仁爱的人伦之道推广到由君主施行的为政之道。

孟子提出了一套比较系统的仁政学说。这一学说建立在三个逻辑前提基础上。

第一个逻辑前提：恒产恒心。

孟子说："无恒产而有恒心者，惟士为能。若民，则无恒产，因无恒心。"（《孟子·梁惠王上》）意思是，无恒产而有恒心者，只有士人能做得到；对于普通百姓，无恒产就无恒心。孟子这一观察是符合实际的。任何一个时代，真正能够为信念而牺牲的先进分子毕竟是少数，他们是一个民族的脊梁，而绝大多数百姓有恒产才能安居乐业。从这个前提出发，孟子提出："夫仁政，必自经界始。"（《孟子·滕文公上》）朱熹解释说，经界就是"治地分田"，划出沟洫、植上树，以分定各家各户的土地。朱熹认为，如果不实施经界，会出现"田无定分"，豪强就能兼并；也会导致"赋无定法"，官府可随意征税。他还进一步解释说，之所以实行仁政必须从确定田地的归属开始，因为贪官污吏总想废除经界，而"分田制禄"就可以安定天下。历代中原王朝开创之初，往往从分田分地开始，最终又因土地兼并、贫富悬殊而崩溃。孟子的这一主张不可谓不明。一个没有财产做保证的社会，百姓没有足够维持生活的财产，绝对不是仁政。至于孟子根据当时情况提出每夫授田一百亩，八百亩私田、一百亩公田，私人同耕公田的建议，以及五十岁可以穿丝帛、七十岁可以吃肉，黎民不饥不寒，这只是孟子当时的一种设想而已。孟子希望鳏寡孤独皆有所养，要幼有所学、学有所教，白发老者不用背着沉重包袱走在路上。孟子的思想非常清楚，仁政的前提是百姓有恒产，否则就没有仁政可言；实施仁政从经界开始，把每家每户的田产划分得清清楚楚，你的是你的，我的是我的。

从这个逻辑前提出发，孟子将天下之人分成两类，一类是普通百姓，一类是士人，对他们的要求也不一样。孟子对士人提出极高的道德要求，塑造出士人的理想人格，要求“穷不失义，达不离道”“得志，泽加于民；不得志，修身见于世”“穷则独善其身，达则兼善天下”（《孟子·尽心上》）。士人肩负上天赋予的使命，有资格傲视权贵、睥睨富贵，做到“不枉道而求利”“乐其道而忘人之势”。孟子说：“五百年必有王者兴，其间必有名世者。”“如欲平治天下，当今之世，舍我其谁也？”（《孟子·公孙丑下》）孟子用“大丈夫”来表述这种“理想的士人人格”，“居天下之广居，立天下之正位，行天下之大道。得志与民由之，不得志独行其道。富贵不能淫，贫贱不能移，威武不能屈”。所谓广居，是心怀天下苍生；所谓正位，是用正当的方式实现目标；所谓大道，是全天下施行仁政。孟子的这些思想对后世产生极大的影响。

孟子将古代思想遗产中的民本主义发挥到极致。在与各国君主讨论王道、仁政的时候，念兹在兹于黎民不饥不寒，吃得饱、穿得暖；凶岁不能有饥荒，乐岁能有小康，既能侍奉父母，又能养活妻儿；对耕田者不征税，可以通过“助”的方式在公田耕种，收获作为国家的赋税。

第二个逻辑前提：人性本善。

孔子虽提出仁爱，但没有说清楚人为什么会有仁爱。孟子第一次明确提出人性善的命题，它是仁政的理论基础。人性天然包含“不虑而知”的良知、“不学而能”的良能，人自孩童开始就有爱父母、敬兄长的仁义之性，因此施行仁政是合乎人性的政治制度。比较世界各文明，唯独中华文明以人性善为主流，而西方社会从古至今的主流观点是人性恶。孟子继承了西周以来“天民”的思想，“有天民者，达可行于天下而后行之者也”（《孟子·尽心上》）。朱熹注云：“民者，无位之称。以其全尽天理，乃天之民，故谓之天民。”（《四书集注》）以民为本位、高扬人的主体性，成为中华文明的特殊精神标识。人可以上达天德，下行于天下，是何等威猛气派！一个充满仁爱精神的人必然有着磅礴的伟力。

孟子的人性善，既来自经验观察，也有抽象归纳。其思想是如何展开的？

有一次，齐宣王问：“像寡人这样的，也可以保民？”孟子说：“当然可以。”齐宣王说：“何以见得？”孟子说：“有一头牛从堂前经过，大王看见后就问，‘干什么用？’牵牛的说：‘杀了祭钟。’大王说：‘放了它吧，不忍心看着它因害怕而发抖的样子，就如无罪而被处死。’牵牛的问：‘不祭钟了吗？’大王说：‘不能不祭祀，用羊来替换！’不知道有没有这样的事？”齐宣王说：“有。”孟子说：“有这样的仁心就可以行王道。有百姓认为您吝啬，我认为您是因为不忍心。”齐宣王说：“是，确实有百姓这么认为。齐国虽然不大，也不至于吝啬一头牛。我实在不忍心看着它害怕的样子，就如无罪而被处死，所以用羊来替代。”孟子说：“不要责怪百姓的看法，他们只看到您用小换大，怎么知道您的想法呢？如果真可怜无罪被杀，选择羊和选择牛又有什么分别？”齐宣王笑着说：“真不知道自己是出于什么样的心理。难怪百姓这么看我。”孟子说：“大王的不忍心正是仁啊，因为当时您只见到牛而没有见到羊。君子对于飞禽走兽，见到它们活着，就不忍心杀死；听到它们哀叫，就不忍心吃肉。所以‘君子远庖厨’。”接着，孟子与齐宣王就仁政问题进行深入讨论，从中可以梳理孟子的基本思路。任何人都有不忍心，所谓恻隐之心，只是藏在心里未发。当遇到某些事情的时候，就会有感而发，这就是仁爱的开端。孟子举例说，看见小孩即将落井的一刹那，每个人都会产生“怵惕恻隐之心”，希望挽救孩子的性命。产生这种念头，既不是因为与孩子的父母有交情，也不是为了个人名利，而是出于一种天然的、纯粹的“不忍人之心”——对他人苦难的同情心。这种超功利的瞬间反应，说明人性有一种先天的善端。孟子就此做了归纳，提出“恻隐之心，人皆有之；羞恶之心，人皆有之；恭敬之心，人皆有之；是非之心，人皆有之”（《孟子·告子上》）。这四种善端，就是仁、义、礼、智得以产生的基础。需要注意的是，孟子并不是说因为人有善端，人性表现出来的就一定善；也不认为人先天具有道德能力，将来就一定会去做善事。比如一颗受精的鸡蛋，只有适宜的温度才能孵化出小鸡，否则就会变质；其他鸡蛋或者石头，再有合适的条件也不可能孵化成小鸡。人虽具备了为善的潜质，但能不能把潜质发挥出来需要后天的努力。如何发挥？答案是不断地实践和体验。齐宣王因牛的痛苦而产生不忍人之心，是体验到了仁爱；看到小孩掉进井里，触发出不忍人之心，也是体验。如果人能够注意保持这样的心理状态，自觉体会他人的痛苦，产生同情心，继而产生帮助他人的愿望并付诸实施，人性之善就得到实现。如果能够不断实践、不断体验，人性之善就会完整呈现出来。这是孟子强调修身的根本原因，而修身必定同不断的体验、实践相联系。孟子讲人性善，强调了两个因素：环境影响和自身努力。比如“富岁，子弟多赖；凶岁，子弟多暴”（《孟子·告子上》）。富裕的时候很少看到苦难的事情，不忍人之心很难有机会发动，不容易体验仁爱之心，人性善端就没机会表达出来，人容易不求上进；相反，贫困的时候满眼都是哀伤，产生“审美疲劳”，不忍人之心也难以发动，体会不到仁爱，人也会变得暴虐。当今一些富裕家庭带孩子体验贫穷生活，按照孟子的观点，应该是更多激发孩子的不忍人之心，体验仁爱、培养善心。如果只是进行一番贫富对比，激起孩子贫穷会挨饿、富贵能享福的想法，继而好好读书，多半是要失败的。孟子强调环境的同时，更重视自身的努力，尤其重视先知先觉的圣人和士人的带头作用。

孟子讲清楚人性本善后，运用孔子提出“推己及人”的方式，把仁爱推广为仁政——从不忍人之心，扩展到不忍人之政。齐宣王对牛都可以产生不忍人之心，怎就不能用于百姓呢？推而广之，用仁爱之心去治理国家，就能做到“老吾老，以及人之老；幼吾幼，以及人之幼”。

这里似乎有个伦理难题。有人可以对动物产生怜爱，但不会对遭受困苦的同类产生仁爱；有人可以对自己的家人关怀备至，但对他人冷漠无情；有人更是从未体验到不忍人之心，把快乐建立在别人的痛苦之上。怎么办？按照孔子提出的君子之德如风、小人之德如草的思路，孟子认为的办法就是由圣人带头，“使先知觉后知，使先觉觉后觉”（《孟子·万章上》）；让君主和有地位的士人带头，当一国之君、一国君子都能仁爱待人，百姓自然会效仿。孟子提出“圣人百世之师”（《孟子·尽心下》），比如，居住于深山中的舜，枕靠木头和石板睡觉，与野兽为伍，似乎与野人差不多，但听闻善言、见到善举，就“见善如不及”，一发而不可阻挡。舜不仅用仁爱感化了凶残的瞎子父亲、恶毒的后妈、顽劣的异母兄弟，也感化了左邻右舍，更感化了天下百姓，还对后世产生影响。按照孟子的理想，圣人和士人除了吃苦受累，自己没有任何好处且不屑于追求个人好处；要求别人做的，自己首先做，要求别人不做的，自己首先不做。如用现代语言表达，那就是：有一群心怀天下、信念坚定、公正无私、率先垂范的先进分子，不谋求个人和小团体的私利，时刻把百姓和国家利益放在最高位置，当遇到危难的时候能够说“大家跟我上”，而不是“你们给我上”。建立这样的群体，是中华文明的永恒愿景。

第三个逻辑前提：天人合一。

仁政本源于不忍人之心，它与天道是什么关系？就是说仁政符合天道吗？孟子说：“尽其心者，知其性也。知其性，则知天矣。”（《孟子·尽心上》）人性与天道是相通的，不仅是相通的，还是完全一致的。“万物皆备于我”，天地万物之理与我合一，人努力践行天赋本性，就是按照天道行事。孟子继承古代思想遗产的道德天道观而有所损益。冯友兰说：“孟子和儒家之中他的这一流派认为，宇宙从根本来说，是一个道德的宇宙。人间的道德原则也是流行于宇宙之中的形而上学原理，人性便是这些原理的实证。孟子和他的学派说到‘天’时，就是指这个由道德主宰的宇宙，懂得了这个由道德主宰的宇宙，就是孟子所说的‘知天’。一个人如果知道了天道，他便不仅是一个国民，还是一个‘天民’。”[1]孟子把西周以来“以德配天”之德，解释为仁政，只有实施仁政的圣人才能受命于天，仁政体现天道。

孟子提出“天爵”和“人爵”的区别。有“仁义忠信”，能够乐善不倦，昂然立于天地之间的人，得到的是天爵；而那些公卿大夫，得到的不过是人爵。获得天爵才是士人的最高荣誉，是一生最值得追求的目标。类似于基督徒，与获得“神”的恩宠相比，人间帝王的恩惠算得了什么呢？之前我们提到，庄子的思想实质揭示了中华文明的特征，即道统大于治统，君主可以换但大道不可变。孟子区

1 冯友兰：《中国哲学简史》，赵复三译，北京联合出版公司 2017 年版，第 51—52 页。

别天爵和人爵，也正是这个含义。孟子有精神优越感，对自己的自画像就是善养“浩然之气”——充斥于天地之间，是至大至刚至强的正气。弟子问他什么是浩然之气？孟子回答“难言也”。这种难以表述的正气，来自使命意识，来自对自身行为正确性的信心，来自站在人类道德制高点上的道义力量。它塑造出独立、自由的人格，开创了不同于庄子的中华文明的另一派自由主义传统。孟子的浩然之气已经演变成中华民族的正气，它充斥天地、横贯千古。孟子自信但不自负，因为人人皆可养浩然之气。他主张“人皆可以为尧舜”，因为尧舜之道并不高深。人民领袖毛泽东吸收了这个思想，写出了“春风杨柳万千条，六亿神州尽舜尧”的诗句。人民群众都是尧舜了，还有什么人间奇迹不能创造？

2. 仁政——中华文明的精神标识

将仁向政治领域拓展，倡导仁政，是孟子的大贡献。时人皆以为孟子“迂远而阔于事情”，乍一看，仁政是一件大而无功，难以办到、几近于空想的事情，但孟子不这么认为。那么仁政到底是什么东西？

孟子继承孔子的仁学，但他对仁的理解显然与孔子有区别。孟子说：“君子之于物也，爱之而弗仁，于民也，仁之而弗亲。亲亲而仁民，仁民而爱物。”在孟子那里，“爱”的含义是爱惜，即取之有度；“仁”的含义是有同情心、能推己及人。比如，一个人如果对他人的苦难没有任何感觉，就是麻木“不仁”，反之就是“仁”。孟子就是从这个角度去理解仁，继而在政治领域提出仁政。孟子并不要求把群众当亲人，因为这违背伦常，所以他反对墨子的“兼爱”，认为君子对民有仁就很好了。统治者实施仁政，首要的就是能够推己及人、将心比心，把别人的痛苦当作自己的痛苦、把别人的快乐当作自己的快乐，自己有欲望也要想着别人也有同样的欲望。这是仁政最基本的含义，所以孟子认为实施仁政并不难，关键是做还是不做。

一次，梁惠王站在水边，看着鸿雁麋鹿说：“贤者也有此乐吗？”孟子说：“天下都快乐了，贤者才快乐。”他举例说，过去文王用民力建成了台、沼这样的园林，百姓称之为灵台、灵沼，所有人都可以随意进出，百姓先快乐，贤者而后乐，其乐无穷，才是真正的快乐。反之，君主只在私家园林独享其乐，又岂能乐在其中？孟子对一个人享乐的独乐、少数人享乐的少乐、百姓享乐的众乐做了区分，认为独乐不如少乐，少乐不如众乐，天下百姓快乐才是真正的快乐。即便是现代，领导人能够与普通百姓同游公园、同吃小店，不封路、不清场，大家笑在一起、乐在一起，依然是德政一件。齐宣王说：“文王的林苑方七十里，百姓还觉得小，寡人的才四十里，百姓就觉得大，为什么？”孟子说：“文王的林苑百姓可以进出，而大王的是禁苑。”因此，“乐民之乐者，民亦乐其乐；忧民之忧者，民亦忧其忧”（《孟子·梁惠王下》）。“与民同乐”很简单，却是孟子心中的第一大仁政。对于这样的仁政，孟子的意见是，只是想做还是不想做而已。

齐宣王认为自己有好勇、好色、贪财的毛病，又怎么能施行仁政？孟子回答说，好勇不是坏事，但匹夫之勇只能敌一人，而文王、武王之勇则为天下苍生，一怒而安天下之民。同样是勇，为天下苍生的利益而勇，就是仁政；为个人私利而勇，就是暴虐。说到贪财，周人的先祖公刘也贪财，但他是取于百姓用于百姓；说到好色，文王祖父周太王也好色，很喜欢自己的妃子，但国境内做到内无怨女、外无旷夫。朱熹注解说，君主自己贪财、好色的同时，要推己及人，想到百姓也有同样的欲望。推行仁政就这么简单，只是将心比心而已。当统治者自己贪财的时候想到百姓也贪财，当统治者自己好色的时候想到百姓也好色，千万不要以为自己特殊或高人一等。上面的人带好头了就会影响下面的人，从而带动全社会的人都这样。人同此心、心同此理，将心比心。这就是孟子的仁政。邹穆公曾经愤愤不平地对孟子说：“与鲁国交战时官吏战死三十三，而百姓却袖手旁观。我真想杀了他们，可人数实在太多，不杀他们又难解心头之恨。怎么办啊？”孟子回答：“灾荒年景，百姓饿死的、逃荒的，达几千人啊！可是您的府库堆满粮食和财宝，官吏从不报告百姓情况。百姓怎么可能真心待您？曾子说‘戒乎戒乎，出乎尔者，反乎尔者也’。您实行仁政，百姓就会甘愿为您效劳。”在孟子看来，君王的仁政就是用希望百姓对待君王的方法去对待百姓。

仁政不是小恩小惠。子产是郑国的贤相，为政期间经常用自己的大马车载行人渡过溱水和洧水。孟子说：“这是小恩小惠而不懂得为政之道。如果十一月搭座供行人通过的独木桥，十二月再搭可通行马车的桥梁，百姓就不会苦于涉水过河了。君子履行公务时，即便要求行人避让也是可以的。怎么可能让每个人都能坐马车过河？”看来，仁政绝对不是行妇人之仁，甚至于讨好百姓。以讨好百姓、小恩小惠赢得“官声”，终究不能长久，不仅不是仁政，反而是恶政。孟子这些观点，与商鞅的“弃易行难”，表面上看似乎不同，其精神却是相通的。治国要有更加长远的大利益，而非小恩惠。从孟子对君臣关系的界定，也可以看出他是怎样理解官民关系的。孟子告诉齐宣王，“君之视臣如手足，则臣视君如腹心；君之视臣如犬马，则臣视君如国人；君之视臣如土芥，则臣视君如寇雠”（《孟子·离娄下》）。君臣以义合，有情便有义、无情便无义；君臣是合作关系，志同则共事，道不合则分。孟子和孔子一样，不提倡单向的忠诚，更反对愚忠。同样道理，官民之间也是一种合作关系，以仁义将两者联系在一起；你有仁我有义，你无仁别怪我无义；为政须以仁义为大道、大德，为政不能取悦所有人；官和民是一种对等关系，彼此为对方考虑、推己及人，百姓不以坐马车过河为目的，而是有座桥能让所有人方便出行。如果以小恩小惠为手段，忘却以大德治理天下，并不是仁政。

仁政固然好，但也有不想做的。要让自视高贵的君主推己及人，的确是一件很困难的事情。君主和王公大人不愿意推己及人，财富就这么多，百姓多分王公大人不就少了？孟子从“民为贵，社稷次之，君为轻”出发，提出诸侯危及社稷则把诸侯换掉，社稷（国家）不考虑百姓利益也可以变更。天子之所以是天子，是因为百姓拥护，一旦如桀纣这样残害天下，百姓就有革命的权利。孟子这一思想可以解释中国历史上农民造反、王朝更迭为什么如此频繁，在世界文明史上无出其右者。

3. 孟子与庄子思想之比较

孟子被称为最得孔子真传的儒家正统，庄子也被认为是最得老子精髓的道家正统。奇怪的是，孟子与庄子生活在同一时期，但彼此之间似乎从未相闻。《孟子》一书怒斥杨、墨，对许行、告子、宋钘等学者多有批评，但从未提及庄子。《庄子》一书编造了大量先王和孔子、颜回的故事，《天下篇》也对各学派的渊源和主要思想进行系统总结，唯独漏掉了孟子。两人都大量引用孔子的话，只不过一个有出处，一个是编造。孟子尊崇孔子，认为“有生民以来，未有孔子”。《庄子》大量编造孔子的故事，说明庄子有借孔子替自己背书的目的，反映出孔子在那个时代就具有较大的影响力。孟子以继承孔子为毕生的追求，庄子则以孔子为自己作注脚。

第一，关于人生之乐。

人生有何快乐？如何获得快乐？这是庄子思考最多的问题。孟子也思考这个问题，《孟子》全书至少提到了三种人生之乐。

先说庄子之乐。

《至乐篇》对世人所尊崇的富、贵、寿、善，世人所以为乐的身安、厚味、美服、好色、音声，以及所厌恶的贫、贱、夭、恶，表现出极大的不以为然。庄子认为，富人辛苦操劳，积攒财富又不能尽用，不如说是残害自己；贵人夜以继日工作，思虑为政得失，实在对不住自己；为长寿而思虑如何能不死，简直是与忧虑相伴随；善人成为烈士得到世人的称赞，但不能保全自己的性命，得不偿失。因此庄子提倡“忠谏不听，蹲循勿争”“无为诚乐”。“天无为以之清，地无为以之宁”，人能得天地之无为，就是最快乐的事情。人生不过是个泡泡，气聚而生，气散而亡，真正的快乐是与天地游。

再说孟子之乐。

孟子从三个角度谈人生之快乐。第一个是从政治角度。当百姓丰衣足食、颐养天年，内心洋溢幸福的时候，为政者能不感到快乐？也就是范仲淹总结的“后天下之乐而乐”。第二个是从个人角度。“父母俱存，兄弟无故，一乐也。仰不愧于天，俯不怍于人，二乐也。得天下英才而教育之，三乐也。”（《孟子·尽心上》）人生之乐莫过于家人安康，无愧于天地、无愧于他人。当天下才俊共聚于门下，在蓝天碧草中，发思古之幽明、论前程之朗朗，岂不是人生之大乐！第三个是从修身境界看人生之乐。孟子说，开拓疆土、广聚民众是君子所愿意做的事情，但快乐并不在此；立于天地之间，四海安定、百姓富庶，固然是君子之乐，但论其本性也不在于此。一个人，即便功成名就，做出如武王、周公这样的伟业也不是最快乐的事情，只有做一个人格完美的人，做一个品行高洁的人，做一个以诚立于天地的人才是最快乐的！“万物皆备于我矣。反身而诚，乐莫大焉。”（《孟子·尽心上》）治国平天下这种辉煌业绩不是谁都能做得出来的，但做一个人格健全、品行无瑕的人却是所有人只要努力就可以实现的。

从孟子之乐中，我们体会人性的温暖和做人的幸福，也能享受富贵带给人的乐趣，同时又能超越而实现更大快乐；从孟子之乐中，我们感受到人性的光辉，在巨大荣誉面前保持自谦，在艰难困厄中保持尊严。当把庄子的至乐与孟子之乐相比较，确实很难体会到庄子的至乐是什么，只看到一堆无厘头的快乐；或者小确幸之乐，庆幸自己比别人早一步逃离厄运；或者一种莫名其妙的快乐，就如那只在烂泥里摇着尾巴的乌龟。如果说庄子之乐还有价值的话，可能对于醉心于富贵、梦寐于功名之徒不啻是一帖好的“清醒剂”。

寻找快乐是进入孔孟之门的首要功课。孔子夸赞颜渊，“贤哉，回也！一箪食，一瓢饮，在陋巷。人不堪其忧，回也不改其乐。贤哉，回也！”（《论语·雍也》）周敦颐给门下的程颢、程颐安排的首要功课是寻找快乐。他们回忆说：“昔受学于周茂叔，每令寻颜子、仲尼乐处，所乐何事。”儒学为什么那么强调人生的快乐？是因为快乐代表着一种价值观、人生观。没有快乐何言学问？何言人生？

第二，关于人生之死。

庄子以“齐生死”告诫世人，生和死是一样的。活着的人，怎么知道死亡就一定不好？看破红尘、看淡生死，是庄子教给世人的道理。这种观点绵延不绝于中国历史。不过很奇怪，庄子尽管认为生和死没什么区别，但在论证某一观点的时候，往往以能够“保命”作为有力的证据。比如，看到大雁（鹅）因不能鸣而被杀，树木因有用而被砍伐，得出人要处于“材”与“不材”之间的结论。既然生与死没什么区别，大雁（鹅）被杀与没被杀、树木被砍伐与没被砍伐又有什么区别呢？何苦刻意处于“材”与“不材”之间？如果生与死只是各尽其自然天性，何必要多费笔墨去讨论养生？

与此对应，孟子的生死观更加积极。司马迁说：“人固有一死，或重于泰山，或轻于鸿毛。”文天祥说：“人生自古谁无死，留取丹心照汗青。”毛泽东说：“为人民利益而死，就比泰山还重。”既然人死不可避免，与其苟且偷生，不如死得其所。这种生死观的确与孟子的一脉相承。

杀身成仁、舍生取义，是孟子从孔子思想中传承的生死观。孟子珍惜生命，与君王谈施行仁政，说得最多的是如何让百姓不冻不馁。谁不希望生？但当天下无道，让人无法苟活时，也唯有舍生取义了。“天下有道，以道殉身；天下无道，以身殉道。未闻以道殉乎人者也。”（《孟子·尽心上》）孟子说，不要去担忧长寿与夭折，修身以等待死亡，才是安身立命。既然人的命运不是自己能完全控制的，那么就欣然接受，这才是正道。平常的时候，别没事找事站立于危墙旁边，但在危急关头，如能尽道而死就属于“正命”，否则就是“非命”。这是一种豁达的生死观：不纠结于长寿与夭折；致力于修身，从容面对死亡；人若能死于“正命”，就是死得其所了。

一个人真要修炼成庄子那样的，把生与死看作一样，恐怕并不现实。但是人能因正命而死，就死得其所。在历代中华先贤身上，我们可以看到。

第三，关于人生之忧。

《庄子》一书怎一个“忧”字了得，许多篇目读来非但没有遨游于天地的洒脱，更多的是朝不保夕的忧惧。老子说，“你看，我之所以有这么多忧患，就是因为有这具臭皮囊，如果没有这具皮囊，何患之有？”王夫之对老子的话作另一番解释，认为真正的忧患是总想着把天下据为己有。孔子也讲忧，却是“知者不惑，仁者不忧，勇者不惧”（《论语·子罕》）。孟子讲人生之忧，是对孔子“仁者无忧”做了新的诠释，认为要做到这一点，前提是始终保持忧患意识，所谓“生于忧患，死于安乐”。人生充满苦难、充满忧惧，哪怕不做亏心事，也难逃厄运。人生大抵如此，能做的只有勇敢面对、未雨绸缪。

孟子引用古称周公送给成王的一首诗："迨天之未阴雨，彻彼桑土，绸缪牖户。今女下民，或敢侮予？"（《诗经·豳风·鸱鸮》）这只有骨气的母鸟说："可恶的猫头鹰啊，你抓走我的孩子，不要毁灭我的家，趁着天没有下雨，剥些桑树根的皮，修葺窗子和门户，下面的这些人啊，怎敢再来欺负我！"孔子的评价是，写这首诗的人已经懂得"道"了，以此治理国家，谁敢欺负！孟子做了进一步的发挥，一个邦国、一个家庭得有闲暇却纵情偷安，岂不是自求祸害？与其念叨着命运，不如自求多福，自己去努力。他引用了《尚书·太甲》的"天作孽，犹可违（逭），自作孽，不可活"。如果平时耽于安乐，不思进取，这才是人生最大的忧患；倘若能未雨绸缪、先天下之忧而忧，却最终因时运不济，归于失败，也无须害怕。既能成功也能失败，是真豪杰。孟子对豪杰的定义是"若夫豪杰之士，虽无文王犹兴"（《孟子·尽心上》）。无所畏惧的豪杰精神深得孟子之心。

人有没有终身忧虑的事情？在孟子看来还是有的，比如，"舜是人，我也是人，可是舜已经做出如此大的成就，我怎么还是乡下的一个平常之人？舜为天下立标杆，传于后世，可我还是默默无闻"。如果真为此而忧虑，则人生忧患就会消失，即便有一时的祸患，也不值得忧愁。人的一生免不了受人嫉恨、遭人白眼，有人会为此忧心忡忡，怕遭不测。孟子解决这个问题的办法是，首先反躬自问，自己有没有做得不对，有没有失礼，有没有为人不忠。倘若经过认真反省，自己没有过错，就不必再做谦谦君子，对待狂妄之徒或卑鄙小人，把他看作禽兽就是了。对付禽兽又有何难？这时候的孟子一反温良恭俭让的孔子之道，成为一名勇士。君子之怒，有理有利有节，君子不随意发怒，一旦发怒则必将如泰山压顶。"人不犯我，我不犯人，人若犯我，我必犯人”，此言深得孟子思想之精髓。人生患得患失之忧，实在不值一提。

第四，人生之从俗与化俗。

“俗”是社会已经形成的评判标准和生活习惯，既是社会的稳定剂，也是束缚人的桎梏。人的一生难以免俗，是从俗还是化俗，是两种截然不同的人生态度。庄子一生与“仁义”作斗争，批评仁义毒害人心，但始终摇摆于“脱俗”和“从俗”之中。“死生，命也”，命运摆布着人生，顺从就是最好的选择。庄子强调顺从自然天性，可什么叫自然天性？既可以把臣事君、妇从男看作是自然，也可以把套上马嚼子、给牛鼻穿孔当作违背自然，结果还是“知其不可奈何而安之若命，德之至也”（《庄子·人间世》）。与此相对，孟子秉持孔子的“有为”思想，不仅要成为帝王的老师，“格正君心”，还要为万民作表率，为百世立标杆。孟子提倡化俗，改变社会习俗，荀子提倡移风易俗，朱熹又大力倡导移风易俗。中国共产党人提出“移风易俗，改造国家”的主张。同样都是“移风易俗”，各时代的内涵和目标却相去甚远，但是，改变社会不合理习俗、习惯以符合理想社会需要的观念则是一脉相承。

孟子曾提出：“以力服人者，非心服也，力不赡也。以德服人者，中心悦而诚服也。”（《孟子·公孙丑上》）后人谈以德服人，有两种意见：一种是凭德感化他人；另一种是恩威并施、德法并用。这两种观点都未得孟子真意，甚至扭曲其本义。孟子说“徒善不足以为政，徒法不能以自行”（《孟子·离娄上》）。大多数人的理解是：单凭善心而没有相应措施不足以治理国家，单凭法律而没有德治或其他措施也不能有效贯彻。这些看法有一些道理，但也未得孟子真意。贯穿孟子思想的主轴是：一枝花不是春，万花怒放才是春。单有圣人之善、圣人之德还不够，只有全天下人都积德、行善，仁义才能真正泽被天下。这就是孟子说的“以善服人者，未有能服人者也；以善养人，然后能服天下”（《孟子·离娄下》）。生活中我们常常发现，一个人的善行未必能打动他人，有时候反而激发更大的仇视，当做得越好越遭人嫉恨，原因就在于双方的立场、价值观有很大的差异。在恶人环伺的环境里，做个善人会死得很惨。相反，如果从转变对方的立场、价值观入手，让仁爱沁人肺腑，使对方也能成为与你一样的人，你的行为才会得到信服。真正的“以德服人”，不是你有德然后以此要求别人服从，也不是恩威并施，而是要让对方也成为一个有德之人。自以为有仁爱精神，但处于虎狼之中而不自知，那是极为幼稚和愚蠢的。这也是社会上常常发现好人短命的原因。圣人不是凭一己之力对抗社会的“莽夫”，而是要以如风之德，让所有小草低头。所以孟子在讲到舜的时候说，舜“非行仁义”，而是“由仁义行”。舜通过教化的作用，让百姓都能践行仁义，这才是最佳的途径、最终的目的。圣人之所以成为圣人，伟人之所以成为伟人的根本点就在于此。

源发于古代思想遗产的化俗、移风易俗，造就了两千多年来中国施行教化的传统。历史的经验说明，只重视经济利益，而不知惩戒恶人、改变风气民俗，无异于徒善为政，那将是危险的。人性之善，只是说人有善端，如果没有不断的仁爱实践和体验，没有经常的积善、积德和集仁、集义之举，人性终将会被恶欲所吞没。人性之善是一个不断实践并不断升华的过程，如逆水行舟、不进则退。这是孟子人性善的精义。

第五，两种不同的历史观。

庄子抱着“价值重估”的态度看待古代中国历史，形成虚无主义历史观。孟子有一套与庄子完全不同的完美主义历史观。同样的人、同样的历史事件，在庄子笔下和在孟子笔下是如此不同。

孟子从道德的角度叙述历史，整部人类历史就是仁义不断被弘扬又不断被淹没的过程，每隔五百年必有王者兴的循环史观。庄子所说的人类历史是不断被仁义残害、被文明荼毒的过程，抛弃文明成果，与自然融为一体才是人的最后归宿。先王在孟子那里是被崇敬、被效仿的对象，而在庄子那里则是被嘲讽、被贬斥的对象。很奇怪，恰恰是孟子和庄子对后世影响最大。如果把中国思想比喻成一条川流不息的大河，孟子犹如汹涌的激流，庄子则是深潜的暗流。

孟子言必称尧舜，认为真正的中国古代史从尧舜开始，从尧舜禅让开始，从仁义颁行天下开始。万章问："听说尧把天下给舜，有这回事吗？"孟子说："没有，天子无权把天下让予人。"万章说："可毕竟舜拥有天下，谁给他的？"孟子说："天给的。"万章问："这就是说，天颁布了命令？"孟子说："不，天不会说话，而是用行为和事迹昭示天下。"万章听得有些糊涂了。孟子解释说，天子可以向天推荐他人，但不能叫天把天下交给他人，就如诸侯能向天子推荐人才，但不能叫天子让这个人做诸侯。大夫向诸侯推荐人才，但不能叫诸侯让这个人做大夫。尧把舜推荐给天而天接受，向百姓公告而百姓接受。孟子引用《尚书·泰誓》"天视自我民视，天听自我民听"，说明民意即天意，天通过民来表达意志。

与此相对应，庄子也有尧想把天下传给他人的故事，结果很不幸，被许由拒绝了。有位叫意而的人投奔许由，许由问："尧给了你什么？"意而说："让我躬行仁义、明辨是非。"许由说："尧用仁义给你黥刑，用是非给你劓刑，瞧你这副惨兮兮的模样。"但意而仍要求留下来跟随许由学道。在庄子看来，中国古代史就是一部因仁义而堕落的历史。为此，他把古代史又往前追溯到黄帝、伏羲。黄帝在他人的帮助下才悟道成仙，只有伏羲最符合庄子的理想，"一以己为马，一以己为牛"（《庄子·应帝王》），伏羲搞不清楚自己究竟是马还是牛，或者狗和鸭。人与物混同，浑浑噩噩真是快活似神仙。

孟子与万章讨论商汤为何成功时，强调“道义”的力量。历史上葛是夏的盟国，欲灭夏必先剪除葛。为此商汤派人问葛伯，为什么不祭祀神灵？葛伯说没有牛羊作牺牲。于是商汤无偿提供牛羊，结果被葛伯偷吃了。商汤又问为什么不祭祀？葛伯说没有粮食。商汤就让民众自带干粮去帮助葛伯耕种，结果毫无人性的葛伯居然派人抢夺百姓的酒食。更让人气愤的是，还抢夺了一个孩子的酒食并杀了这个孩子。结果商汤怒而发兵剿灭了葛伯。天下百姓都说：“非富天下也，为匹夫匹妇复仇也。”（《孟子·滕文公下》）孟子讲的这个故事我们是不是很熟悉？美国人的《拯救大兵瑞恩》，曾让无数人感动得掉泪，不曾想三千多年前的商汤是为了拯救小孩的食物不被抢夺、性命不受到威胁而毅然起兵的。如果拍成电影，是不是更加感人？原来孟子早在两千多年前就告诫，只有站在人类道义制高点才能无往而不胜，仁者无敌的奥妙就在于此。孟子叙述的中国古代史，是以仁义规制天下的历史，以道统规制天下的历史。过去我们曾经对孟子的道德观嗤之以鼻，然而这一观点却具有穿透历史的伟力。

孟子有句名言，“以德行仁者王，以力假仁者霸”，对人类历史做了很好总结。有实力又能假借仁的名声，则能称霸，无论是春秋五霸和汉帝国，均可以给予印证。有实力又能以仁义恩泽天下，则王天下，孟子心目中只有尧舜和三代符合这一理想。至于没实力，却希望以仁义恩泽天下的，结果只能是悲剧。有人会说，有实力又能以仁义恩泽天下，世界历史上还不曾有过。确实如此，但中华文明的确是例外，在最强盛的时候也不搞殖民掠夺。过去是，现在是，将来也必定是。

三

庄子

庄子（约前 369—前 286），宋国蒙（今河南商丘）人，做过漆园吏，是一位贫寒的读书人。从庄子“等生死”“齐万物”“鄙弃仁义”“绝圣弃智”等主张看，他应是中国文化中的异端，可是从其对历史上士大夫和读书人的影响看，他又不是异端，而是正统。迄今，大多数中国人的思想意识里都有庄子的影子，比如看淡生死、名利，模糊是非、保全自身等。中国思想发展有两条主线，一条以儒为主，另一条以道为主。庄子就是这样一位身兼异端和正统的道家代表人物。

1.“在宥”而非治理天下——先安顿好性命

庄子是一位依恋尘世的入世者而非出世者，他的自我评价是：“独与天地精神往来，而不敖倪于万物，不谴是非，以与世俗处。”（《庄子·天下篇》）庄子作品的最大特点是运用大量的寓言故事说理，破解日常语言表达的局限性。庄子气魄很大，是要颠覆自古以来华夏族的历史，企图用一套新的话语体系重建价值体系。其意义不可低估，但其消极影响同样不可低估。

士人念兹在兹的终极目标是“治理天下”，庄子恰恰认为，所有问题的根源就在于此。他反对“治理天下”一说，主张“在宥”一说，意思是君王要高抬贵手，放过天下、饶过天下，让天下循着“自然”发展。

庄子说，从前唐尧治理天下，使天下欣欣向荣、人们纵情于喜和乐，但并不恬静——“不恬”；夏桀治理天下，使天下病病歪歪、人们因束缚而怒和苦，且愁容满面——“不愉”。不恬不愉，就是非德，以非德而使天下长久，绝无可能。天下这东西不能治理，无论是唐尧还是夏桀都一样，只能自治自理。“与其誉尧而非桀也，不如两忘而化其道。”（《庄子·大宗师》）庄子提出了一套万物与我为一、相互感应的理论。大自然创造了人，人体秉承阴阳二气并与大自然的阴阳二气相互感应。人的喜和乐属于阳，怒和苦属于阴，唐尧治理天下让百姓大喜但损耗阳气，夏桀治理天下让百姓大怒又损耗阴气。天下人的阴阳二气损耗过度就干扰了大自然阴阳二气的平衡，平衡被破坏了，四时不对、寒暑失调、气候反常，会使庄稼遭灾、瘟疫流行，最终反噬其身。岂止这些，人因喜怒不当，造成心态失衡、行为浮躁、思想游移，各种正的、邪的都冒出来了。比如，以善著称的曾参、史鱼之辈，如过江之鲫，哪怕倾尽天下的财富也奖赏不过来；以恶著称的盗跖之流，如割不完的韭菜，就是用尽天下的监狱也关不下。夏商周三代直到现在，整天忙着赏善罚恶，搞得轰轰烈烈，哪有闲暇去关心人的“性命”这类事情？百姓贪图奖赏而失去恬淡，害怕惩罚而失却愉悦，人心就这么给搞坏了。唐尧放纵百姓与夏桀束缚百姓没有什么区别，都属于“非德”，这样治理天下能不糟吗？

庄子的结论是：不要去谈什么治理天下了。如果实在迫不得已坐上天子位君临天下，莫不若无为。无为不是撒手不管，而是安顿好“性命”。在《庄子·在宥》中，庄子妙笔生花，奇思妙想出一幅美丽画卷。天下让这样的君子坐上君位，既不辛苦自己用仁义礼智信去教化天下；也不劳烦自己的耳目去监督天下。他悠闲不动却如亢龙高飞，沉默不语而雷声远播；冥冥中自然孕育，无为中而有大功。何劳我等去费力治理天下啊！ 庄子讲了一个故事。一次崔瞿问老聃：“不治理天下，又如何安顿人心呢？”老聃说：“我劝你谨慎点，别去扰乱人心。世上最敏感的就是人心。碰个软钉子，半句批评，就可能沉沦，变得奄奄一息；遇上好脸色，半句好话，又骤然勃发，开始蠢蠢欲动。沉沦便折，勃发便腾，一生要经历多少这样的折腾。人心已经是伤痕累累了。给它热，会燃成一团火；给它冷，又凝成一块冰。俯仰间能飞遍四海之外，动则可达九天之上，静则可入五洋之中。这世界上，自由而不受控制，逞能而不听命令的，就是心了。过去黄帝开始用仁义收拢人心，尧舜躬行仁义、谨守法度，弄得大腿无肉、小腿脱毛，还是做得不到位。比如说尧，把欢兜赶到南方，把饕餮驱逐到西方，把共工流放到北方，可是尧最终还是输了。舜更不用说了。事实证明，他们拗不过天下人，普及仁义失败了。到了夏商周三代，情况更糟！仁义的结果，就是上有丧尽天良的夏桀、盗跖为代表，下有不近人情的曾参、史鱼为代表。儒家与墨家相互对骂，搞得水火不容。大家相互猜疑、相互欺骗、相互诽谤，使社会分裂、人心涣散。追求知识、敢于拼搏的结果却是社会动荡，仁义尽失。于是只好祈求刑法，用刑罚来严密管制百姓，好比木匠用墨线矫直弯曲的木头。发明新刑具，残酷拷打不肯招供的犯人；发明新卅罚，对付稍有过失的百姓。天下大乱，根源就是从黄帝用仁义收拢人心开始的！天下人受苦，为政的也不舒坦，贤士退隐山林，君王高居庙堂却时刻担心江山不稳。这是什么世道啊！刑场上，砍头的、斩腰的，尸首堆积如山；广场上，枷脖的、锁脚的、示众的，排成队；城里城外，断腕的、截腿的、割鼻的、黥面的，随处可见。在这血迹泪痕之间，走来了儒墨两家，大摇大摆地出尽了风头。脸无愧色而不知羞耻到了这种地步！谁能证明圣智不是砍刀上的锋刃，谁能证明仁义不是刑具上的铆钉？忠孝如此悦耳，换来的是杀戮。所以说‘绝圣弃智，天下大治’。”

这里我们看到庄子对仁义、儒墨的控诉，完全不亚于 20 世纪新文化运动，甚至有过之而无不及。在战国中期发生的激烈反传统行为，着实让人吃惊！庄子对华夏先祖黄帝的嘲讽达到了空前绝后的地步。说是黄帝在位十九年后，政令遍及天下，很是自满，听说广成子在崆峒山上，便去看看。黄帝说："听说你修道多年，完全掌握了大道，所以专程来请教。想请你谈谈大道的精髓，要简明扼要。我最近考虑两件大事，一件是抓一抓农业，用天地之精气促使五谷丰收，让百姓富足；另一件是抓一抓生态，调理阴阳平衡使万物生机盎然。怎么抓、怎么管，还望出出主意、想想办法。"广成子说："你问的第一个问题是纯思辨性的，你考虑的事情又都是纯技术性的。也就是说，要么太玄妙，要么太琐碎。自你即位后的十九年，云气不能聚集而雨水稀少，寒气过早侵蚀而草木凋零，大气瘴浊而使日月逐渐暗淡。你这个人见识浅陋，蛊惑人心，还在胡扯什么大道啊！"黄帝满脸通红，只好悄悄退下，宣布逊位，又在山脚下修了一间小屋，在里面静心居住了三个月，不吃肉、不近女色，每天睡茅草铺的床炕。

从庄子的这段记载来看，恐怕能获得人类历史上两个第一。第一个，倡导不干涉的"自由放任"，激烈反对人为的"治国"。第二个，号令天下的君王被一个隐士羞辱后却能反躬自省。这是其他文明连做梦都不敢想象的场景。柏拉图顶多幻想一下爱智慧的哲学家当个首领，但不会想到哲学家还可以羞辱、训斥国王。庄子的思想实质揭示了中国文化的价值观——道统大于治统，皇帝可以换但天道不变。

斋期结束后，黄帝再去见广成子。黄帝从南入室，看见广成子头朝南、脚向北躺着，凝视北窗的风景。黄帝恭敬地跪着磕头说："知悉您掌握大道，特来请教，敢问如何修养身心、延年益寿。"广成子翻身起来，说："这回算是问对了，不再装腔作势。本来，你只是关心延年益寿，何必扯什么大道的精髓。那东西说不清、道不明，问也白问。要像个聋子、瞎子，别搞明察、也别搞聪明，精神内聚求清净，勿劳体、勿劳神，就可能延年益寿。”广成子还告诫黄帝，五谷丰收、阴阳调和这些事不是你能管得了的，还是先管好自己。广成子还称自己修身养性一千二百年了，但形体依然未衰老。黄帝听说又连叩两头，说广成子成仙了。广成子大段大段地给黄帝讲了仙道的故事，听得黄帝像个无知的小儿一样瞠目结舌。

从这里，我们似乎可以窥测到庄子思想的归宿。当对过去、现在的一切失望之后，庄子延续列子的思想，开始构造一个超脱于尘世但又和尘世藕断丝连的理想国度，一个比列子构想更加古老的神仙国度。列子只敢讲周穆王倾慕神仙，而庄子却是对黄帝、尧舜直至三代的历史进行全盘否定，因为先王治理下的天下都不如没有人间烟火、没有生老病死，天地万物融为一体、绝对自由洒脱的神仙国度。这一脉思想直接成为后世道教的理论依据。

从广成子与黄帝最后一段对话看，道教最初是从如何养生、如何延年益寿这一非常具体又能吸引人的目标开始的。作为儒、道的末流，或者说“败类”，它既从叔孙通制作朝仪让刘邦感到做皇帝乐趣开始，也从神仙道用“长生不老”诱骗秦始皇开始。但庄子不是出世的神仙家，依然留恋着滚滚红尘。从他大段描写当世黑暗和君主残暴看，他有一颗滚烫的世俗之心。他要为尘世树一个标杆，做一个蔑视权贵、不贪恋名声、无我无物、特立独行的名士。犹如孟子树立仁义爱民、天降大任、君轻民贵、万物皆备于我的大丈夫。庄子讲过一个故事，说是尧想把天下传给许由，但被许由断然拒绝并逃走。同时，他也给自己编了个类似的故事。楚威王听说庄子是名贤士，便派使者去请他，许诺为宰相，不料被庄子断然拒绝。庄子说，请别用高官厚禄来侮辱我的人格，表示自己不受俗事羁绊，宁愿做一条泥鳅或一只乌龟在泥水里扑腾。庄子去魏国看望惠施，就有人传言庄子要替代惠施做魏国宰相，吓得惠施在整个国家搜寻了庄子三天三夜。这类故事对后世的士大夫和读书人产生过重要影响，文人皆以名节重于泰山而自傲，标榜人格高洁、爱惜羽毛，视富贵为粪土。但是，许多人并不知道许由故事的后半段，后来由蔡邕等人续上了。许由拒绝了尧的提议后意犹未尽，认为尧让他做天子的话玷污了他的清名，于是来河边洗耳朵。樊坚牵牛过来喝水，看到许由洗耳，就问他是否有耳屎。许由回答说没有，洗耳是因为听到不好的话。樊坚问他是什么话。许由说，尧想把天子大位传给他。樊坚问："这事有什么不好的？"许由说："志在青云，何至于当个九州的伍长？"樊坚一听这话立马把牛牵走，嫌牛喝了被许由弄脏的河水。后世的名士大多怕别人不知道自己志向高洁。庄子是否这样，不得而知。

可以肯定的是，庄子的志向并不是真正成为摆脱尘世一切事务的神仙。庄子的野心太大了，他要的是重估价值，重新叙述华夏历史。他建立起一套新的价值体系，是如此的特立独行，犹如天地般无法直视。

2.传统价值观的颠覆者

庄子之所以能对后世产生影响，还在于有一套精致的理论作依据。他继承了古代思想遗产中的自然天道观，并将其推向另一个极端。如果说老子在有和无、实和虚、刚和柔、贵和贱上还有所偏好、有所执着，强调"贵以贱为本""有以无为本"，那么庄子采取的则是更加超然的相对主义态度。庄子认为，如果"有生于无"，那么"无"是从哪儿产生的，产生"无"的那个"有"又是怎么产生的？如此循环将无穷无尽。他说了一句非常烧脑的话："有始也者，有未始有始也者，有未始有夫未始有始也者。有有也者，有无也者，有未始有无也者，有未始有夫未始有无也者。俄而有无矣，而未知有无之果孰有孰无也。”（《庄子·齐物论》）从这里可以看到，老庄思想其实还是有明显区别的。这种区别体现在庄子对“道”的独特理解，对列子“神仙思想”的继承、对杨朱“贵己”“重生”理论的改造，对宋钘、尹文“气论”思想的吸纳，还有受孔子“用之则行，舍之则藏”的影响。概括地说，庄子在天道观的理论层面主要讨论了以下几个问题。

道是万物的本原，无始无终，无处不在，没有形状、不可描述，又“自本自根”“生天生地”。道是无形的“气”，自己以自己为依据、自己以自己为条件，化生万物。道可居于任何地方，可以在瓦片草木中，也可“在屎溺”。与“道”在老子那里有多重含义不同，庄子与宋钘、尹文一样将“道”规定为“气”。这种“气”既是物质的也是精神的，它们聚集起来变成大海，又变成植物、动物、人，而当大海、植物、动物、人的外形消失后又重新化作“气”。中国神话故事中蛇精、人会变化的观念，与庄子的这种“物化”或“气化”思想有莫大关系。这种“气”或“道”无处不在，不需要理由、不需要原因，没有生也没有死，不需要出席也从未缺席。就像物质一样，普通人只需知道它充斥整个宇宙，毫无理由地存在，不要问为什么宇宙会有物质，不要问物质从哪来；物质不停地变来变去，一会变成恒星、黑洞，一会又进化出人类，也不要问它为什么要变化，变化的理由是如何。

既然万物都是由“气”聚集而成，又因“气”消散而亡，犹如由孙悟空变成的西施，与孙悟空变成的厉鬼，两者之间有什么区别？没有什么区别。这就是庄子“齐物论”的理论基础。如果非要说有区别，那是因为你没有悟“道”，被“色”——外形给迷惑了。这样就能理解庄子把人等同于动物、植物，甚至土丘的初衷。庄子拒斥一切文明成果，追求“上与造物者游，而下与外死生、无始终者为友”的理想生活，也就不足为奇了。从道的角度看，万物没有区别；从道的角度看，万物又有区别。这种区别反映了物的自然本性。比如，马有四只蹄子，善于奔跑；鱼有鳃，可以在水里游动；西施虽很美，但小鸟见了害怕就飞走、麋鹿见了就跑开。这都是自然生发出来的本性，按照庄子的观点称为“德”。遵循这些本性就是尊重“道”，就是依“德”行事。“气”化成什么样子，就按照什么样子去生活；“气”化成什么，就必然有特殊的用途。人要做的就是顺应这种自然“物化”的结果，不要高兴、不要悲伤，更不要去试图改变什么。人给马套上马嚼子，就是违背自然，给牛鼻穿孔也是一样；觉得鸭子的腿太短要给它接长点，觉得仙鹤的腿太长又想锯短一点，这就纯属多事。理解了“化”字，理解了万物无非“气”聚集而“化”、“气”消散而“化”，并顺应这种“化”，就把握了庄子思想的核心。这种气化论是以后中国思想的正统。

明白了庄子的本意后，就可以讨论生死、是非、贵贱、知识、苦乐等问题。

人的身体由“气”造化而来，切不可把现在的形体看成是属于你自己的；等到形体消失重新化作“气”，很快又化成其他东西，可能是美女、俊男，也可能是老鼠的肝脏、虫子的翅膀。这种变化人力没办法把控，也没必要把控。因此，古代的真人不会听说生就高兴，听说死就悲伤。

庄子又是如何看待是非问题的？他认为，各家各派都在辩论是非，辩来辩去其实都一样。是与非都有它存在的理由，没有高下之分。儒墨之间，谁又能绝对对、绝对错，是非成败、恩怨情仇，终将归零。《三国演义》开篇词“是非成败转头空，青山依旧在，几度夕阳红”，就深得庄子思想精髓。为仁义殉葬的君子与为财货殉葬的小人一个样，“其殉一也”。从善良的愿望出发，还是从卑劣的念头出发，在庄子看来都差不多。从前有只海鸟栖息在鲁国的郊外，鲁国国君以为是神鸟，捕获后把它放到太庙。天天给鸟演奏《九韶》，给鸟摆设“太牢”。可怜的海鸟不敢吃一口肉，也不敢喝一口水，三天后死了。既然社会没有绝对的是非，那就安其俗、顺其自然，凡是存在的就是合理的。既然万物皆造化而来，遵循自然本性，凡是符合的就是对的，凡是不符合的就是错的，那怎么会没有是非呢？社会中不符合自然本性的事情很多，不是要坚决反对的吗？这究竟是“自然”还是“不自然”，究竟什么合乎“大道”？儒家的观点对还是墨家的观点对，重仁义好还是重财货好，在庄子看来（或者在道看来）是没有区别的，但臣事君、子事父却符合道，体现自然本性，没有办法逃脱，只能无可奈何地接受。“弃世的脱俗”与“处世的顺俗”就这样奇妙地在庄子身上混为一体。后来庄子一派又抬出天尊地卑、君先臣从、父先子从、男先女从那一套，作为“大道之序”而不可更改。后来朱熹的理学体系大多受此启发。在道面前贵贱没什么区别，理论上虽这么说，在现实生活中庄子可真不敢这么做。他的那套顺生理论，只是要告诉大家，别给自己惹麻烦，活着就好。活着比什么都好，哪怕像只烂泥里挣扎的乌龟，也比作为祭品轰轰烈烈地死去好。

庄子认为人生有限，去追逐无限的道，不能用传统的办法学习。因为万物都是不确定的，幻化出来的，需要摒弃过去学到的知识，用静虚的方式去领悟，达到所谓更高层次的“无知之知”。我们可以从两个角度理解。从积极的角度，过去学习到的知识不是没有用处，而是不要被过去知识的成见所束缚，涤除教条、保持谦虚。从消极的角度，清除一切知识，真的做到无知、愚钝。庄子到底赞成哪一种看法？不知道。或许两者都有。庄子要追求至乐的人生，为快乐而快乐。什么是快乐？就是扫除一切羁绊束缚而达到绝对自由。庄子讲了一个与骷髅对话的故事。有次庄子在去楚国的路上迷路了，草丛中发现一具骷髅，就问它到底怎么死的。到了晚上庄子枕着骷髅睡着了，半夜里梦见骷髅，只见骷髅衣冠整齐，笑嘻嘻地说："过去的事都忘了。想听听人死后的乐趣吗？"庄子说："想！"骷髅说："死后无君无臣，没有四时交替的烦恼，虽南面称王也不过如此。"庄子不相信，试探说可以让他复活。骷髅皱着眉头说："我怎能放弃南面称王的快乐而去人间受苦！"庄子说列子御风而行，并没有达到至乐（极乐），只有超越是非、超越物我、超越自身，与天地合为一体，才是理想中达到至乐的真人。

我们当然很难体会到庄子所说至乐到底是什么样的境界，但是考察庄子的一生，却只看到了中国读书人的悲哀。

3. 顺俗从俗中的放浪形骸

庄子是一个标准的读书人、写书人，唯其一生苦楚而期望至乐，自认看穿生死却期望养生，痛斥窃国者侯却甘于从俗，幻想逍遥自在又自陷罗网，这种矛盾和摇摆凸显了读书人的悲哀。

读书人总想着有一天能出将入相，成就一番伟业。这是中国读书人的宿命，想摆脱又摆脱不了。由此引起的悲哀，庄子感念于胸、铭刻在心。有人把庄子定义为"平民知识分子的代表"，具有忧患意识和开放心灵[1]。真不知这种论断从何而来。庄子代表了士大夫和读书人阶层，有着既想免俗、显示清高，又期望获得认可、富贵不请自来的矛盾心态。庄子的忧虑来自君主私欲给人带来的伤害，而非顺境中对自我的时刻警醒——忧患。庄子深知伴君如伴虎的道理，前有关龙逄砍头、比干剖心、伍子胥煮成肉汤，中有商鞅车裂、吴起射杀，后有"一怒而诸侯惧"的张仪最终也只是做到仅"免刑"而

1 陈鼓应：《庄子的开放心灵与价值重估——庄子新论》，中华书局 2015 年版，第 5、254 页。

已。仕途既诱人也害人，这种又爱又怕的心态折射出读书人的无奈。如果说战国群雄逐鹿还这样，在大一统的环境下，君臣尊卑关系更是天罗地网，逃无可逃、避无可避。庄子在《胠箧》里用尽嬉笑怒骂之能事，呼号“圣人不死，大盗不止”，感叹“窃钩者诛，窃国者侯”，要求绝圣弃智、擲玉毁珠、焚符破玺、掊斗折衡，看上去像个猛士一样锐气十足、一往无前，实则并不然。庄子没有这样的胆魄，如墨子那样为“非攻”“兼爱”奔走呼号；也不如孔子那样知其不可而为之；更没有孟子般大丈夫的气魄，最后换来的是一声叹息。庄子告诉我们，只可“入其俗，从其俗”“生于陵而安于陵”“恶成不及改”，结果是安步当车、随波逐流、趋利避害、安享天命。在否定一切、重建价值中，庄子还是难以摆脱两条“大戒”——臣事君、子事父。庄子从顺应自然到顺应天命，最后顺应社会中一切困境，自由散漫和逆来顺受似乎矛盾又相互统一，是中国人性格中的致命毒素。心灵的禁锢有两种方式：一种是压制，压制的结果会爆发出更加强大的冲击力；一种是毒害，毒害的结果让人的灵魂软绵无力。庄子就属于后一种。

庄子用天才般的直觉意识到整个宇宙、整个世界本来没有什么意义，都是人类编织出来的。人类用意识创造了一个现象世界，这个现象世界便有了价值。但人创造出价值后，再把这种价值视作一种“真实的存在”而努力追求。这既是人类有文明的标志，也是人类变得残酷的标志。中国古代思想遗产已经形成了一套对历史、对社会的叙事方式。但庄子不喜欢这种叙事方式，不喜欢儒墨对尧舜以来古代历史叙事方式，而是采取了否定式的叙事方式。但庄子感觉到叙事容易、行事难，最终还要在行事层面向现实低头。因为庄子不是“殉道者”，不具有为自己的叙事方式、为自己所认可的道献身的胆魄。他给出的最终答案就是顺俗从俗、逆来顺受。从某种意义上说，它塑造出中国人性格中面对恶势力而柔顺的一面。

“道在屎溺”是庄子高深莫测又流传千古的名句。据说，一位留洋学生给李鸿章讲抛物线的原理，说来说去中堂大人还是不明白。这位学生灵机一动，说中堂大人撒尿吧，这尿的轨迹就是抛物线。李中堂似乎大彻大悟，说懂了懂了，庄生说“道在屎溺”。可是李中堂真明白了抛物线的原理？不见得，只是貌似领悟大道而已。把高深当学问，把莫测当智慧，此类谬论在读书人中广为流传。当然，我们需要拈花微笑而产生的不可言传的心灵相通，也需要“道在屎溺”中的直觉领悟，但是更需要追问貌似高深的背后到底有什么。庄子告诉我们“顺逆相异而同道”，可与不可都一样，看上去很高深，其实能提供的信息有限。可否继续追问，顺和逆是指什么意思？可与不可是什么？说得准确吗？依据在哪？今天可能是对的，明天对不对？庄子喜欢不可言说、不言之教，既然不可言说，那还说它干吗？说了以后到底想表达什么意思，这个意思能以最简洁的方式表达吗？这一连串的问题，把庄子搞得很不耐烦。就如惠施、公孙龙之流让他嫉恨不已。正是这些不停的追问，才会让那些高深莫测的学问变得不那么高深，让不可言说的事情用最清晰的方式表达出来，在圣人口中让对方反躬自问，自己的思维是不是有些问题？很多时候，一些有限的知识，比如对物的具体特性的认识，要比获得高深莫测的感觉更重要。

荀子评价庄子“蔽于天而不知人”，其实庄子并不清楚天是什么。他用一套自以为是的观念去给自然梳妆打扮，结果把自然搞得不伦不类。庄子喜欢逍遥自在、天马行空般快乐，但不喜欢逍遥自在、天马行空般地提问题。庄子启迪了中国式的自由，那种散漫无端、放浪形骸的自由，赋予了万物平等、物无贵贱的信念。从某种意义上讲，正是这种自由塑造出一盘散沙式的群体性格。

四

韩非

韩非（约前280—前233），为韩国公子（韩王庶子），曾多次上书韩王，终不为所用。一般认为，韩非是法家的集大成者，理由是他把法、术、势统一起来了。前一节所述的商鞅变法实践，已经揭示了所谓法术势相统一的法家价值。法讲公开，术讲隐藏，法讲平等，势讲尊卑，本质上并不相容。韩非思想来源复杂，既接受了自然天道思想，又有儒家的学统。韩非的贡献体现在对老子思想的发展，体现在对社会治理上的冷峻探索。韩非是一位深邃但又矛盾的思想家、理想主义者，也是一个偏激、不得志的愤青。

1. 韩非思想概述

难以想象，一个崇尚力量、努力作为的韩非，会与崇尚柔弱、自然无为的老子挂起钩来。从自然天道中，韩非发掘出“尚力”“有为”的思想，实际上是把墨子的“尚力”、孔子的“有为”与自然天道观进行嫁接的一次成功尝试，把老子的道、德与儒家的仁、义挂起钩来，消减了老子“弃绝仁义”的诉求。从这个意义上说，韩非开辟了一条将道家、儒家、墨家相结合的新路子，为秦汉以后中国思想发展奠定了基本路子。

韩非说：“道者，万物之所然也，万理之所稽也。”如果再追问“道”到底是什么，他会告诉你，道是让万物各得其所、有序运行的根本，它“弘大而无形者”，或者说“万物异理”，而“道”包摄万物之理。21世纪的现代人意识到，追问世界的本原已经不是一个哲学问题而应是一个科学问题，万物之理不是依靠纯粹的思辨就能认识。

但公元前3世纪的韩非从万事万物中抽象出“道”，而“道”又存在于万事万物之中，将其作为思想大厦的基石。有了这块基石，法的统一性、君权的统一性、思想的统一性就有了依据。

从这个基石出发，韩非对老子的思想加以改造。这个宏大而无形的“道”没有是非善恶，尧舜掌握它表现为睿智，体现在桀纣那里就是毁灭。道犹如水，溺水者喝了会死亡，口渴者喝了神清气爽；道就像剑，圣人用来除暴安良，坏人用来行凶泄愤。通过这些诠释，让我们看到韩非之道是属于工具性质的“道”，可以通过好坏两个方向表现出来，关键是谁掌握“道”。“道”本身无法感知，但可以通过“道”的外显而被人所认识。当“道”体现在万事万物中，表现为“理”，“理”是事物运行的具体规则，可以为人所把握和理解。韩非深得老子思想之精髓，其“道一理殊”在中国思想史上第一次阐明宇宙由一个根本的原理（道）所支配，而具体事物表现出来的规则（理）都服从这一原理。宋儒张载、朱熹等人的“理一分殊”，可以从中找到思想源头。当“道”体现在人性中，表现为“德”。“德”与“得”同，所谓“德者，内也；得者，外也”（《韩非子·解老》），是里和表的关系。韩非说：“道有积而德有功，德者，道之功。”道的蓄积，在人身上体现为内在的德性。韩非用“理”专指自然性质的天道，用“德”专指伦理意义的天道。于是，出现了两个重要的思想创新：将道与理合称为“道理”，专门指不具有伦理色彩的事物的规则；而将道与德合称为“道德”，专门指具有伦理色彩的人的行为。因此，韩非的天道观是自然天道与道德天道的综合，而以前者为主。他在讲“德者，道之功”的基础上，又讲“仁者，德之光”“义者，人之事”“礼者，义之文”。韩非一方面对老子的“失道而后失德，失德而后失仁，失仁而后失义，失义而后失礼”做了新的解释，另一方面注入从荀子处学习到的儒家思想，将“道—德—

仁—义—礼”统一起来，即德是道的显现、仁又是德的显现，义是有仁之人的显现、礼又是义的显现。

所谓“仁”是发自内心地对他人的喜悦，为别人有福高兴，为别人有祸难过，不求回报。这是他对老子“上仁为之而无以为”的儒家理解。所谓“义”是指适宜，比如处理君臣、父子、朋友、亲疏关系恰当，并努力践行，这就是“上义为之而有以为”。所谓“礼”是指人内心感情表露出的态度、举止，也是“义”的外在表现。比如，你心里怀有感情，又不能用语言表达出来，只好通过恭敬的态度、小跑跟随的举止，甚至用跪拜的方式来表现。接着，韩非说，既然“礼”是内心情感的流露，那就舍弃过多的修饰。礼节烦琐象征着内心真实感情的衰竭。这是韩非对老子“夫礼者，忠信之薄也，而乱之首乎”的新解释，消解了老子拒绝仁义礼的思想，又对儒家的仁义礼赋予新义，使仁义礼与天道接上关系。当把烦琐的礼节去掉，简洁而实用，这样的礼就等同于法了。

韩非还从他的天道观中推导出要虚静的原因，以及保全自身、保全国家的办法。人的聪明睿智是天赋予的，当人过度运用它，视力会下降、听力会衰减、思虑会紊乱，不免受到损害。因此，“治人事天”就应该如老子说的要吝啬一些（“莫若啬”），节约自己的精气神。懂得这种道理的圣人和君主，就会让自己处于虚静的状态，以静制动，而让大臣和民众多操劳。韩非从这样的天道观中引出君主控制臣民的“术”，引出“君无为、臣无不为”的观点。韩非所说的“使鸡司夜，令狸执鼠，皆用其能，上乃无事。上有所长，事乃不方”“虚以静后，未尝用己”（《韩非子·扬权》）等，转换成现代汉语，就是说：领导可以不懂专业，只要下属懂就可以；领导不做具体的事务，而应该指挥下属去做；领导考虑宏观、指明方向，群众奋勇跟进；领导要不动声色，不轻易表态，最好是模棱两可，让人摸不到心思；领导不要显得过分能干，否则下属会产生怨恨。这些都是君人南面之术、驭人之术。韩非提出治理国家要强调“虚静”。工匠老变换职业，技艺就会荒废；做大事而摇摆不定，很少有成功；贵重器具老搬来搬去，就会损伤；煎炸小鱼而不断翻动，表面就易破碎；法令老变动，民众深受其苦。韩非说，有道之君要贵静，法令确定后就不轻易变更。法的稳定性就是从这推导出来的。

当然，韩非看出老子无为思想存在矛盾——当刻意追求无为时等于被无为控制。因此，人不能经常挂念无为，这样才能实现“上德无为而无不为”。韩非的结论是，不符合道的不为，不符合道的不欲，不符合道的不想，不符合道的不用（无为、无欲、不思、不用），但是又不能受制于无为、无欲、不思、不用，这才是最高的境界。可见韩非将辩证思维精妙处悟透了。老子说“罪莫大于可欲”，韩非认为无论国家还是个人，如果老显摆就会勾引起他人欲望，离祸端就不远；老子说“图难于其易也，为大于其细也”，韩非认为凡事要及早处理；老子说“见小曰明”，韩非理解为从小处看大，见微知著；老子说“其安易持也，其未兆易谋也”，韩非提出要把问题消灭在萌芽状态。这类思维已经实实在在地渗透进了中国人的骨髓，成为有智慧的象征。过去的学者，往往重视韩非论法的一面，而对韩非从老子思想中体悟到的谋略、权谋讨论不多。法律讲公开，谋略讲隐秘，前者是阳谋、后者是阴谋，当把两者结合起来，韩非之法就属于阴阳之法。

2. 一个冷酷的“乌托邦”

韩非是一个彻底的现实主义者，也是一位理想主义者，他设想的人类完全按照功利目的做事、受功利算计支配，排除了情感、偏私等非理性因素。韩非设计出一个冷酷的中国式“乌托邦”。韩非宣称他的理论是给中主（中等水平的君主）准备的，但真要实施起来岂是中主所能完成的？“然而韩非所谓中主，就其论法术诸端察之，殆亦为具有非常才智之人。身居至高之位，手握无上之权，而能明烛群奸，操纵百吏，不耽嗜好，不阿亲幸，不动声色，不挠议论，不出好恶，不昧利害。如此之君主，二千余年之中，求其近似者寥寥无几，屈指可数。”[1] 学者眼光总是敏锐的，一眼就看出韩非其实是在讲述一个冷酷无情的、至高无上的、智慧超群的理想君主的故事。这样的人寥若晨星，比尧舜还稀罕。

古今中外思想家都有从自然状态出发思考问题的偏好，比如近代欧洲的霍布斯、洛克、卢梭等，而生活在公元前三世纪的韩非早这么做了。他说，远古时期，男人不耕种，野生果实足够吃，妇女不用纺织，禽兽的皮毛就够穿。这种自然状态富足安详，当然不用争夺。但随着人口的不断繁衍，自然财富缺乏的问题暴露出来，争夺和混乱就开始了。儒家说用尧舜的仁德来教化人民，采取禅让给大家做榜样，天下就能重回太平。可韩非并不糊涂。古时候生产力低下，尧贵为天子也只能住茅草房，吃的是粗粮，冬天一件鹿皮，夏天一件麻布衣。大禹还亲自拿起锄头和大家一起干活，连小腿上的毛都掉了。他们要让出天下，谁会稀罕？可现在不同了，过去能辞掉天子的位置，现在却连一个县令都想把权牢牢地把控在手里，就是因为利益太大的缘故。这里，我们不得不叹服韩非的非凡洞察力，现代中国也逃脱不了这一规律。因此，韩非不认为尧舜禅让是风格高尚，不认为值得赞美。时代不同法度也不同，上古人们苦于禽兽侵害，有巢氏在树上搭窝棚就受到百姓拥戴；燧人氏发明燧木取火就获得百姓的赞誉；大禹治水造福百姓，从而取得了天下；汤、武征讨桀、纣后，才据有天下。因此，韩非断定，必须按照实际制

1 萧公权：《中国政治思想史》上卷，商务印书馆 2017 年版，第 250 页。

定新的治国措施，不能信奉儒家那套上古的说法，而是要用国家强力介入因财物不足带来的争夺。不同历史观有不同理想国，不同历史观就有不同思想体系。韩非的理想国是为了解决因利益太大而带来的贪婪问题。

在这个“乌托邦”（明君之国）里，人完全受控于趋利避害。没有繁杂的书简，只用法令教育百姓；没有先王的语录，只向官吏学习法令；没有游侠四处逞能，只有杀敌立功的勇士。这叫“无书简之文，以法为教；无先王之语，以吏为师；无私剑之捍，以斩首为勇”（《韩非子·五蠹》）。法令是唯一的准绳，做到“法不阿贵，绳不挠曲”（《韩非子·有度》）。官吏的升迁，完全靠自己的真才实学和工作业绩，一步步选拔上来。这叫“宰相必起于州部，猛将必发于卒伍”（《韩非子·显学》）。有功者必然得到奖赏，丰厚爵禄必然激发更大的积极性；官员多岗位历练，官职越大必然能力越强。不从事耕种的就没有饭吃，没有战功的就不授予爵位。出力多贡献大，就能得到大家的崇拜，出力少贡献小，就会受到大家的鄙视。高官厚禄、杀戮刑罚是治国的两柄利器，由国君牢牢把控。“事在四方，要在中央。圣人执要，四方来效。”（《韩非子·扬权》）韩非尽管在《解老》篇里对仁义做过精当的解释，但他自己并不完全相信。他觉得，世界上最亲的莫过于父子了，可父子之间依然会相互猜忌，甚至反目为仇，君臣之间怎么可能存在仁义？因此，在这个理想国里，君臣之间是猫鼠关系，不是你压倒我，就是我吃了你。最好的状态是君主牢牢掌握国家的两柄利器，用术控制好臣民。有功劳都是君主领导有方，有错误都是臣子犯下罪过，这就是君主的“葵花宝典”。韩非坚信，这样必定国家富足、军力强盛，会远远超出三皇五帝的盛世。

什么样的人在统治这个理想国？韩非曾对“抱法处势”带来的

好处有过一番美妙的设想。尧舜、桀纣都是千年才会出现一次的人物，绝大部分君主都属于中等才智。中等才智的君主，据有权势、手握法度就能治理国家，如碰上千年一遇的桀纣，大家只好自认倒霉。但毕竟有千年太平，一世混乱，总比千年混乱，等出现尧舜这样的圣君再治理要好得多。韩非的这番分析，显得理性、务实，逻辑上有说服力，甚至成为现代中国人讨论法治价值的标准依据，但实际情况并非如此。这位能把法、术、势集于一身的明君，简直就是“超人中的超人”。

这是一位神龙见首不见尾的明君，安静得没人知道他处君位，如泥牛入海般不知在何处，却总能做到“明君无为于上，群臣竦惧乎下”（《韩非子·主道》）。在这位明君面前，臣民战栗得像筛糠一样。奇怪的是，明君从不发表或很少发表意见，只是在旁边以虚静的态度观察群臣，探测其中的阴谋，暗中剪除不良党羽，明君的威力如雷电那样孔武有力、又深不可测。更不可思议的是，明君有了这样的权威，竟然从不会做坏事，即使拥有绝对权力也从不腐败。因为他其实是一位圣君，甚至超过尧舜。这位明君城府很深，自己不直接动手，以免使自己处于矛盾焦点，而是依靠法令，由他人代劳。有功劳、有荣誉，属于自己的；有问题、有困难，全部归臣下。荣誉全归明君，罪责全归臣下，这就是韩非给出的意见。若真能做到这一点，岂是中等才智能胜任？必须是千年才出的旷世奇才。难怪韩非的理论被韩王弃置一旁，因为那样的君主谁都做不到，那样的国家不可能成为现实，正如孟子向诸侯推销仁政那样不靠谱。由此可见，韩非受儒家“圣君”思想的影响比任何一位儒者都要深。

第四章

新儒学和玄学

汉代是华夏浴火重生再创辉煌的时代，是英雄辈出、气吞山河的时代。经过汉初近七十年的休养生息，社会欣欣向荣。太皇太后窦氏去世当年（公元前135年），武安侯田蚡担任丞相，提出了『绌黄老、刑名百家之言，延文学儒者数百人』（《史记·儒林列传》）。第二年的元光元年，董仲舒《举贤良对策》提出：『臣愚以为诸不在六艺之科、孔子之术者，皆绝其道，勿使并进。』（《汉书·董仲舒传》）经汉武帝首肯，一项对中国历史影响深远的决定——『罢黜百家，独尊儒术』产生了。但仔细考察两汉四百年的思想，其所独尊的『儒术』实质是一种融合儒法道墨和阴阳五行的新儒学。经过两汉四百年的发展，这套烦琐的经学体系严重桎梏了人们的思想，最终被魏晋玄学所替代。

一

董仲舒新儒学

董仲舒（前179—前104），广川（今河北景县）人，专治《春秋公羊》，汉景帝时博士，汉武帝时因诏对“天人三策”而声名鹊起，曾任江都相、胶西相，辞官居家后仍受武帝器重。“朝廷如有大议，使使者及廷尉张汤就其家而问之。”（《汉书·董仲舒传》）董仲舒作为“群儒之首”，其学说以兼容并蓄的广度、天地人相应的深度，横贯古今历史的纵深，实现“道术为天下裂”之后先秦诸子思想首次全面综合，是主导两汉四百年的官方学说。

1. 天人感应：天人合一的新诠释

“天”是董仲舒关注的首要对象。“天者万物之祖，万物非天不生。独阴不生，独阳不生，阴阳与天地参然后生。”（《春秋繁露·顺命》）人与万物的产生都遵守共同的规律。这些规律包括：阴阳无处不在，阴阳变化是事物发展的原因；天地万物和人由气组成，都遵守“五行”的原理；天地与人属于同类，必定遵守同类感应的规则；人是天地运转的目的等。董仲舒的“天”既按照一定规律、周而复始运行，可以被人所理解，同时又具有人格特征，是能发出“灾异谴告”的神灵。他说：“天者，百神之君也，王者之所最尊也。”（《春秋繁露·郊义》）

为了能理解董仲舒的“神学”，先看一看基督教神学家是如何证明“神”存在的。奥古斯丁认为，人能够拥有比心灵更高的知识，能够认识真理，无法从人自身寻找原因，只能归因于“神”。必然存在一个无限完美的“神”，否则无法解释为什么人的心灵里存在完美的观念。托马斯·阿奎那沿着同样思路证明“神”存在。万物既然依靠他物推动，必然存在原初“推动者”，这个“第一推动者”就是“神”；任何事物都有原因，沿着因果链条追溯，必然存在最初的原因，这个“第一原因”就是“神”；万物的善都有缺陷，必然存在至善，这个存在就是“神”。董仲舒有类似的思路，“天”作为百神之君，是天地万物变化的本因。但双方的区别又很明显。基督教的“第一因”外在于宇宙，“神”在宇宙外创造宇宙，董仲舒的“本因”与宇宙浑然一体，天地是自生自化的结果。此外，董仲舒的“天”是被伦理化的，是可以受人意志影响的，也能被人所认识，但基督教的“神”既不受人类意志影响，也不能被人的理性所认识。董仲舒说：“仁之美者在于天”“察于天之意，无穷极之仁也”（《春秋繁露·王道通三》）。“天”有完美的仁德，能够洞察世间一切，并根据德行的高低决定授命于谁。董仲舒的“天”具有三重属性，一是有人格意志的神灵，二是有至善的仁德，三是具有周而复始运转的自然特征。董仲舒将鬼神之天、道德之天、自然之天糅合在一起，即以鬼神之天为表象、道德之天为内容、自然之天为纽结完成了古代思想整合。

后人常诟病“天人感应”为迷信，其实不然。董仲舒并不诉诸非理性的神秘方式，而是力求用自然现象和当时能达到的科学成就来证明“天人感应”。首先，董仲舒提出“同类相感”论。假如往平地上倒水，水肯定流向潮湿的地方而不会停在干燥的地方；点燃木柴的时候，火先往干燥的地方而不会往潮湿的地方燃烧，这说明事物同类相聚、异类排斥。他说：“美事召美类，恶事召恶类。”（《春秋繁露·同类相动》）比如，马叫的时候其他马会嘶鸣，牛叫的时候其他牛会答应。帝王将兴起的时候，会先见到“美祥”，快灭亡的时候，也会先见到“妖孽”。这种“同类感应”的思路，与现代人从正负电相吸引而产生异性相吸、同性相斥的思维如出一辙。其次，董仲舒提出“天人同类”“天人相副”的观点。由“精气”凝聚而成的人最为高贵，与“天”属于同类。他说，人的一身“小节三百六十六，副日数也；大节十二分，副月数也；内有五脏，副五行数也；外有四肢，副四时数也”（《春秋繁露·人副天数》）。接着董仲舒又用“天”有风云雷雨与“人”有喜怒哀乐相对比，证明人和天是如此的类同。既然类同，相互之间怎么没有感应呢？但董仲舒的论证没有到此为止。熟悉经典物理学的人都知道，物体与物体之间的相互作用必定通过某一媒介才能发生，经典物理学排斥超距作用。董仲舒也是这么想的。他认为人与天之间是通过无处不在、弥漫中间的阴阳二气为中介发生感应。《天地阴阳》说：“天地之间，有阴阳之气，常渐人者，若水常渐鱼也。”这说明阴阳之气充满天地之间，正如首先出现在亚里士多德著作中，后来被牛顿引用的“以太”一样，充满整个宇宙，没有“以太”的存在，引力的作用就是不可思议的。董仲舒认为天与人是通过阴阳之气为媒介产生感应。他用土地、泥浆、水为例子，说人摔倒在地上不会使周围产生震动，掉到泥浆里会对周边产生振荡，而掉到水里会在更大范围产生振荡，说明越在稀薄的地方产生的振荡传播得越远，而气比水更稀薄，产生的振荡就会传得更远。他说：“天有阴阳，人亦有阴阳。天地之阴气起，而人之阴气应之而起；人之阴气起，而天地之阴气亦宜应之而起，其道一也。”（《春秋繁露·同类相动》）董仲舒认为君主带领百姓活动，就会使“治、乱之气”与天地之气混杂。社会太平民众和谐，就会使天地之气更加美好，出现祥瑞；世道混乱百姓痛苦，就会使天地之气产生损害，发生灾异。早期道教经典《太平经》就是以“太平气”来鼓动人心。董仲舒的“天人感应”不同于鬼神迷信，也超越同时代的占星家、堪舆家，达到了那个时代“理性化”的高度。

董仲舒继续发展“人为贵”的思想。“何为本，曰：天地人，万物之本也。天生之，地养之，人成之。”（《春秋繁露·立元神第十九》）“天地之精所以生物者，莫贵于人。”（《春秋繁露·人副天数》）这一思想传统保证了中国历史上不可能产生系统性、制度化的对人的奴役制度。比如汉光武帝鉴于西汉末年战乱造成各地豪强大批蓄奴的现实，多次下诏释放“奴隶”。建武十一年（35年）下诏说：“天地之性人为贵。其杀奴婢，不得减罪。”（《后汉书·光武帝纪》）

2. 汉政权的合法性何在?

董仲舒继承“天命”思想，将皇帝的统治权归为上天的命令。“天命”是皇帝一统天下的合法性基础。比较西方基督教“君权神授”与董仲舒“君权天授”，两者有本质不同。

“君权神授”的前提是“神”拥有统治世界的绝对主权。奥古斯丁设计了上帝之城和地上之城两座城，上帝之城由上帝直接统治，只有上帝的选民有资格居住，地上之城则由上帝授权的君主统治，上帝的弃民只能居住在这。现实生活中区分不出谁是选民谁是弃民，只能到末日审判时由基督来区分。奥古斯丁的两座城给“君权神授”提供了更加可靠的理论依据。这意味着，君王的权力来自绝对不受人类意志影响的“神”，只有“神”才能决定君主的命运。君主是神圣的、绝对的，不受人世间法律的制约，臣民不能违抗君主。当然，自称“神”在世间代表的中世纪罗马教皇并不这么认为，觉得自己有权制衡世俗君主的权力，因此，产生了有西方特色的王权与教权之争，其实是两个上帝在打架。董仲舒“君权天授”理论却大异其趣，能够授命皇帝的“天”并不具有独立的意志，因为天志、天意最终取决于民志、民意，取决于民心。因此受命于天的皇帝最终是受制于民众的意愿，忤逆民意的皇帝将被天所抛弃，推翻这样的皇帝符合天道。这就是董仲舒说的“有道伐无道，此天理也”（《春秋繁露·尧舜不擅移汤武不专杀》）。西方世界的君主统治权由“神”授予，他们除了接受“神”的旨意，不受任何民众意志的影响。只要基督教的“神”存在一天，推翻君主就是反对神权。保罗说：“凡掌权的都是神所命的。所以抗拒掌权的，就是抗拒神的命，抗拒的必自取刑罚。”（《罗马书》）因此，近代欧洲发展出一套契约理论来宣传人民主权，就是为了解决君主意志受命于“神”、不受人民影响的政治学难题。而董仲舒“君权天授”理论本身就内含着天意就是民意、统治合法性在于民心的思想。《春秋繁露·尧舜不擅移汤武不专杀》提到：“天之生民，非为王也；而天立王以为民也。”皇权有神圣性——代表天命，皇帝无神圣性——只是为民的工具，这可以解释中国历史上王朝更迭频繁，却始终保持大一统秩序的原因，因为中国社会秩序的根源不在于皇帝，是来自更高层次的天、元，而天、元背后站着的是千百万普通百姓。从中国思想中就可以推导出“人民主权”，根本不需要社会契约论，只要遵循“治权来自君权，君权来自上天授命，上天的意志就是民众的意志”这样一个逻辑就够了。

皇帝统治的合法性固然来自天命，但是“天命靡常，惟德是辅”，某个王朝的正当性最终取决于能给天下百姓带来多大的利益。“其德足以安乐民者，天予之；其恶足以贼害民者，天夺之。”（《春秋繁露·尧舜不擅移汤武不专杀》）天命并不保证某个家族的皇帝能永享国祚，唯有仁德、唯有百姓的福祉才能保证统治合法性。董仲舒心目中的受命之君必须“仁而智”，做到“君圣合一”。这里要注意董仲舒之天与周公之天的区别，周公只是讲天将降命于有德之人，解决一个谁当君主的问题，而董仲舒认为天还在时时刻刻监视着君主，稍不留神，天就会发出警告。萧公权就说：“天权对君权之限制有二：一曰予夺国祚，二曰监督政事。前者为革命受命之理论，后者为灾异谴告之理论。”[1]可见董仲舒政治思想之深谋，既解决革命及合法性问题，也解决君权监督问题。

3. 灾异谴告——监督皇权的方案

董仲舒深知“尊王”是把双刃剑，既可以带来稳定的大一统社会秩序，也会对国家社稷和百姓利益造成伤害。对于韩非宣扬的“绝对君权”思想，董仲舒更是从秦亡的教训中看到弊端。纵观世界文明史，曾经有过多种理论方案，试图解决最高权力的监督问题。董仲舒的方案是通过天降灾异来警示皇帝，达到制约君权的目的。这就是从“天人感应”中推导出的“灾异谴告”理论。这一理论非董仲舒原创。《汤诰》记载商汤因天降大旱而反省自责，《诗经·小毖》说周成王因“家国多难”而反思约束自己的行为，孔子也有类似看法。董仲舒将这些观点进行系统化，将自然界、社会中出现的灾异作为监督君权的手段。如同儿子以孝道服从父亲，天子也要以孝道服从天，当风调雨顺没有灾害，说明对天子的政绩很满意；而当天降下灾异，说明对天子不满意了。这一过程概括为“屈民而伸君，屈君而伸天”。这套理论在西汉后期产生过很大影响，还是王莽篡汉的依据。西汉末年由于天灾人祸频繁，普遍认为天命已经不在汉室，需要有新王重新接受天命。可惜王莽只是一位有权力欲的“书生”，难堪大任。这也将最高权力从一位平庸之主顺利地转移给有为君主的政治梦想在古代中国历史上彻底破灭。从这个意义上说，王莽之罪可谓浩大。

董仲舒“以天制君”、以“灾异谴告”警示皇帝的思想还仅仅是表象，其实质乃是“以民制君”的民本思想。《春秋繁露·王道》说：

1　萧公权：《中国政治思想史》上卷，商务印书馆 2017 年版，第 295 页。

“仇雠其民，鱼烂而亡，国中尽空。”《春秋繁露·尧舜不擅移汤武不专杀》说：“独身者，虽立天子诸侯之位，一夫之人耳。”一个残害民众的君主就是独夫民贼，就不得好死。他认为民属“木”，君属“土”，按照五行理论，木胜土，民是克制君的力量，把贾谊的“与民为仇者，民必胜之”进一步理论化。除此之外，对君权的制约还有三种途径：一是沿着“道统高于治统”的传统思路，强调“从道不从君”。《淮南子》中云，“臣亦不能死无德之君”“杀无罪之民而养无义之君，害莫大焉”。二是沿着“君无为而臣有为”的思路，使君权和相权各负其责形成制约。董仲舒有虚君思想，“为人君者居无为之位，行不言之教，寂而无声，静而无形，执一无端，为国源泉。因国以为身，因臣以为心。以臣言为声，以臣事为形”（《春秋繁露·保位权》）。董仲舒的“君无为”固然含有驭人术，但是相权对君权的制约在汉代却是实实在在的。三是用阴阳五行相生相胜的原则确定官制，既相互配合又相互制约。《五行相生》说“五行者，五官也”（五官分别为司农、司马、司营、司徒、司寇），“比相生而间相胜也。故为治，逆之则乱，顺之则治”。属金的司徒克制属木的司农，属水的司寇克制属火的司马，属木的司农克制属土的司营，属火的司马克制属金的司徒，属土的司营克制属水的司寇。撇开具体的官名，仅各项权力既相互协调又相互克制的思想就很有价值。

4. 政权更迭与长治久安的内在机理

政权为什么会更迭？如何实现长治久安？这些问题涉及历史观。董仲舒继承邹衍的“五德终始说”，独创了“三正三统”“新王改制”等复杂理论，解释从伏羲开始一直到汉代的历史演化规律。这套古史系统对后世影响很大。

天命转移、王朝更迭是历史发展的必然现象，但“王道”和“天理”从不改变。董仲舒认为，新王承受天命一统天下并实行“改制”，并不是改变“王道、天理”。《楚庄王》说“今所谓新王必改制者，非改其道，非变其理”“故王者有改制之名，无易道之实”。这说明，作为最高统治者的皇帝可以被替换，但“王道”“天理”没有改变。董仲舒的“王道”“天理”主要包括民意即天意，以及立君以为民、君臣父子等内容。看来皇帝只是实现王道的工具而已。“道之大原出于天，天不变，道亦不变。”（《春秋繁露·天地阴阳》）一句话说破了中国历史上王朝更替无数，但道统传承依然不变的事实，只是后来学者对“天不变，道亦不变”进行了曲解。

夏商周汉等朝代的更替是为了不断解决前朝留下的“弊政”。董仲舒的“道不变”并不是说换个皇帝一切照旧，而是要按照“天道”的要求改变“治道”，一扫前朝的“弊政”。在董仲舒看来，除了夏朝以前的“三皇五帝”这样的理想社会不需要改变“治道”，以后的朝代都需要改变。原因在于先王之道实行一段时间后总会出现偏颇，后继新王的使命就是革除弊政。汉朝是继周、秦开创的新朝代，但董仲舒认为汉初七十年国家没有得到善治，一方面是周、秦两朝的弊政还未消除，另一方面是汉初奉行黄老之学，未能采取有力措施实施“更化”。董仲舒罗列了一长串需要“更化”的清单，如设立诗、书、礼、易、春秋“五经博士”，开办大学、设立庠序（学校），实施“任德不任刑”的仁政等。董仲舒说，“继治世者其道同，继乱世者其道变”，三皇五帝时期属于治世，但三代及以后都属于乱世，既然是乱世就要不断改变“治道”。董仲舒事实上对孔子“克己复礼”“郁郁乎文哉，吾从周”的思想作了较大修正。他认为，继夏朝建立的商朝、继商朝建立的周朝，就是因为商汤和文王、武王能够彻底革除前朝的弊政，大兴教化，使后代子孙有所遵循，才有长达五六百年的国运。相反，秦朝却没有按照“天道”的要求革除周朝的弊政，因此短命而亡。这样，董仲舒就为一代雄主汉武帝推行变革提供了历史依据和理论依据。

要建立一套新的礼仪制度适应改朝换代的需要，实现“里外一新”。“治道”的改变属于里，“礼仪”等改变则属于外，须里外协调。董仲舒提出，为了表示新王受命于天，其权力来自天而不是前朝，必须改变居住地、年号、正朔、服饰等，以表达顺从“天命”。同时，要安置好前面两个王朝的子嗣，以表达对先王的尊重，至于再前一个朝代的子嗣可以不管了。改制成功与否最终体现在新的礼乐制度。“是故大改制于初，所以明天命也。更作乐于终，所以见天功也。”（《春秋繁露·楚庄王》）汉武帝当时采取的一项措施就是使用“夏历”，改变周朝将十一月作为正月的办法，重新将每年的一月作为正月。事实上我们可以从中国历史上各朝代服饰、礼仪的变迁看到董仲舒思想影响之深远。

从董仲舒的古史观可以看到中华文明始终不断的原因，历史不是“一切照旧”的循环论、更不是“倒退”的循环论，而是体现为一种不断更化、不断改进，朝着儒家“理想国”迈进的进化观。董仲舒将邹衍“五德终始”说改成“五德相胜”说，就有历史进化的倾向，比如周朝用“火德”战胜无道的商朝，待周朝无道后被秦朝“水德”战胜，而秦朝无道后又被汉朝“土德”战胜。历史上的王朝一代接一代地更替，但“天下大同”的王道梦想始终没有断绝，而随着时代变迁，“天下大同”的内涵也在不断充实、完善。这是董仲舒留下的重要思想遗产之一。两千多年后，春秋公羊学“据乱世、升平世、太平世”的“三世”说成为康有为开展维新变法的理论依据。

5. 君民同体——解决君民关系的方案

第一，董仲舒大体上继承了孟子的“民贵君轻”看法，也继承了“天视自我民视”观点，从而发展出“以天制君”实质是“以民制君”的思想。具体到“君民”关系上，董仲舒吸收了“君民同体”的理论，表达君民之间荣辱与共的关系。但在管理层面的“君民”关系，董仲舒强调“以民随君”“屈民而伸君”。但这种君民关系不是君主只有权利没有义务、民众只有义务没有权利的“绝对君主制”，而是体现君民对等关系。

第二，董仲舒强调君主为天下作表率，只有严以律己、宽以待人，才能被天下接纳。他说：“以仁安人，以义正我，故仁之为言人也，义之为言我也。”（《春秋繁露·仁义法》）“仁”是用来安定民众的，实质在于关爱他人，而不在爱护自己。“义”是用来端正自己的，而不是规制他人。如果君主不能约束自己，只想着规范他人，不能叫“义”。如果君主只爱护自己的利益，却不管百姓的得失，更不能叫“仁”。董仲舒的“仁政”，其本质是君主用仁对待百姓，用义约束自己。他还认为，君主自己做不到的事情却要求别人做到，自己拥有的东西却不允许别人拥有，这是不能接受的。这准确抓住孟子“仁政”思想的核心。董仲舒还吸收墨子“兼爱”思想，提出“质于爱民，以下至于鸟兽昆虫莫不爱。不爱，奚足谓仁”？（《春秋繁露·仁义法》）

第三，依据民众的好恶实行赏罚，君主掌握威、德二柄确保自己的权力。董仲舒吸收韩非赏罚思想又掺入儒家精神。他承认“民无所好，君无以权也。民无所恶，君无以畏也”（《春秋繁露·保位权》），提出一定要让民众有所喜好，有所厌恶，所谓“设赏以劝之”“设罚以畏之”。但是，又要管制好民众的喜好和厌恶，不能过头了，否则君主擅自赏赐就多，这叫“作福”，擅自处罚也多，这叫“作威”。“作威”可以让君主丧失德行，“作福”可以让君主丢失权力，“作威作福”会让天下大乱。君主要固守其德，才能让百姓归附。恰当用权，才能统御官吏。如此就可以做到“功出于臣，名归于君”。

第四，君主不得与民争利，不能“赢者通吃”。董仲舒秉持“畜马乘，不察于鸡豚；伐冰之家，不畜牛羊；百乘之家，不畜聚敛之臣”的《大学》精神，坚持政府要让利于民。《汉书·食货志》记载，董仲舒提出了限制豪强公族对土地的兼并和掠夺；“盐铁皆归于民”，不许官吏与民争利；“薄赋敛，省徭役，以宽民力”，减轻对百姓的奴役；以及“去奴婢，除专杀之威”等措施。他的理论依据就是孔子讲的“君子不尽利以遗民”。君子不能把所有好处都占尽了，还要给别人留一些。《诗经·小雅·大田》云：“彼有遗秉，此有滞穗，伊寡妇之利。”那些遗落在田里的秸秆和谷穗，是专门留给孤苦的寡妇的。上天是公平的，不会重复给人以好处，已经拥有了大的利益，就别再惦记小的利益，这可是天数啊！董仲舒在《天人三策》中说，有俸禄的官员就专门吃俸禄，千万别与百姓争利，再去置办产业。春秋时期鲁相公孙仪看到妻子还去织布、种菜就愤怒地说：“我已经有俸禄了，为什么你还要去和女工、菜农争夺利益呢？”从现代视角看，董仲舒要求政府和官员“正其道不谋其利，修其理不急其功”，不得经商、不与民争利，是正确的。

第五，君主有责任对民众施行教化。“古之王者明于此，是故南面而治天下，莫不以教化为大务。”（《汉书·董仲舒传》）董仲舒的“教化论”有三个方面的依据。一是周公平定“三监之乱”后对殷商遗民提出的教化要求，一个新的政权要有新的习俗、新的制度和新的价值观，民众必须接受教化以适应时代变迁的需要。二是吸收孔子“正名”思想，并从“民”这个名号中提出政府对民众施行教化的必要性。这是董仲舒的创新。他说：“民者，瞑也。”“今万民之性，有其质而未能觉，譬如瞑者待觉，教之然后善。当其未觉，可谓有善质，而不可谓善。”（《春秋繁露·深察名号》）民是“瞑”的意思，处于沉睡状态，其“善质”需要通过觉悟在先的圣人唤醒，使民性趋于淳朴。三是从批评法家的角度提出教化的必要。董仲舒认为：“夫万民之从利也，如水之走下，不以教化隄防之，不能止也。”（《汉书·董仲舒传》）通过教化，在人的内心筑起抵御奸邪的堤坝，才能实现刑罚轻、不想犯法这一“教化行而习俗美”的理想境界。

董仲舒理想的王道政治是，“天令之谓命，命非圣人不行；质朴之谓性，性非教化不成；人欲之谓情，情非度制不节”（《汉书·董仲舒传》）。即天命只能由圣人承担，做到“君圣合一”；民众虽质朴，须经过教化；人有欲望、情感，需要制度来节制。“故为人君者，正心以正朝廷，正朝廷以正百官，正百官以正万民，正万民以正四方。”（《汉书·董仲舒传》）董仲舒的意思是，首先用圣人之心来格正君心，然后由君主格正朝廷以至百官，最后是教化民众以至于化外的蛮夷。孟子说“惟大人为能格君心之非”，董仲舒明确提出教化民众的前提是“正君心”，到了宋明理学则进一步提出“格君心之非”的具体办法。这种思想传统从周公开始一直持续到现代，从未中断，成为中华文明的精神标识。1949 年 6 月，毛泽东在《论人民民主专政》中提出“严重的问题是教育农民”[1]，中华人民共和国成立以后又提出知识分子改造等，而这些教育和改造的前提是党员干部尤其是高级干部必须做到思想纯正。其核心都是讲，新社会需要新人、在上位的必须率先垂范。

作为君民关系特例的君臣关系，董仲舒说：“是故春秋君不名恶，臣不名善，善皆归于君，恶皆归于臣。”（《春秋繁露·阳尊阴卑》）意思是一切善名归君，一切恶名归臣；一切功劳归君，一切罪责归

1 《毛泽东选集》第 4 卷，人民出版社 1991 年版，第 1479 页。

臣。这个观点与韩非的绝对君权一致。

6. 性有三品——对人性的一种解释

董仲舒既不赞成孟子的性善、荀子的性恶，也不赞成无善无恶的自然人性论，而是走了一条综合的路径，他说："人受命于天，有善善恶恶之性。"（《春秋繁露·玉杯第二》）

在《周易》和阴阳家那里，阴与阳没有贵贱之分，但董仲舒提出阳尊、阴卑。按照这样的思维方式，仁德可以称为阳，刑法可以称为阴，任何事物都有阴阳，都存在好与坏、尊与卑。董仲舒认为，人性的根源在天道，"身之名，取诸天。天两有阴阳之施，身亦两有贪仁之性；天有阴阳禁，身有情欲栣，与天道一也。"（《春秋繁露·深察名号》）因此，人性有贪仁之分，有情欲之别，是一件符合天道的很自然的事情。为此，董仲舒用了一个比喻，"性比于禾，善比于米。米出禾中，而禾未可全为米也。善出性中，而性未可全为善也"。（《春秋繁露·深察名号》）人性就如同稻谷，善就如同米，不能说稻谷就是米，人性也不能都是善。善和米是秉承天创造出的材质，但不经加工就不能显现。董仲舒继承荀子人性属于"自然之质"的观点，但是否定"自然之质"的人性为"恶"。董仲舒明白，如果否定善性的内在根据，那么现实的善性就是纯粹外在强制的东西，不仅不可能实现，而且"善"成了违背人性的东西。"性者，天质之朴也。善者，王教之化也。无其质，则王教不能化。无其王教，则质朴不能善。"（《春秋繁露·实性》）如果人性中没有"善质"，再怎么采取外在的措施也不可能成为善人，犹如石头永远不可能孵化出鸡崽儿。

董仲舒深知"人性有善有恶论"的困境，这和人性恶的困境是一样的。西方有神论社会倾向于人性恶，他们认为有一个绝对至善的神保证并驱使人类向善，而中国是世俗社会，必须假定人性有天然的善质，说明善行不是违背人性而是顺应人性。董仲舒的方案是，假定天是仁的。他说："天，仁也。"（《春秋繁露·王道通三》）因此，不能怀疑具有人格意志的"天"是善的。接着抛出"人性三品说"，他说："圣人之性，不可名性；斗筲之性，又不可以名性。名性者，中民之性。"（《春秋繁露·实性》）"斗筲之性"因没有善质不能教化，"中民之性"有善有恶故能被教化，圣人感天而生、受命于天，能够"取仁于天而仁"，有超越一切的"至善"。人性趋善是以圣人的完美，并依靠圣人对万民进行教化为最终保证。这个思路与荀子一样。圣人感天而生、圣人完美无缺的说法，既解决了无神论社会使人性向善的理论困境，也解决了荀子认为圣人性恶所带来的信仰危机。这是中华文化需要圣人信仰的原因。但圣人极为罕见，千年才能出现一位，孟子说"五百年必有王者兴"，但王者毕竟不是圣人。董仲舒眼里的圣人只有一位，那就是孔子。董仲舒讲人性时，排除圣人，因为"圣人之性，不可以名性"，圣人之善是绝对的；同时，也排除斗筲之民，因为"斗筲之性，又不可以名性"，再怎么教育也不能转化为善。

董仲舒批评孟子性善论。孟子性善论建立在"四端"说基础上，但董仲舒不同意有善端就可以推导出性善的结论。比如，蚕茧里有丝，不能说蚕茧就是丝。董仲舒认为孟子所称的善标准太低。孟子说"孩提之童，无不知爱其亲者"，并作为人性本善的依据之一。董仲舒说，孟子所谓的善只是"善于禽兽"，略微强于禽兽而已，与"循三纲五纪，通八端之理，忠信而博爱，敦厚而好礼"的圣人之善相差太远了。由于善的标准不同，董仲舒认为孟子所说的善就不能叫善，圣人所谓的善的标准很高，不能比禽兽强一些就称之为善。孔子说，"善人，我还没见到过，能见到持之以恒的就不错了"。因此，董仲舒提出："吾质之命性者，异孟子。孟子下质于禽兽之所为，故曰性已善；吾上质于圣人之所善，故谓性未善。”（《春秋繁露·深察名号第三十五》）由于孟子是与禽兽比，所以说人性善，但是与圣人之善比，怎么能称得上善呢？

董仲舒的人性论影响深远。尽管朱熹从理论上认可孟子性善说，甚至放弃了“斗筲之性”的说法，但从天理人欲之辩，用天理来灭人欲看，背后隐藏着人性有恶质的前提。

7. 德治、法治、礼治相协调的社会治理模式

董仲舒对德治、法治、礼治三种治国模式加以取舍，并辅之以“通权达变”“春秋决狱”等，提出了独特的社会治理模式。

“德者，得也”，因此德治本义是让百姓有所获得。当代大多数人把“以德治国”理解成为专门以道德规范约束百姓的一种治理模式，这是不符合最初本义的。《尚书·洪范》“皇极”篇讲君主准则，核心是让百姓得到寿、富、康等五福，实现王道荡荡、王道平平、王道正直等。孔子的“道之以德、齐之以礼”，实质是让百姓有所得，再以礼规范。孟子提出“仁政”，也是让百姓蒙受仁义的恩泽。董仲舒讲“任德不任刑”，其“任德”（德治）的含义有二：一是施行仁义而让百姓有所得，二是实行教化而不搞“不教而诛”。法的本义是“平之如水”“触不直者去之”，因此“公平”“不阿权贵”是法的本质。法也通刑，代表着杀戮。董仲舒吸收黄老之学关于“法从道出”的思想，强调法度统一。但董仲舒所理解的法是一种“春秋之法”而非“黄老之法”，既是成文法也是非成文法。董仲舒的法治是“以春秋治国”“以春秋决狱”。礼来源于祭祀，基本精神是“敬”和“对己自谦、对人尊重”。孔子曾说：“人而不仁，如礼何？”（《论语·八佾》）没有仁的精神，礼有何用？但荀子倡“隆礼重法”，对统治者用礼，对被统治者用法，礼专门用于区别贵贱等级。董仲舒吸收荀子的思想，进一步阐释说：“礼者，继天地、体阴阳，而慎主

客，序尊卑、贵贱、大小之位，而差外内、远近、新故之级者也。”（《春秋繁露·奉本第三十四》）把礼的来源和礼治的作用说得很清楚。《五行相生》中认为司寇尚礼，做到“君臣有位、长幼有序、朝廷有爵、乡党以齿”。因此，董仲舒的礼治是一种维护长幼有序的措施。

董仲舒对德治、法治、礼治加以损益，形成了德治为主，礼、法结合，礼治、法治辅佐的社会治理模式。这套治理模式是如何运转的呢？关键是理解其中的精神。孔子曾就文（外在形式）、质（内在精神）关系作过讨论，提出“文质彬彬，然后君子”。董仲舒继承孔子重视“内在精神”的思想，提出“先质而后文，右志而左物”（《春秋繁露·玉杯第二》）。他的质和文集中体现在“通权达变”和“春秋决狱”之中。

“权变”或“经权”是春秋公羊学中非常微妙的思想，可以用现代术语理解为“具体问题具体分析”“既有原则性又有灵活性，原则性与灵活性相统一”等。孔子说：“可与共学，未可与适道；可与适道，未可与立；可与立，未可与权。”（《论语·子罕》）把掌握“权变”作为最高境界。孟子说：“可以仕则仕，可以止则止，可以久则久，可以速则速，孔子也。”（《孟子·公孙丑上》）孟子把孔子看作权变思想的集大成者，称赞为“圣之时者”，非常清楚什么时候进、什么时候退。公羊学对“权变”作了极准确的界定，“权者何？权者，反于经，然后有善者也”（《春秋公羊传·桓公十一年》）。“权变”不是见风使舵、耍滑头、搞投机，尽管可能违反了“经”，但是为了达到真正的“善”，可以作适当变通。“权”是中国思想中较难把握的一个字，也是很容易被扭曲的一个字。公羊学大师董仲舒深谙其中的微妙，提出“反经行权”和“春秋决狱”两项主张。

董仲舒认为《春秋》是孔子为汉代立法，但如果把其中每句话变成刻板的教条无异于一场灾难，因此他反对把经典当教条。他说："《春秋》有经礼，有变礼。""经"作为不变之道，首先要遵守，如果拘泥形式伤害核心的仁义原则，则可以"反经行权"，违背形式上的规定，追求实质性的道义。董仲舒在《竹林》中讨论了楚国司马子反违抗君令退兵的事。鲁宣公十五年（前 594 年），楚庄王围攻宋国，军中只有七日粮草。宋将华元深夜潜入楚国司马子反的营帐，告知宋国已经断粮，民众开始易子而食、析骸而炊。子反不忍心，也以实情相告，双方订立盟约退兵。董仲舒说，司马子反违抗国君命令，把实情告诉敌方，答应敌方请求，但《春秋》却赞扬他，就是因为他有恻隐之心，不忍心人吃人的惨剧发生。董仲舒说："《春秋》之道，固有常有变，变用于变，常用于常，各止其科，非相妨也。""故说《春秋》者，无以平定之常义，疑变故之大，则义几可谕矣。"（《春秋繁露·竹林第三》）意思是常和变有不同的用法，如能不以常规去怀疑变通的大法，差不多就明白春秋大义了。

从董仲舒开始，两汉司法实践中形成了"春秋决狱""原心定罪"的模式。这种模式的要点是，以春秋大义作为分析案件、处理案件的依据，法律有规定但与儒家经典不一致的，优先适用儒家经义，没有法律规定的，可以直接依据经义尤其是《春秋》的微言大义处理。董仲舒提出司法审判原则：一是必须依据事实并弄清当事人的动机；二是动机邪恶的，即便未遂也可以审判；三是为首的从重量刑；四是动机善良的，可以减轻罪责。这几条原则补救了法律只关注客观结果不关注主观动机的弊病。在目前留存的案例中，有一个子为救父而误伤其父的判例。甲的父亲乙与丙相斗，丙拔出佩刀准备刺乙，甲用杖击打丙却误伤了乙，甲怎么处理？有人认为应当适用"殴打父亲枭首"这一条款。董仲舒认为甲并不是故意而是误伤了其父乙，同时引用《春秋》关于"许止父病进药于其父而卒"

的例子，说明甲的“原心”是出于救父的孝心，因此不应定罪。董仲舒这套学说对于两汉以至整个古代中国的法学理论都产生了重要影响，是中国法治实践的重要转折点。一是把儒家的仁义精神融入立法、执法、司法活动，成为中华法系的“法的精神”。二是根据当事人动机的良善、邪恶来定罪，一方面使人对犯罪的认识更加全面，另一方面纠正单纯以结果定罪的机械做法。从目前留存的案例看，即使用现代的眼光看，其结果也比较符合公道人心，适应了人们内心对正义的追求。三是对执法者的素质和道德水准提出了更高的要求。执法者除了要熟悉法律，还要掌握法律背后的“法的精神”——儒家经典，并且真诚信仰。除了个别案例，大部分案件中对于当事人的主观状态很难作准确判断，动机的良善与否，基本取决于执法官吏的个人主观判断。这种自由裁量的空间，给了廉直的官员正确发挥的余地，也给贪官污吏的谋私以很大空间，开“任意司法”的先河。四是“原心定罪”和“仁爱”思想使严酷的秦汉法律趋于“平恕”，起到补救时弊的作用。但是，一旦走向极端，尤其在礼法合流、法制“伦理化”的大环境下，很容易导致客观的是非界限变得模糊，使法律面前不分贵贱的法治精神开始消失。

8.“三纲五常”——大一统的社会秩序

董仲舒提出的“三纲五常”，统治了中国社会两千年之久，可见其影响之深远。董仲舒的作用主要有三。第一，完成了系统的梳理工作。纲常的一些内容，先秦时期大多已经有所论及。《论语·颜渊》说：“齐景公问政于孔子，孔子对曰：‘君君臣臣父父子子。’”《中庸》提出“三达德”，即“知、仁、勇”；“五达道”，即“君臣、父子、夫妇、昆弟、朋友”。孟子有“仁、义、礼、智”四端说。董仲舒经过系统梳理，把“君臣、父子、夫妇”作为一切社会关系的基础，把“仁、义、礼、智、信”作为一切社会秩序的基础，形成

“三纲五常”固定说法。第二，董仲舒将“纲常”与天道秩序相连，使“纲常”体现天道。他说：“王道之三纲，可求于天”（《春秋繁露·基义》），还进一步说：“夫仁、谊（义）、礼、知（智）、信，五常之道，王者所当修饬也。”（《汉书·董仲舒传》）因此作为社会秩序基础的“三纲五常”上合天道、下合人伦，天经地义。第三，董仲舒对“三纲五常”的具体内容进行了修正、充实，成为后世讨论“纲常”问题的蓝本。

君臣、父子、夫妇之间的关系有两种观点。一是对等关系。孔子说：“君使臣以礼，臣事君以忠。”（《论语·八佾》）二是绝对从属关系。韩非说：“臣事君，子事父，妻事夫。三者顺则天下治，三者逆则天下乱。”（《韩非子·忠孝》）董仲舒将两种观点作了综合。他说：“君为阳，臣为阴；父为阳，子为阴；夫为阳，妻为阴。”（《春秋繁露·基义》）董仲舒按照阳尊、阴卑，从理论上证明三者是从属关系。他进一步提出：“天子受命于天，诸侯受命于天子，子受命于父，臣妾受命于君，妻受命于夫。诸所受命者，其尊皆天也，虽谓受命于天亦可。”（《春秋繁露·顺命》）从受命的角度进一步论证了双方的尊卑关系。但是董仲舒在论证从属关系的同时，还是保留了“弱对等”关系。《春秋繁露·玉杯》说：“父不父则子不子，君不君则臣不臣耳。”与孟子的“你不仁也别怪我不义”的“强对等”关系相对。董仲舒维持着君臣、父子、夫妇“弱对等”关系，分别对应忠、孝、贞，即臣对君忠、子对父孝、妻对夫贞。这三组关系中最突出的是父子关系，是唯一因血缘而组成的人伦关系，也是所有关系中最为核心的，从孝入手，其他关系便可迎刃而解。天子对天，如子对父，天子应以孝事天。“夫孝，始于事亲，中于事君，终于立身。”（《孝经·开宗明义》）所有政治关系都可以用“孝”来打通，“孝道之美，百行之本也”。汉初倡导“以孝治天下”，理由就在于此。但忠、孝、贞并不是绝对的，而是有条件的。荀子说：“从道不从君，从义不从父，人之大行也。”（《荀子·子道》）个体要超越对君主的忠诚，以社稷安危为先，追求历代先王的文化价值为己任；子女要超越对父母的唯命是从，阻止父母做蒙受耻辱的事和禽兽般的行为，让父母遵从更高的道义。这才是大忠、大孝。董仲舒对此极为赞成。他认为，能够完成扭转乾坤、理顺阴阳秩序的事，即使不忠于君主，不顺从父母，也是值得赞扬的至仁至义之举。

仁、义、礼、智、信五常的含义，董仲舒也作了新的解释。仁、义是五常的核心要素，仁是对别人的施与，义是对自己的要求。“以仁治人。义治我，躬自厚而薄责于外”（《春秋繁露·仁义法》），讲的还是严于律己，宽以待人。在义利观上，董仲舒综合了墨子讲利、孟子讲义，认为人天生就有对义和利的双重需要。“心不得义不能乐；体不得利不能安。义者心之养也，利者体之养也。”（《春秋繁露·身之养重于义》）义和利各有用途，一个用来养心、一个用来养体。但是，“心”毕竟比“体”重要，所以董仲舒认为“义”要先于“利”。这是董仲舒义利观的基本态度，既讲义也讲利。不过，董仲舒义利观的重点还在于根据不同对象有不同的要求。第一条，对待百姓，应该使他们富起来再去教育，先吃饱喝足了再听教诲。因此对百姓是先利后义，而不能倒过来。第二条，对待士人君子，应该先干活、再吃喝，先把事情做好，再谈个人利益。因此君子必须先义后利，绝不能颠倒。董仲舒这两条“金律”，抓住中华文明“义利观”的实质——精英人物必须先讲义后讲利，普通群众必须先得利后谈义。董仲舒在《春秋繁露·仁义法》中对此作了详细阐述。他引用孔子的“治民者，先富之，而后加教”，《诗经》中的“饮之食之，教之诲之”“坎坎伐辐，彼君子兮，不素餐兮”以及“治身者，先难后获”等，提出支配中国政治伦理的这两条“金律”。它不仅与周公、孔子、孟子的精神一脉相承，在朱熹、顾炎武等人思想中也能再次看到这种精神，而中国共产党对党员与群众、高级干部与一般干部有不同要求，何尝不是这种精神的延续？正所谓“吃亏才能当干部”。

礼是表达敬重、亲亲、尊尊精神的载体。董仲舒重视礼的精神。他说：“礼之所重者在其志。志敬而节具，则君子予之知礼。”（《春秋繁露·玉杯》）抓住了礼的原始精神——敬。同时按照阴阳思想，强化了礼在贵贱有别、长幼有序方面的作用。董仲舒的这一思想与汉王朝内有分裂势力、外有强敌环伺的客观形势有关。他倡导大一统、倡导尊王攘夷，唯有礼才是维护等级秩序的最好手段。

孟子说：“是非之心，智也。”因此，“智”是一种辨别是非的能力。但董仲舒所称的“智”，不是指能力、知识，而是指理智、智慧等。他在《必仁且智》中认为，一个人既没有仁也没有智但有才能，这种才能只会助长其“狂邪之心”，使错误更大、恶行更嚣张。因此才能要靠仁和智来制约。在仁和智的关系上，“仁而不智，则爱而不别也；智而不仁，则知而不为也”。只有仁而没有智，会不加区别地爱人；只有智而没有仁，尽管知道什么是善但不会去做。人有仁爱但缺乏理智，只会用善良对待他人，其结局并不好；人有理智但缺乏仁爱，会变得理性和冷酷，成为精致的利己主义者。董仲舒确实深谙人事！他说：“何谓智？先言而后当。凡人欲舍行为，皆以其智，先规而后为之。”所谓智，就是能说出恰当的话。人们在行动之前，皆以“智”谋划，谋定而后动。有“智”的人能够预见祸福，知道利害。在董仲舒看来，一个有“智”的人，就是睿智而识时务的人。

“信”是董仲舒在孟子“四端”说基础上的创新，与“诈”相对。“《春秋》之义，贵信而贱诈。诈人而胜之，虽有功，君子弗为也。”（《春秋繁露·对胶西王越大夫不得为仁》）“信”与“诚信”一词的含义相近。“信”作为一种价值追求，由墨家首倡，体现了重承诺、讲义气、轻生死的“任侠”作风。司马迁说：“今游侠，其行虽不轨于正义，然其言必信，其行必果，已诺必诚。”（《史记·游侠列传序》）但是，为任侠者所看重的“信”，与大一统所倡的义礼，毕竟有冲突。任侠之风经汉政府的打压，逐渐衰落，但“信”作为一种价值追求却保留下来。董仲舒除了把“信”与“诈”区别开来，还把“信”变成君德、臣道。他说：“明主贤君必于其信”（《春秋繁露·立元神》），“为人臣者，比地贵信”（《春秋繁露·离合根》），因此，君主讲信义，大臣讲忠信，成为董仲舒的政治伦理。“信”也代表着专一，所谓“信者，诚也，专一不移也”（《白虎通义·情性》）。因此，董仲舒还把信与妇女的贞节联系在一起，“观乎宋伯姬，知贞妇之信”（《春秋繁露·王道》）。在另一种语境下，还把“信”与“孝悌”相联系，说明有忠信之心与孝悌行为是互为表里。因此，董仲舒也把“信”作为天地之道，列入五常。

董仲舒作为两汉新儒学体系的建构者，在中国思想史中占有很重要的地位，值得后人尊崇。由于较复杂的历史原因，后人往往重视对宋学（朱熹）的研究，而忽视汉学（董仲舒）的学统。近代中国，随着旧秩序的瓦解，尤其是“纲常”理论在新文化运动中受到彻底批判。“纲常”理论能否在灰烬中涅槃重生，关键是把“强对等”关系注入人伦之中，对政治社会伦理作出新的解释。

二

魏晋玄学

玄学始于曹魏君主曹芳在位期间，夏侯玄、何晏、王弼是早期代表人物。他们与曹魏政权关系密切，在政治上为司马家族所不容。作为援道入儒、儒道结合的产物，玄学的玄字出自《道德经》“玄之又玄，众妙之门”。玄学用有无、体用、本末等议题，代替了烦琐的经义研究，用“辨名析理”的清谈代替皓首穷经，从而开创新的学术风气。玄学的另一个价值是驱逐鬼神思想、谶纬迷信、天人感应等，纠正虚妄、神秘的非理性倾向，代表着中国思想的理性力量再一次抬头，因此玄学并不玄。当然，玄学也为佛学东来作了思想上的铺垫，同时促进了本土化宗教——道教的发展。

夏侯玄（209—254），沛国谯县（今安徽亳州）人，征南大将军夏侯尚之子。夏侯玄从老子“道法自然”出发，提出“天地以自然运，圣人以自然用。自然者，道也。道本无名，故老氏曰‘强为之名’”。其基本倾向是以“自然”理解天人关系，代替原来的“感应”关系；纲常名教“本于自然”，代替原来的“王道之三纲，可求于天”。将名教与自然统一起来，是玄学的主流，实质是消除儒、道之间的矛盾。

何晏（？—249），南阳郡宛县人，东汉大将军何进之孙，为曹操养子。何晏是贵无派，强调有生于无。他说：“有之为有，恃无以生；事而为事，由无以成。”他主张以无为本，有为末，无名为道、无誉为大。“为民所誉，则有名者也；无誉，无名者也。若夫圣人，名无名，誉无誉，谓无名为道，无誉为大。”

王弼（226—249），山东金乡人，曾任曹魏政权尚书郎。王弼犹如一颗耀眼流星，在魏晋时期横空出世却很快消逝，虽只活了二十四岁，却完成了常人一辈子难以企及的工作，著《老子道德经注》二卷、《周易注》六卷、《周易略例》一卷、《论语释疑》三卷等。王弼的理论贡献在于，接受老子“有生于无”，把“自然—道”这一本体定义为“无”，使自然、道、无构成三位一体的“自然—道—无”，核心还是“无”，它是宇宙万物——“有”的本原。他在回答裴徽的问题“夫无者，诚万物之所资。然圣人莫肯致言，而老子申之无已，何邪？”时说：“圣人体无，无又不可以训，故言必及有；老、庄未免于有，恒训其所不足。”（《世说新语·文学第四》）意思是：“无”既然是万物形成的根据，但孔子却不肯说，老子倒是夸夸其谈，为什么？王弼回答说，孔子作为圣人能体悟到“无”，但“无”没法解释，所以不说，而老子是主张有，所以说了许多有的不足。看来，王弼还是主张孔子比老子高明。老子夸夸其谈，而孔子从来不说“无”，反而对“无”有更深刻的理解。

让玄学声名大噪、后世皆知的“竹林七贤”是一个绕不开的群体，嵇康、阮籍是该小团体的精神领袖。在世人眼里，似乎行为不检、放浪形骸才是玄学的标准相，其实他们的思想和行为是玄学中的异端。

嵇康（223—262），谯国铚县人，娶曹魏长乐公主，为中散大夫。阮籍（210—263），陈留尉氏（今河南开封）人，曾受曹爽征辟为参军，在司马政权下曾任步兵校尉。两人与曹魏政权关系密切，在司马氏独专朝政时，政治上采取不合作态度，阮籍以不臧否人物来避祸，而嵇康依然故我，最后被杀害。与夏侯玄、王弼等人试图论证名教出于自然，孔子贤于老子不同，嵇康主张“非汤武而薄周孔”，要“越名教而任自然”，阮籍认为名教不合自然，且鄙视礼法制度，有出世的神仙思想。嵇康由于被司马昭杀害，在近代中国知识分子中成为反抗专制恶势力的精神图腾，享有很高清誉。鲁迅用二十多年时间校勘《嵇康集》，其跋言："中散遗文，世间已无更善于此者矣。"[1] 可见对嵇康之用心。

如果把自由视为摆脱外在束缚的一种状态，庄子开了中国式自由主义——精神自由之先河，摆脱一切社会关系羁绊，不承担任何社会责任，自由自在、率性而为。这种自由是一种和光同尘、与世沉浮、随波逐流、物我同一的生活态度。不过，庄子的这种理想境界，在战国及以后的很长时间并没有引起太多的注意，更不会有较高社会地位的士人群体去信奉并践行这种人生理想。但是，魏晋时期的特殊环境，使有权、有钱、有地位、有闲且又有较大独立性的士族中，居然有一批人想在现实社会中实现庄子近乎梦呓的理想。士族掌握着魏晋时期的社会舆论，特别是当世名士，其一言一行、一举手一投足，都足以左右社会风尚，连皇权都需要向豪门士族示好，能将名士拉入做官行列是证明政权合法性的重要证据。这就产生一个很奇怪的逻辑：善于清谈、标新立异、鄙夷做官是获得名士资格的前提，可名声越大的士人就越有可能做官，越有可能被朝廷征辟。名士洁身自好，明哲保身以避免杀身之祸，希望远离政治旋涡当一名隐士，可越是这样做名气反而越大，越有可能被卷入政治。孔子时代就有隐士，桀溺对子路说，天下皆滔滔洪水泛滥，谁能改变它呢？不如跟随避世之人吧。子路对隐士的评论是："不仕无义。长幼之节，不可废也；君臣之义，如之何其废之？欲洁其身，而乱大伦。"（《论语·微子》）孔学弟子甘愿做滔滔洪水中的中流砥柱，不以个人洁身自好而泯灭人间大义。不过孔子时代的隐者都是一些小

1 戴明扬：《嵇康集校注》，中华书局 2015 年版，第 535 页。

人物，自生自灭、难以对时局产生影响。可魏晋及六朝就不同了，那是士人当政、名士左右风尚的时代。一句话，这是一个有资格、有能力把庄子的精神自由付诸现实的时代。“来去捐时俗，超然辞世伪，得意在丘中，安事愚与智。”西晋张载的《招隐诗》绝妙地勾勒出他们的生活志趣。嵇康、阮籍等人成为这个时代的先锋，他们把庄子的理想境界人间化，把庄子绝对自由的虚拟境界变为一种实有境界，把从自然山水幻化出诗情画意的神仙世界变成人生的追求。

历代不得志读书人和失意官僚，把魏晋名士的生活进一步拔高。《世说新语》记载，东晋孝武帝皇后之兄、中书令王恭，想请士人江卢奴出来做官，一大早就跑到江家，可江卢奴还躺在帷帐里。王恭过了许久才敢挑明这件事。但江不回答，只是让人拿酒，自己独饮。王恭边笑边说：“哪能一个人喝酒呢？”江让仆人给王恭斟酒。王恭喝完酒便借机告辞。还没等王恭出门，江卢奴就说：“人自量，固为难！”（《世说新语·方正第五》）这个故事说明人有自知之明太难了！王恭本来是去请人做官的，结果如同做了错事的学生般被人奚落。士人的狂傲不羁可见一斑。魏晋士人成为蔑视权贵、清高自傲的象征，成为中国式自由主义者所向往的——活出一个洒脱的“真”自己。

阮籍有无君思想，所以他讥庄子“犹未闻夫太始之论、玄古之微言乎”！（《达庄论》）相对于阮籍，东晋时的鲍敬言似乎更为激进一些。至今我们仍不清楚鲍敬言的身世等情况，幸好有葛洪把他的言论记录下来并给予严厉驳斥，否则这些反君主思想将如浪花一样，永远湮没于历史长河之中。

鲍敬言好老庄书，认为古代无君，胜于今世。他针对儒家“天生烝民而树之君”的理论进行反驳，认为纯属为“君主制”制造借口。所谓君臣之道，不过是强者欺凌弱者，然后弱者服从的结果；所谓治理民众，不过是智者欺诈愚者，让愚者顺从的结果。“夫混茫以无名为贵，群生以得意为欢。”做成器皿涂上油漆，不是木头的本意；拔掉漂亮的羽毛，不是鸟的愿望；钉上铁掌系上鞍辔，不是马的天性；拉车负重，不是牛的乐趣。豢养官员，奴役百姓，官员位高禄厚，百姓穷困潦倒，肯定不会是民众所愿意的。君主制的两根支柱——天命和民意——被鲍敬言根本否定了。对此，葛洪反驳说："乾坤定位，上下以形，远取诸物，则天尊地卑，以著人伦之体；近取诸身，则元首股肱，以表君臣之序。”其实双方都是从“自然”出发，各取一义，批评或维护君主制，很难说服彼此。

鲍敬言进而认为，“曩古之世，无君无臣，穿井而饮，耕田而食，日出而作，日入而息”“山无蹊径，泽无舟梁”。实际上是复述了老子的小国寡民，认为上古时期民风纯朴、干戈不用、城池不设、万物玄同，就是因为后世用智生巧，尊卑有序，把一切美好的古朴境界给打碎了。特别是有了君主，使坏人更能肆意为恶，如果桀、纣只是一匹夫，再凶残也不可能“屠割天下”。君主制使人间的罪恶更为深重。葛洪反驳说，混沌未开的蛮荒时代根本不值得向往，“鸟聚兽散，巢栖穴窜，毛血是茹，结草斯服”的野蛮时代，怎能与身居广厦、设官分职的文明社会相比较？圣人受命于天，发明捕鱼的渔网和用于取火的燧石，培育种子、建造房屋等使物品完备，还去害兴利，百姓欣喜而拥戴，便有了君臣之道。怎么会有诈愚欺弱的道理？鲍敬言偏偏举衰世之君说明君主制不合理，是何道理？

葛洪用文明对野蛮、圣王对暴君，来批评鲍敬言的观点，透露出两个信息：一是老庄所赞赏的万物玄同的蒙昧主义基本被主流观点所抛弃；二是圣王思想也开始成为主流道家的理想。葛洪进一步反驳说，人世间的残酷争夺与是否设立君主没有多大关系。即便没有君主，老百姓还会因为一颗草籽、一个巴掌大的地方起争执，结果“私斗过于公战，木石锐于干戈，交尸布野，流血绛路”。如果没有君主，恐怕人都要灭绝。葛洪的这个观点与英国近代霍布斯的看法相同，皆认为君主（政府）改变了野蛮的丛林法则，保证了社会秩序和个人安全。

鲍敬言对君主的必要性提出质疑。他认为“天地之位，二气范物”，本无尊卑。有了君臣，好比水獭多了鱼就遭殃，老鹰多了鸟会乱飞，政府衙门多了只会让百姓受困。他还从道义上对君主予以谴责，“人君后宫三千，岂皆天意？谷帛积则民饥寒矣”。君主一人霸占如此多美妾佳妇，难道是天意？那么多粮食、布帛堆积在仓库，使天下百姓挨饿受冻。对此，葛洪反驳说：“王者妃妾之数，圣人之所制也。圣人，与天地合其德者也。”说明后宫三千是圣人定下的规矩，不是人君自己想这么干。从现代人的眼光看，葛洪的反驳毫无理由。接着，葛洪还说：“且案周典九土之记，及汉氏地理之书，天下女数，多于男焉。”根据调查，女人本来就比男人多，所以人君多占一些妃妾不会影响别的男人娶妻。葛洪说，古时周公把这一切都安排好了，帝王统率百官在属于自己的籍田耕种，后妃带着女人养蚕织布，实行十一税制，很少征调民力，从而实现“民无饥寒、衣食既足、礼让以兴”的社会。而当今之世出现的种种问题，是由于制度失序，抛弃务农这个根本，游食之徒滋生，怎么可以归结为君主制的问题？看来葛洪是用儒家文武周公的理想来反驳鲍敬言对现实君主制的责难。

鲍敬言认为，人生在世，获取衣服食物本来就是一件困难的事情，政府还要敛赋，还有各种徭役，结果百姓“饥寒并至，下不堪命，冒法犯非”。面对压迫，百姓只能揭竿而起了。葛洪反驳说，充分利用人的智巧，使万物为我所用，何愁衣食无着？只因富贵者没有知止之心而产生如今这些问题罢了。葛洪认为对赋敛过重、民力没用于务农进行批评，是正确的，但是说因为有了徭役、赋税而使国乱，则是不对的。

鲍敬言、葛洪站在不同角度看问题，结论肯定不同。葛洪的理想是“上无苛虐之政，下无失所之人”，而鲍敬言的理想是没有贵贱、没有尊卑、没有压迫、没有剥削的无君政治。看来，道不同，不相为谋。葛洪与鲍敬言关于君主制的争论发生在公元4世纪，应在人类政治史上占有重要地位。比较一下美国人托马斯·潘恩是如何证明君主制不合理的。他说：“在英国，国王能做的不外乎经常发动战争并且割让土地，坦白地说，他们使得国家陷入贫瘠，屡造纷争。”[1] 同样的无君论，两相比较，潘恩的论证不见得更加高明，他们的思路都是从最初的自然状态、从现存的事实或者古老的经典出发加以证明。但潘恩的作品在美国掀起惊涛骇浪，而鲍敬言却默默无闻，直到20世纪初才被中国无政府主义者引为同调。

继承何晏、王弼所倡“贵无论”的是西晋时的王衍。王衍（256—311），琅琊郡临沂县（今山东临沂）人，曾任尚书仆射、尚书令，为西晋末年重臣。与之相对的，则是裴頠。裴頠（267—300），河东闻喜（今山西闻喜）人，曾任光禄大夫、尚书左仆射，写了篇《崇有论》，于是就有了“贵无”和“崇有”两派的争论。郭象则针对玄学两派的争论，继续倡导“名教即自然”。

郭象（252—312），河南洛阳人，曾任黄门侍郎，东海王司马越引荐其担任太傅主簿。王衍评价说：“听象语，如悬河泻水，注而不竭。”（《晋书》卷五十，列传第二十）郭象既反对王弼的“有生于无”，也不赞成裴頠“有生于有”的主张，他说：“无既无矣，则不能生有；有之未生，又不能为生。然则生生者谁哉？块然而自生耳。”（《庄子注疏》）“无”固然不能生“有”，但在“有”还没有出

1 〔美〕托马斯·潘恩：《常识》，赵田园译，北京大学出版社2015年版，第46页。

现之前，也谈不上“生”，因此万物只能是“自生”了。郭象把“自生”也称为“自然”“天然”“独化”，说明万物产生的过程既没有外部的条件，也没有内部的原因，是一个偶然的、突发的过程。“凡得之者，外不资于道，内不由于己，掘然自得而独化也。”（《庄子注疏》）这一看法与王充的“物偶自生”相似，都说明形成天地万物的偶发性，是一个没有理由，也不需要理由的过程。正如现代物理学认为宇宙起源于一次“大爆炸”，又认为这样的爆炸是偶发的、没有理由的事件。为了能够说明天地万物到底是从哪来的，郭象虚构了一个“玄冥之境”，试图代替王弼的“无”，天地万物就是从这个玄冥之境中独化而来。这种“玄冥之境”是一种晦暗不明、浑然无别的神秘境界。郭象说：“玄冥者，所以名无而非无也。”（《庄子注疏》）说“玄冥之境”是“有”也可以，“无”也可以，说既不是“有”也不是“无”也没问题。郭象注庄子，使庄子成为注解郭象思想的载体。庄子成就了郭象，而郭象也让庄子大放异彩。

郭象抛弃了“人是天地万物的目的”“天地间人为贵”的思想，把人降至与万物同样的位置。这是庄子思想的主旨，也是玄学家的共同观点。人对于“死生之化”要做到“惟命之从”。郭象说：“人形乃是万化之一遇耳，未足独喜也。无极之中，所遇者皆若人耳，岂特人形可喜而余物无乐耶？”（《庄子注疏》）人只是万物中一种而已，没必要独化为人形就高兴，独化为树木甚至石头就痛苦。人生是死是活没有特别的意义，“夫死生犹觉梦耳”，人的生命并不可贵，活着或死去就如白天和黑夜交替那么平常。魏晋名士表面上的风流、飘逸，与对人类生命意义的轻视形成强烈的对比。孔子知天命，但仍然“知其不可为而为之”。但在郭象看来，人只能受一种不可知、不可违的神秘力量——命运的支配。魏晋名士表面的任性、豁达，与其屈服于绝对的命运形成鲜明的对比。汉人的雄浑进取、开疆拓土，变成晋人、南人的醉生梦死、偏居江南一隅。这也可以说是不同天道观会有不同的众生百态。

郭象万物独化的本质是，所有事物按照自己的本性“自生自有”。《庄子·大宗师》说：“鱼相忘乎江湖，人相忘乎道术。”郭象注说：“各自足而相忘者，天下莫不然也，至人常足，故常忘也。”（《庄子注疏》）要忘掉大和小、长寿和短命、高贵与卑贱这种表面上的差别，万物“各足于其性”，其性质都是一样的。针对《逍遥游》里大鹏与小鸟的故事，郭象注说：“苟足于其性，则虽大鹏无以自贵于小鸟，小鸟无羡于天池，而荣愿有余矣。”（《庄子注疏》）这确实是很豁达的人生观，但把这种观点引申到政治社会领域，就意味着现存的等级制度都是“各安其性”的好制度。郭象说：“故举大小之殊，各有定分，非羡欲之累可以绝矣”“臣妾之才而不安臣妾之任，则失矣。故知君臣上下，手足内外，乃天理自然，岂真人之所为哉”“贤愚袭情而贵贱履位，君臣上下，莫匪尔极，而天下无患矣。”（《庄子注疏》）纵观周公、孔子、孟子、董仲舒思想的发展脉络，到了以郭象为代表的玄学，开始偏离中国思想的主轴，发展出适应贵族制——门阀士族需要的社会等级理论。人类文明中存在着两种类型的等级制度，一种是“人为等级制度”，以古代中国社会强调尊卑贵贱为代表，另一种是“天然等级制度”，以古希腊古罗马的贵族制、奴隶制为代表。所谓“人为等级制度”强调个人的德性和才能是社会分层的依据，社会身份地位的差异来源于自身修养的高低，是后天努力的结果。所谓“天然等级制度”是将社会等级差异归因于天生高贵、天生卑贱，靠后天努力永远无法改变。比如亚里士多德宣称，希腊人天生优秀适合当主人，野蛮民族天生低劣适合当奴隶。美国继承这种西方传统，一方面宣称自由、平等的天赋人权，另一方面对有色人种进行奴役，理由大抵如此。相较于古代中国的“人为等级制度”“天然等级制度”更为残酷，因为个人后天努力无法越过种族、血统等天然屏障。此类“天然等级制度”的等级思想，随着东汉门阀的出现而在中国出现。比如《太平经》宣扬人世间的奴婢、民、将相、帝王的等级制度是由不同性质的气直接决定的，“王气与帝王气相通，相气与宰辅相应，微气与小吏相应，休气与后宫相应，废气与民相应”。成仙也是命定的，所谓“白日升天之人，求生有籍，著文北极，天君内薄，有数通”。但《太平经》的这一思想遭到正统道教——黄老道教的批评。张道陵在《老子想尔注》说：“不劝民真道可得仙寿，修善自勤，反言仙自有骨录，非行善所臻，云无生道，道书欺人，此乃罪盈三千，为大恶人。”[1] 但宣扬人与人先天有本质区别的大恶人，却在郭象的玄学中很体面、很学理化地出现了。郭象认为，人的尊卑贵贱是因“各据其性”而自然而然，“本性”各不相同，都能“自生自化”，各有各的用处，它们在“苟足于其性”“大小俱足”上是一样的。郭象构筑起新的天人关系和社会秩序——一个贵者自贵、贱者自贱，各守本分、各安现状的世界；一个缺乏灵魂，由一堆“从欲而欢”的行尸走肉组成的世界。对于郭象偏离中华文明主流的思想，钱穆评论说：“若一切委付于自然，只要存在的，都是合理的，而且不可逃。如是则有自然，无人生；有遭遇，无理想；有放任，无工夫。”还说：“郭象乃一热衷贪鄙之人，当时达官贵人，皆浮慕庄老，郭象慕贵达，故其注《庄》，觍颜昧心、曲说媚势。”[2] 前一段评说比较中肯，后一段就有为庄子开脱的意味。钱穆的意思是郭象把庄子的思想整反了，搞庸俗了。其实是郭象通过庄子注，把庄子从社会秩序的颠覆者变成了社会秩序的维护者，使庄子逐渐被上层统治者所接受，确立起庄子思想的正

1　刘昭瑞：《〈老子想尔注〉导读与译注》，江西人民出版社 2012 年版，第 109 页。

2　钱穆：《中国思想史》，九州出版社 2012 年版，第 138 页。

统地位。郭象表达出的“天然等级制度”思想与中华文明主流价值不符，但影响不容小觑，以血统、出身给人作标签的制度甚至还出现在现代中国。庄子思想通过郭象的注解，更适应权贵的需要，其“毒性”更为持久。当仅仅是穷困潦倒的书生，其寄心灵于自然只是无伤大雅的个人私事，一旦这种思想与政治结合，权贵们都“身在廊庙，心在山林”，以躬亲俗事为耻，甚至“熏衣剃面、傅粉施朱”，视民众苦难、杀戮夺利为自然之理，山河破碎、生灵涂炭为各得其性，那么神州陆沉、华夏蒙垢也就不期而至了。

第五章

佛教和道教

佛教、道教之盛在东晋南北朝和隋唐。从东晋到隋唐，一流思想人才都在佛道两家。西晋时全国仅有寺庙180座，僧尼3700人，到北魏末期，有寺庙3万多座、僧尼200万人；佛教最盛的梁朝，所荫庇的人口竟占全国户籍之半。佛教势力膨胀之迅猛，固然与初期胡人政权大力推动、士族儒家信念丧失有关，但最主要的还是回应了那个时代的问题。一是佛教『众生皆苦』和『因果轮回』等思想给苦难中的百姓和劫难中的士族以精神慰藉。二是给统治者提供了柔化人心、驯服民众的工具。三是大乘佛教精致的思辨理论，对读书人有很大吸引力，其众生平等与中华文明中万物玄同的思想契合。与佛教几乎同时兴起的是道教，汉初的儒、道互黜，转化为东晋南北朝和隋唐时道、佛两家的长期斗法。

一

中国化的佛学

佛学最早传入中国，有记载的是东汉明帝永平十年（67 年），自此中华文化进入与第一个外来文化大融合的千年史。佛学的核心思想是所谓“三法印”。一是诸行无常。宇宙万象迁流变异、诸多变化，因无自性皆是无常，犹如幻化。二是诸法无我。人我相、法我相皆为不真的幻相，或者皆从意识中产生，若真有我，何以我的心绪、生死皆非我所能掌控？三是涅槃寂静。这是不生不灭，摆脱轮回之苦的佛陀世界。佛学描绘了一幅宇宙图景：一个变动不居的不真实的世界，存在着绝对不变的虚灵不昧的宇宙本体。天道是什么？既不是道德、不是鬼神，也不是自然，而是虚灵不昧的宇宙心（佛），只有它有俱足的自性。大乘佛学讲“缘起性空”，世界万物皆因缘而起、因缘而灭，因没有自性而一切皆“空”。《金刚经》云：“凡所有相，皆是虚妄。若见诸相非相，即见如来。”理解“空”，是认识佛理的切入口。

1. 僧肇与《不真空论》

僧肇（384—414），本姓张，京兆长安人，少年时代以抄书为生，尤好老庄，后读《维摩诘经》而“欢喜顶受，披寻玩味，乃言‘始知所归矣’，因此出家”（《高僧传》）。佛教传入汉地之初经历过格义阶段，试图用玄学的概念理解佛学，这带来理解上的歧义。僧肇写《不真空论》是为了解决这些问题。所谓“不真”与“空”是名异实同的两个概念，世界现象虚假，所以说不真，不真便是空。

般若空宗所讲的“空”，不是有、无问题，而是就真、假来说。

他说：“万象虽殊，而不能自异。不能自异，故知象非真象；象非真象，故则虽象而非象。”万物看上去千差万别，其实本质没有什么差别，因此你所看到的现象并不是真象，由于不是真象，你看到的就是假象。但是，假象又确实存在着，所以不能说无，而是“非无”（非真无）；假象虽存在但毕竟是假的，不能说有，而是“非有”（非真有）。般若空宗的真意就是万物“非有、非真有，非无、非真无”。这里可以用现代社会的例子来说明，比如用电脑观看电影，里面的人物场景完全依靠电脑系统，尤其是外部的电力供应来维持，不是由“自性决定”，当电力一断（因缘消失），一切变得虚无。因此，这些图像并不真实，从这个意义上说是“空”，是非有，非真有。但是，图像又确实存在着，不能说无，是非无、非真无。生活在5世纪的僧肇能想到的例子是，“譬如幻化人，非无幻化人，幻化人非真人也”。犹如孙悟空变成一只鸟，鸟确实存在，但不是真的鸟，所以鸟是假的、空的。他说：“《中论》云，诸法不有不无者，第一真谛也。”万物非有（不有）、非无（不无）是佛法阐述的首要真理。

万物世界呈现出来的既然是假象、幻象，是不是没有任何意义呢？僧肇认为不是。如果真的没有意义，那么拒绝一切世俗生活的苦行，甚至死亡等极端行为就会出现。佛陀已经用自己的经历证明此路不通。僧肇引用《放光般若经》云：“第一真谛，无成无得；世俗谛故，便有成有得。”从真谛看，确实无成无得，什么也没有获得。但从俗谛看，又有成有得，尽管是假象也不是没有获得。僧肇引用佛经说：“真谛以明非有，俗谛以明非无。真谛俗谛，谓有异耶？答曰：无异也。”真谛和俗谛是一个问题的两个方面，通过真谛领悟现世生活的非有，又通过俗谛明白现世生活的非无。因此，现世生活既无意义，也有意义，就看从哪个角度观察。

这里，我们可以继续试着用现代社会的案例来说明。比如，对宇宙万物现象的研究，我们有物理学、化学、遗传学等，掌握某方面的知识可以说是有成有得，但也会迷失在具体领域而看不到全部。宇宙万物最终的实相（真相）是什么？按照我们现在所能掌握的知识，就是一堆基本粒子罢了。从现代人的观点看，领悟到宇宙的本质是由一堆基本粒子组成——所谓的真谛，并不是最重要的，掌握具体领域的科技知识——所谓的俗谛，对我们的生活反而显得更重要。只不过僧肇等佛学家们、魏晋玄学家们、宋明儒家们并不这么看，认为“闻大道”才是人生的终极理想，至于具体技术问题都是属于细枝末节的俗事而已。但是，闻大道果真那么有意义吗？当我们明了宇宙终究有一天会毁灭这类的终极大道或许并没有意义。但是僧肇的《不真空论》对理解世界存在状态、不同层级知识关系，是有价值的。

2. 慧远的法性不变和西方净土

慧远（334—416），俗姓贾，雁门郡楼烦人，年十三随舅令狐氏游学许、洛，博综六经，尤善庄老。后师从道安学习佛法，闻讲《般若经》而豁然开悟，叹道：“九流异议，皆糠秕耳。”（《高僧传》）慧远融合大乘、小乘又渗入儒道思想，成为南方佛学界的一代领袖。慧远居庐山东林寺弘法三十年，成为净土宗始祖，与鸠摩罗什长安译场相呼应，是南北两大佛教中心。慧远借用了玄学“本无”，但不同于玄学的“宇宙万物出现之前有一个虚无，万物产生于虚无”，而是讲万物因缘而起，本性即空，他是从这个意义上说“本无”，这个“本无”就是法性，或者说佛性。

法性不变是慧远佛学理论的核心。据《高僧传》记载，佛法初传的时候，中土不知道涅槃永恒不变的道理，以为只是寿命长一些而已。慧远感叹，佛是终极实相，永恒不变，怎么可能穷尽？便写了篇《法性论》说：“至极以不变为性，得性以体极为宗。”由于佛学刚传入，概念不统一，使同一东西有不同译名，也由于佛学自身的玄妙，同一东西从不同角度可用不同的名称表示，给阅读者带来极大的麻烦。这里有必要先作简要说明。慧远所说的“至极”就是真如、法性、佛性、实相，也可以从涅槃、般若妙心、圣智、神识来理解。慧远认为法性（至极）是常住不变的、永恒的。那么，这个常住不变的东西到底是什么？慧远总体上同意僧肇关于“非有非无”的说法，但是，在具体理解上有一些差异。他认为，讨论“非有非无”要先明白一个前提，即“未有而有”和“既有而无”。他在《大智度论抄序》中说：“生涂兆于无始之境，变化构于倚伏之场，咸生于未有而有，灭于既有而无。推而尽之，则知有无回谢于一法，相待而非原。生灭两行于一化，映空而无主。”意思是万物之生始于无（未有而有），万物之有灭而归于无（既有而无），有和无，生和灭，归于这一法性。这实际上是把玄学的“有始于无”和佛学的“寂灭”结合了起来。有了这个前提，慧远说：“有而在有者，有于有者也；无而在无者，无于无者也。有有则非有，无无则非无。”为什么会得出“有有则非有，无无则非无”这个结论？慧远认为，“无性之性，谓之法性。法性无性，因缘以之生。生缘无自相，虽有而常无；常无非绝有，犹火传而不息。夫然，则法无异趣，始末沦虚，毕竟同争，有无交归矣”。慧远的法性不变就体现在“有无交归”之中，是实有的、真实的，尽管与大乘佛学的“法无定性”相悖，但依然不改初衷。

慧远佛学信仰的核心是存在西方净土。实有法性（佛性）的永恒不变，伴随着慧远的一个信念，认为确实存在一个超脱于尘世的“西方胜妙净土”。这与他接受小乘思想有关。小乘把法性理解为实有的、自性不变的真如本体。这是一个与现实世界完全不同的真如世界，包括人在内的物质世界都从这产生。人生的终极理想是摆脱生死轮回，通过涅槃重新回归到这片净土。慧远说："反本求宗者，不以生累其神；超落尘封者，不以情累其生。不以情累其生，则生可灭；不以生累其神，则神可冥。冥神绝境，故谓之泥洹（涅槃）。"人要摆脱世俗生活的牵挂通过禅定修炼，以不受爱憎之情的牵累；脱离生死问题的牵累，使精神得到超越，从而进入涅槃。慧远和莲社的一百二十三人在无量寿佛前建斋立誓，共期西方极乐世界。据称他们还通过禅定看到了西方极乐世界，在信众中产生极大的震动。因此，慧远的佛学思想比僧肇的佛学思想更具有宗教意味，对普通民众的吸引力更大。

3. 竺道生的佛学异端

竺道生（约 355—434），本姓魏，出身士族，钜鹿（今河北平乡）人，寓居彭城，随佛图澄的弟子竺法汰出家，后随慧远在庐山幽居七年，之后去长安受业于鸠摩罗什，问学于觉贤（佛陀跋陀罗），以后又去建康（今南京）弘法。从竺道生的经历看，家学渊源比较复杂，对当时各主要的佛学思想都有深入研究，但是又有独创见解。之所以说竺道生是佛学异端，是因为他是中国佛学的自我否定力量或"革命者"。他所提出的"善不受报"、"一阐提人皆可成佛"（"一阐提"是指作恶多端，不信佛的顽冥之人）、"顿悟成佛"等思想具有石破天惊的意义，甚至被视为妖言惑众而被僧众驱逐，但后来这些思想大多成为隋唐佛学的正统。如果说僧肇论证了现实世界的虚幻性（非有非无），慧远论证了彼岸世界的真实性（法性不变），竺道生则指出了连接现实世界和彼岸世界的快速通道（顿悟成佛），共同完成了中国化佛学的创建。

《高僧传》云："（竺道）生既潜思日久，彻悟言外，乃喟然叹曰：夫象以尽意，得意则象忘；言以诠理，入理则言息。自经典东流，译人重阻，多守滞文，鲜见圆义。若忘筌取鱼，始可与言道矣。

于是校阅真俗，研思因果，乃立善不受报，顿悟成佛。”看来，道生借用庄子的“得鱼忘筌”、王弼的“得意忘象”说，要颠覆佛学的思想方法，为完成佛学中国化迈出至为关键的一步。当领悟了佛理之后，还要这些佛经、佛像有何用？

4. 慧能与禅宗

禅宗假托达摩西来的故事，把达摩作为禅宗创教的一世祖，其实东晋以后禅学早就流入并广为流传，如竺道生于南朝初年就开始倡导人人皆有佛性、人人皆可成佛和顿悟说。由于政治原因，唐朝皇帝既有崇佛的，如武则天，也有崇道的，如唐玄宗。一些上层僧侣参与政治，奔竞利禄、骄奢淫逸、日趋腐化，影响佛教的清誉。佛学各宗派浩瀚的典籍、烦琐的学说，最初给人新奇感，但“大道至简”的思维模式在中华文明中是如此地顽强，概念众多、论证繁杂的佛学逐渐失去吸引力。得鱼忘筌、得意忘象，当理解佛理后，用土块、石头甚至狗屎这样的词语来称呼西方极乐净土，与用佛性、真如这样的词语，又有什么区别呢？中国佛学内部产生了“自我革命”的因素，它始于竺道生，到慧能、神会渐趋完成。这场革命既注入了强劲的信仰力量，也埋下了自我否定的种子。唐武宗灭佛，将外在的佛典、佛像烧毁和破坏，却使不著文字、将佛留于心中的禅宗一支独大。但仅凭内心的觉悟，又使禅宗只剩下机锋、棒喝、哑谜。从某种意义上说，唐武宗灭佛成就了禅宗，而禅宗兴盛注定了佛学走向衰落。

“禅”作为佛教徒的修行办法，最初从婆罗门教的瑜伽等借用过来。佛教作了改造，使禅包括定、慧两部分，以定生慧、以慧助定。禅学很早就流入中国，华严五祖的圭峰宗密将禅法按照深浅分为外道禅、凡夫禅、小乘禅、大乘禅、最上乘禅（亦称如来清净禅）五种，认为菩提达摩所传才是最上乘禅。其实，自鸠摩罗什之后，竺道生在建康传授禅法，首倡顿悟成佛，这才是禅宗顿悟的先声。称为禅宗一世祖的菩提达摩，出生于南天竺婆罗门，代表印度的南宗，只承认《楞伽经》，注重苦行苦修，看轻一切文字魔障，属于印度佛教中最简易的一个宗派。从达摩、慧可到道信、弘忍应属于楞伽宗，因长期在中下层传教，积累起比较大的影响力。弘忍弟子神秀固守《楞伽经》渐修主张，长期在荆州玉泉寺开讲禅法，在北方佛学界形成崇高地位。神秀年过九十岁时，武则天下诏（701年）请神秀到东京洛阳说法。武则天及她的两个儿子和整个宫廷聆听他的教旨。神秀被尊为“两京法主，三帝国师”，使禅学北宗盛极一时。

神秀去世后，来自南方自称慧能弟子的神会，在滑台寺的一次无遮大会上，指责神秀一派的传法系统是假的，禅宗的六祖是获得五祖弘忍真传的慧能。此时，慧能已经去世二十多年。经过神会等人长达二十五年的努力，“北伐”终于成功，南宗替代北宗成为禅学正宗，《金刚经》取代了《楞伽经》，所有禅师也都以攀上慧能这根线为荣。神会的成功与755年发生的“安史之乱”有很大关系。当洛阳、长安失陷，备受朝廷恩宠的北宗和尚四散奔逃的时候，被驱逐出洛阳的神会却出面推销度牒、为政府筹集军费，取得很大成功。这位屡次被逐的“异端”关键时刻挺身报效朝廷，终于成为唐肃宗的座上客，去世时尽享哀荣。

按照目前流行的《坛经》本子，慧能与他人的区别就在于“觉悟”。听闻五祖传《金刚经》，便彻悟，“一切万法，不离自性。何期自性，本自清净；何期自性，本不生灭；何期自性，本自具足；何期自性，本无动摇，何期自性，能生万法”。自性是佛学的核心概念，而开悟其义就成为一代宗师的标志。由此可见，禅宗强调通过自我的力量由自己证悟成佛，不假借外在的力量。中国化佛学的这一特点尤为明显，其特点是高扬人的主观能动性，相信人能够依靠自身获得“解放”。近代中国，佛学之所以在维新派和革命派中再度复兴，而学者大多以懂点佛学自夸，主要原因就在于此。在基督教中，人作为个体是卑微的，需要依靠外在的无所不能的“神”的恩宠获得拯救。佛陀说，唯我独尊，在中国化佛教里转化为人的主体性屹立于宇宙，人的本心就是宇宙心，宇宙是人、人是宇宙。当佛教徒迷信于彼岸的西方极乐世界时，慧能却大喝一声，佛就在你心里！他说：“故知不悟即佛是众生，一念若悟，即众生是佛。故知一切万法，尽在自身中，何不从自心中，顿现真如本性？”《菩萨戒经》云：“我本元自性清净，若识自心见性，皆成佛道。”慧能认为，每个人都有“本源清净心”，或者叫“心之体”“心体”，这就是真如、佛性、佛。如果在中世纪的欧洲，有人告诉基督徒，众生就是上帝，上帝就是众生，非得被烧死不可，但在中国不仅没遭到非难，反而成为正宗佛学。中国化佛学最终使佛学转化为人学而非神学。

二

道教的发生发展

道教的发展经历了汉末三国的早期阶段、六朝的成熟阶段、隋唐的鼎盛阶段以及宋元以后的平稳发展阶段。道教最初作为社会秩序的异己力量，逐渐演变成为社会秩序的稳定器。道教与佛教在中国差不多同时起步，相互攻讦又相互借鉴、相互促进、共同发展，构成人类历史上的奇观——两种宗教在同一片蓝天下和平发展。

早期道教有三部经典：《太平经》《老子想尔注》《周易参同契》。《太平经》成书于汉顺帝时期，其理论建立在阴阳五行基础上。第一，提出天地人统一于“元气”。认为天、地、人都会得病，其病理相同且相互关联，需要以整个宇宙为对象来医治，做到身国并治、天地并治。第二，建立以“天君”为最高神的神灵体系。在天君以下，有神人、真人、仙人、道人、圣人、善人、奴婢等，能够传达天君旨意的便是“天师”。第三，天师传教的使命是解“承负”。所谓“承负”是指先人犯有过失，积累日多，由后辈子孙负担其过，前人为“承”，后人为“负”。按照“承负说”，人的善恶会流及子孙，因此人的承负更多取决于先人；先人行善有功，子孙虽作恶，但蒙先人庇佑而得善报；先人为恶有罪，子孙虽积德行善，但终究难免被拖累而遭殃；善恶虽然流传，天师可以替人解除承负。“承负说”与中国的祖宗崇拜、祖宗庇佑等宗法思想密切关联。第四，描绘了太平世道的理想。遵从天师的教令，上天就会降福，就会迎来公平、大乐、无灾的太平世道。第五，把离开尘世成仙视作终极目标。这是《太平经》从谶纬神学向宗教转变的重要标志。

《老子想尔注》为天师道创始人张道陵始撰，成于其孙张鲁，是五斗米道即天师道信徒们学习道教理论的教科书。如此重要的经典，到宋元时期已经失传，幸赖敦煌藏经洞的庇护，其残缺本在20世纪初才得以重见天日。我们曾奇怪，属于无神论的老子为何成了道教的教主，其中的缘由，在《老子想尔注》中可以找到线索。老子的书通过天师道的注释，其本意完全被篡改了。比如，《道德经》第四章中的“吾不知谁之子，象帝之先”被《老子想尔注》注解为“吾，道也。帝先者，亦道也。与无名、万物始同一耳”。[1]它把吾事、帝先、无名、万物始看作“道”的别称，与“一”等同，接着再把“道”进行人格化，成为具有人格的最高神，道生万物就变成了神生万物。这样，道（神）创造宇宙万物的教义就形成了。《道德经》第十章“载营魄抱一，能无离乎”，《老子想尔注》说：“一者，道也。”“一散形为气，聚形为太上老君，常治昆仑，或言虚无，或言自然，或言无名，皆同一耳。”[2]这个人格化的至高神——太上老君既是一，也是气，还是虚无、自然、无名等，他具有人格化的意志，能派遣人员创造各种器皿。《道德经》第十一章中的“三十辐共一毂，当其无，有车之用”和“凿户牖以为室，当其无，有室之用”，《老子想尔注》分别解释为“古未有车时，退然；道遣奚仲作之”“道使黄帝为之，亦与车同说”。[3]原来，车是道派遣奚仲发明的，房屋还是道派遣黄帝发明的。事实上，《老子想尔注》完全按照道教的需要对《道德经》进行了曲解，使《道德经》成为早期天师道教义的一个注脚。

《周易参同契》是东汉魏伯阳所著，为道教丹术理论奠定了基础。此书历来注家众多，被尊称“万古丹经王”，是道教丹鼎派早期经典。魏伯阳，生卒年不详，自号云牙子，会稽上虞（今浙江上虞）人。撇开笼罩其上的神秘主义面纱，《周易参同契》实质是将自秦汉以来方士的炼丹活动套用周易的天道、阴阳进行理论包装，以适应传教的需要。比如，《河上姹女章》云：“河上姹女，灵而最神，得火则飞，不见埃尘。鬼隐龙匿，莫知所存。将欲制之，黄芽为根。”实际是说河上姹女（指水银）加热后容易蒸发，需要用黄芽即氧化

1 刘昭瑞：《〈老子想尔注〉导读与译注》，江西人民出版社 2012 年版，第 71 页。
2 刘昭瑞：《〈老子想尔注〉导读与译注》，江西人民出版社 2012 年版，第 83 页。
3 刘昭瑞：《〈老子想尔注〉导读与译注》，江西人民出版社 2012 年版，第 86 页。

铅（也可以是硫黄）来固定。学过化学的人都知道，氧化铅在加热后会变成四氧化三铅，再继续加热又会变成氧化铅，释放出来的氧气与水银（汞）化学反应成氧化汞。这个呈红色的剧毒的氧化汞便是古代炼丹师们梦寐以求的“还丹”。这个过程被魏伯阳赋予特殊的含义，任何物质都有阴阳配对，正如阴性的河上姹女（水银），需要有阳性的黄芽（氧化铅），才能结合产生金丹（氧化汞）。《周易参同契》把天地看作大宇宙，炼丹炉是一个小宇宙，人体也是一个小宇宙，它们自成一体，但遵循同一个规律且息息相通。炼丹的过程是天地造化的过程，也是人类身体变化的过程。丹道合于易道，也与人道相通。汞和氧气结合生成氧化汞，而氧化汞又可以还原为汞和氧气，这种可逆性在古代炼丹师看来非常神奇，按照类比的法则，如果人体服用这种金丹，岂不是也可以返老还童，青春永驻?《周易参同契》在讲述炼丹、还丹、食丹这种外丹道法的同时，还重视清虚内守、养性延命、强骨益气等内丹道法，这叫作内外兼修。因此，道教内部之后主张外丹或内丹的两派都可以从中找到依据。这样，魏伯阳从“理论”上完成了对历代方士炼丹和养生经验教训的系统总结。

1. 葛洪、寇谦之、陆修静与道教

东晋以后既是佛学的大发展时期，也是道教理论的大发展时期。道教如同基督教一样，其发展历程走过一个从民间到庙堂，从社会秩序瓦解者到社会秩序建设者，从政治异己力量到现实政治支持者的角色转换。这一时期的特点是，道教开始被最高统治者接受，并在政治上相互利用，为道教发展创造良好社会条件；大批高级士族加入道教，改变了道教信徒的结构，道教理论得以丰富和完善，一大批后来被称为三洞经书的典籍陆续出现；民间道教依然蓬勃发展，作为现存秩序的反对力量不断发动起义，挑战官府。其间，不能忽视的是东晋葛洪，北魏道士寇谦之和刘宋道士陆修静，由于这三位从不同角度的努力，基本奠定了道教的理论。

葛洪（约283—343），自号抱朴子，丹阳句容（今江苏句容）人，出身士族，其父曾任邵陵太守，十三岁时父亲去世、家道中落。《晋书·葛洪传》载，“为人木讷，不好荣利，闭门却扫，未尝交游”。葛洪“尤好神仙导养之法”，先拜伯祖父的弟子郑隐学习炼丹秘术，颇受器重，后又师从南海太守鲍靓学习道术，并娶鲍靓之女为妻。西晋太安二年（303年），葛洪因参与破击石冰起义队伍有功，迁任伏波将军，东晋开国后念其旧功而赐爵关内侯，食句容二百邑。后来，葛洪辞官隐居于广东罗浮山炼丹，在山积年，优游闲养，著作不辍，最后在此辞世。道教从民间宗教向庙堂宗教转化的过程中，葛洪发挥着承上启下的作用。他是道教理论家、医药学家、养生家、炼丹师，其在《抱朴子》外篇四十九卷中阐述的经国济世思想十分值得注意。出世而不忘入世是道教的突出特点。

寇谦之（365—448），字辅真，上谷昌平（今北京昌平）人，为世奉天师道的士族。他早年爱好仙道，修张鲁术，后与成公兴一同入嵩山修道。成公兴死后，寇谦之一边继续修道，一边伺机实现改造天师道的宏愿。《魏书·释老志》记载，寇谦之制造出太上老君降临嵩山授予他天师之位的故事。他获得《云中音诵新科之诫》二十卷，老君命他“宣吾《新科》，清整道教，除去三张伪法”。接着，太上老君玄孙又降临嵩山，授他经书并命他辅佐北方太平真君。寇谦之做好充分准备后，下山来到北魏都城平城（今山西大同），得到北魏太武帝重臣、儒学家崔浩的帮助，获得太武帝信任。他们三人的结合并不是偶然的。北魏势力强大，正在实现北方的统一，寇谦之深知，要实现改造天师道、发展天师道的目的必须借助政治势力。崔浩作为汉族士人、儒学大家，其梦想是驱逐佛教势力、实现以儒治国，恢复汉人政权。而雄才大略的太武帝拓跋焘希望借助汉族力量实现帝业。崔浩的上疏正合太武帝的心思。其上疏云："臣闻圣王受命，则有大应。"而寇谦之恰恰是上天派来传达天意，让拓跋焘成为一代圣王的符命。随后，寇谦之大刀阔斧地对天师道进行改革、整顿，新天师道得到太武帝尊崇并在北魏全境流行。北魏统一北方的第二年即太延六年（440 年），在寇谦之的建议下北魏改元太平真君，太平真君三年（442 年），太武帝听从寇谦之建议，亲自到道坛接受符箓。从此，北魏历代皇帝即位时都要亲自去道坛接受符箓，以表明自己受命于天，获得了对中原的合法统治权。之后北周也继承这一传统，皇帝即位时须接受符箓。此时道教终于登上了影响力的历史顶峰。北魏鲜卑族的汉化，很多人归因孝文帝元宏的大力推动，事实上道教在其中的作用不容小觑，这是道教在推动民族融合方面作出的特殊贡献。

陆修静（406—477），字元德，吴兴东迁（今浙江吴兴）人，出身士族，是一位从儒入道的著名道士。南朝宋文帝刘义隆钦慕陆修静道风，曾请其讲经说法。南宋孝武帝大明五年（461 年）陆修静入庐山修建道观（静寂观），隐居修道，他对道教的贡献在于广集道经、校勘整理。陆修静不将自己归于哪一门派，而是自称"三洞弟子"。正是这样的经历使陆修静能够涉猎道教全部经典，为其编制道教史上第一部完整的道经——《三洞经书目录》打下良好基础。之后，历代《道藏》基本按照陆修静的结构编辑。

隋朝的统一给南北道教的融合发展带来了契机。隋文帝杨坚开国年号"开皇"便来自道教，是一劫之始，寓意一个新纪元的开始。李渊称帝后，鉴于门阀政治的需要，宣称老子李耳是其远祖，说明李唐乃"神仙苗裔"，突出李家门第之久远和高贵。从此，道教迎来了北魏之后第二个发展高峰。在道佛两家地位上，李渊明确"道大佛小”。武德八年（625 年）颁布诏令云：“老教、孔教，此土先宗，释教后兴。宜崇客礼。令老先、次孔、末后释宗。”李世民即位后继续奉行尊崇道教的国策，于贞观十一年（637 年）再次下诏，规定道士、女冠在僧、尼之上。唐高宗执政初期沿袭贞观旧制，并于乾封元年（666 年）尊封老子为“太上玄元皇帝”。武则天利用佛教为自己篡权服务，佛教势力急剧膨胀，在唐高宗上元元年（674 年）改变了道先释后的政策，佛、道两教从此平起平坐。到了唐玄宗时期，又一改武则天的崇佛政策，不仅给老子重新恢复了被武则天取消的“太上玄元皇帝”，而且还追尊他为“大圣祖玄元皇帝”，使老子的地位达到中国历史上的顶峰。这必然给道教的发展带来深刻影响，其中之一就是老子和庄子等人的著作再次引起广泛关注。南北朝的道教是以“三洞经书”为核心，而老庄退居次要。到了唐朝，老庄和魏晋玄学思想进一步引进道教体系，既增强了与佛教进行辩论的能力，也淡化了道教的神学色彩。

2. 成玄英和重玄学

成玄英（生卒年不详），字子实，陕州（今河南陕县）人，是唐代道教重玄学派的代表人物。贞观五年（631 年），唐太宗召其进京师，封“西华法师”；高宗永徽年间因谶纬犯禁而流放郁州（今江苏连云港），后在此地云台山隐居终老。成玄英最初作为灵宝派道士闻名于世，历经世事沧桑，到晚年时特别推崇庄子。成玄英最后将老庄作为自己的精神归依，完成重玄学的建构。

简要地说，重玄学实质是一种思维工具。“中不偏，庸不易”，不要执着于两端，要不偏不倚、不过不及，核心是不执。按照重玄学，这就是一玄。但是，这样做是不是就行了呢？如果再深入分析就会发现，强调不偏不倚本身就是一种“执”。孟子说：“执中无权犹执一”，如不知权变，执中也会流于偏执。现实生活中一味地强调不偏不倚，同样会带来如同偏执于两端的问题。需要在一玄的基础上再玄，这叫作玄之又玄即重玄，也就是在不偏不倚（中）上再加一个不中，变成不偏不倚不中。用肯定句表述就是：可偏可倚可中。粗看上去，又回到最初状态，等于什么都没说，但是仔细品味，意义却在其中。这便是“重玄”的基本思维。它是用来讨论道家的有无、是非等问题。成玄英认为，“玄”具有不滞的本质特征，郭象的“不滞有无”的非有非无可称作“玄”，但只有这一玄还不够，仍然有所执着（滞），这就需要又玄。所以成玄英说：“有欲之人，唯滞于有，无欲之人，又滞于无，故说一玄，以遣双执。又恐学者滞于此玄，今说‘又玄’，更祛后病。既而非但不滞，亦乃不滞于不滞。此则遣之又遣，故云‘玄之又玄’。”（《道德经义疏》）成玄英认为：不执着于有无，这当然好，但执着于非有非无本身仍是一种滞，还需要不执着于非有非无。它的思维公式是：从有无开始，达到非有非无，这是一玄；然后是非非有非无，达到即有即无或亦有亦无，这就是重玄。受西方哲学的影响，有的学者把这种重玄思维视为否定之否定，是导向更高层次的肯定。其实，成玄英的重玄学，既有更高层次的肯定，也有更高层次的否定。比如，现实中有左右两条路线，一玄是不左、不右而走中道，重玄是不左、不右、不中道，实际上是具体情况具体分析——既可以走左的路线，也可以走右的路线，还可以走不左不右的路线，当然还能走偏右或偏左的路线，一切视实际情况而定。

成玄英的重玄思维与郭象密切相关。郭象在《庄子·齐物论》的“类与不类，相与为类，则与彼无以异矣”下作注说：“既遣是非，又遣其遣。遣之又遣，以至于无遣，然后无遣无不遣，而是非自去矣。”郭象通过遣之又遣的方式，从有是有非，到无是无非，然后忘掉无是无非，最后达到泯灭是非的境界，这是与庄子的思想深刻契合的。成玄英疏解说："群生愚迷，滞是滞非。今论乃欲反彼世情，破兹迷执，故假且说无是无非，则用为真道。是故复言相与为类，此则遣于无是无非也。既而遣之又遣，方至重玄也。"因此，成玄英对是非问题的遣之又遣的重玄，并不是在更高层次上讲即是即非，而是把即是即非也忘掉、遣送走，实现没有是非归于混沌的状态。他说："夫成毁是非，生于偏滞者也。既成毁不定，是非无主，故无成毁，通而一之。"毁灭和创造，正确与错误都是相对的，既然如此，最后都归于相通，归于一而已。当人的思想意识中不再有是非、成毁这样的概念时，以"玄道观之，本来无二"。当成玄英用这样的思维来分析本体论（道体）问题时，自然就可以为道教修仙提供理论依据。它体现了中华思维的独特性，即通过否定之否定实现更高层次的否定的同时，更高层次的肯定便在其中了。因为肯定和否定本来是同一不二的。成玄英说："一者绝有，二者绝无，三者非有非无，故谓之三绝也。夫玄冥之境，虽妙未极，故至乎三绝，方造重玄也。""而三绝之外，道之根本，而谓重玄之域，众妙之门，意亦难得而差言之矣。是以不本而本，本无所本，疑名为本，亦无的可本"。

以魏晋玄学讨论宇宙本体之道时的三种观点为例，一是有，二是无，三是非有非无。但成玄英认为还没有触及根本，须通过重玄思维，把非非有无作为本体之道，实现即有即无，即体即用。他说："前从有无之迹，入非非有无之本；今从非非有无之体，出有无之用。而言俄者，明即体即用。"这段疏解可以这样理解：道作为宇宙本原，说有、说无都有问题，如说"有"必然是某一有形的物，不可能产生万物，如说"无"也不对，绝对的空无不可能产生万物，因此提出"非有非无"；但"非有非无"也不可能产生万物，进而提出"非非有无"，也就是即有即无，此时的有、无与最初意义上的绝对的有、无不同，而是相对意义上的有、无。在体用关系上，无为有之体，有也是无之体；无为有之用，有也为无之用。成玄英接着说："有无不定，体用无恒，谁能决定无耶？谁能决定有耶？"一旦把庄子的相对主义引进来，就会造成另一个结果，实际上是把道体的绝对性给彻底消融了。世界上根本不存在一个绝对自在的本体，那么道也是这样，是有是无，根本无法确定。因此，成玄英告诉修道者，不要执着于追求外在的道，而应该努力修心。当然，一说修字就会有执，就会有滞，所以不修、不执、不滞才是修，而真正的修道则是连不修、不执、不滞的念头也不起。无所偏执的随遇而安，循自然的任性而为便是修仙、修道的最高境界。成玄英毕竟是道教理论家，他通过重玄之道是要进入至清至虚的境界。这个境界便是修道之人最终要达到的神仙境界。

重玄思想最初由刚入中土的佛学家所采用，受到般若空宗的影响后，道教内部开始重视重玄的研究。成玄英的重玄学与佛学中论思想既有相同处，又有不同处。龙树《中论》的核心是："不生不灭，不常不断，不一不异，不来不出。"这是为了解决佛教信徒执着于空、有、生、灭、常、断等问题。按重玄思维，《中论》还是有问题的。从摧破执空、执有角度看，中观论很有价值，但如执着于不生不灭，依然滞于此境，就著了执中之相，还须破执中之执见。按照重玄理论，从生、灭，到不生不灭，还要不不生不灭——即生即灭。因此，重玄思想引起了佛学尤其是中国本土化佛学如华严宗的关注。重玄学成了佛教和道教达到遣滞破碍境界的重要方法。重玄学实质是"具体情况具体分析"的一种更深层次的学理解释，一种圆而润的中国智慧。

3. 司马承祯与《坐忘论》

司马承祯（647—735），字子微，法号道隐，自号白云子，河内温（今河南温县）人，为司马懿弟弟司马馗的后裔，茅山宗第十二代宗师，又是天台南岳派的创始人。他长期在天台山修行，曾受武则天、唐睿宗召见，唐玄宗对其更是礼遇有加。开元二十三年（735年），司马承祯在王屋山仙逝，年八十九岁。司马承祯的思想主要集中在他所著的《坐忘论》。“坐忘”一词首出《庄子·大宗师》，颜回对坐忘的解释是忘掉自己的身体、忘掉自己的知觉、忘掉自己的智慧，与无所不通的宇宙大道融为一体。司马承祯继承并发展了这一思想，发挥了坐忘的静心作用，但作为宗教家，司马承祯把具有静心作用的坐忘同修道求仙结合起来，从而把世俗的养心方法发展为宗教的成仙途径。隋唐之后的道教更多强调身体和精神双修，尤其是强调精神层面，把追求身心逐渐达到的不同境界作为修道、修仙的必由阶梯。

司马承祯特别推崇《天隐子》，在《序》篇中说“自伯阳以来，惟天隐子而已”，把《天隐子》看作自老子《道德经》以来最重要的经典。这本书主要内容有三个方面。第一，吸收儒家“人皆可以为圣人”与佛教“众生皆有佛性”的思想，提出人皆有仙性，都有成仙的可能。第二，将《易经》的“简易法则”贯穿修仙之中。第三，提出修仙是一个循序渐进的过程，反对一蹴而就式的顿悟。《天隐子》提出斋戒、安处、存想、坐忘、神解五个阶段的修道之路。这样就把虚无缥缈的修仙变成一个标准化、程序化、可以操作的逐级修炼的过程。如果撇去神学色彩，其实是关于养生、居住、身心调养的一套办法。比如，饮食要适当，不可受饥，也不可太饱，要吃洁净、成熟的食物；不可久坐、久立、久劳役；居住的房屋要坐北朝南，注意通风，不要豪华，只要安逸就行；多做闭目养神，调适身心；不为外界的利诱荣辱所动，不为外界的纷扰俗事伤神，达到坐忘的精神境界。从这可以看出，隋唐时期的道教已成为追求身心健康、实现更好人生价值的学问。与现代人对精致生活的追求、对身心调适的追求、对远离病痛折磨的追求，其精神是一脉相通的。

司马承祯的《坐忘论》，其主旨与《天隐子》相通。他进一步把修道成仙设计为七个阶段，这是一个逐级提高的修道阶梯。第一阶段为“敬信”。虔诚的信仰是一切宗教的开端，没有信仰就难以体会宗教带来的心灵愉悦，也难以有动力继续修炼。第二阶段为“断缘”。确实有不得不做的事情，也不要带主观好恶，要体现无为的态度。第三阶段为“收心”。收心不是一无所思，不是胡思乱想，不是断绝善恶，不是什么事都操心，而是有所为有所不为，守静而不著空，做完事就不再去想，让心始终处于虚静状态。第四阶段为“简事”。世界上的事情很多，不可能都由一人完成。人只做适合自己的事情。第五阶段为“真观”。做到了前两个阶段的收心、简事，便能进入真观的层级，个人能及时觉察祸福凶吉并有应对的措施。本旨还是不起贪恋之心，戒除女色，乐天知命，不恶生死。第六阶段为“泰定”。泰定并非一潭死水，而是从修道之人的本性中生出智慧，但人怀抱智慧而不外用，只以恬静养智慧、以智慧养恬静，类似于大智若愚、深藏若虚的境界。第七阶段为“得道”。按照司马承祯的观点，得道成仙者分为两类，一类是肉体长生，与精神合为一体，这类是凤毛麟角；另一类是肉体与普通人一样朽败，但精神成仙，也就是道教所称的尸解。

如抛开成仙说，司马承祯留给世人的是一种生活境界：不忧惧不贪恋、逍遥自在悠远，静修但不著空、虚谷而能生慧。这不正是中国式的精神世界吗?

4.《无能子》：人类不平等起源的中国式解释

《无能子》一书收录于《正统道藏》太玄部，作者不详。《无能子·序》云：“光启三年，天子在褒，四方犹兵，无能子寓于左辅景氏民舍，自晦也。”可知该书作者处于晚唐僖宗时期，正值黄巢起义、烽火燃遍京辅。无能子不是道士，却是有道教情怀、深受庄子影响的道家学者。以庄解老所形成的老庄自然主义，促使魏晋产生一大批敢于叛逆现实的士族，还成为产生反对君主制的无君思想的理论基础，前有阮籍、鲍敬言，无能子是接续这一思想传统的代表，他们共同形成具有道家特征的社会批判思想。当儒家高唱“天地间人为贵”时，像无能子这样一批道家明确宣称人与自然界的一条虫子没有什么区别，人和一切生物同样都是自然之子，没有高低贵贱之分。道家讲平等有一个重要特点，是从人与一切生物平等开始。

无能子讨论人类社会不平等起源，是从自然状态开始的。这种自然状态与霍布斯、卢梭等人设计的不一样，是一种人与万物玄同的状态。“天地未分，混沌一炁（元气）。一炁充溢，分为二仪。有清浊焉，有轻重焉。轻清者上，为阳为天；重浊者下，为阴为地矣。”宇宙最初是混沌一片的元气，元气有阴阳，产生了天地，继而产生了裸虫、鳞虫、毛虫、羽虫，甲虫等生物，人只是裸虫中的一类而已。不仅人类之间，连人类与生物之间也平等，皆好生避死、经营巢穴、繁衍后代，活着就奔跑、死了就倒地，任其自然、率其天真、享其自由。可惜，这种美好的状态没有维持太久，有个“繁其智虑者”（聪明人），号称自己是“人”，而且想着控制周围的资源为我所用。他控制各种生物为人所用，教人耕种、构筑居所、建立起婚丧嫁娶等。天地之间的第一个不平等——人与生物的不平等产生了。但这时候人类内部之间还是平等的，没有强制和压迫。“犹自强自弱，无所制焉。”可是那个“繁其智虑者”（聪明人）还是不罢休，非要从人群中选择一个人来统治大家，这个统治者就是“君”，其他人都是“臣”。君可以役使臣，但臣不得违抗。“于是有君臣之分，尊卑之节，尊者隆，众者同。”天地之间的第二个不平等——人类之间的不平等产生了。无能子认为，人的不平等随着各项制度的强化而不断加深。君主设立爵禄，使贵贱之分更加明显，于是人人产生争斗之心。这时候“繁其智虑者”（聪明人）——现在叫圣人了，开始担忧这种争夺迟早会出乱子，于是又设计出“仁义忠信之教，礼乐之章”加以约束。将君主劳役臣民叫苛政，臣民侵犯君主叫叛乱，父母不爱子女叫不慈，子女不尊重父母叫不孝，兄弟不相顺叫不友、不悌，夫妇不相一叫不贞、不和，由此是非、荣辱出现，人们的争夺之心受抑制但不平等更深。随着社会的发展，“嗜欲愈炽，于是背仁义忠信、逾礼乐而争焉”。被称作圣人的开始后悔了，于是设立刑法、军队等国家机器进行镇压，结果“覆家亡国之祸，绵绵不绝，生民困贫夭折之苦，漫漫不止”。社会的君臣、尊卑、贵贱、贫富等人类不平等就牢牢地建立起来。无能子认为，是“谓之圣人者之过也”。这一切的罪恶都是圣人最初带来的。

比较卢梭关于人类不平等起源的学说，无能子传递出这样几个信息。第一，人类的不平等起源于人类开始控制自然的那一刻。摆脱自然规则而创造出新的社会规则，既是人类文明的开端，也是人类不平等的开始。无能子感叹：“自然而虫之，不自然而人之。”要自然就得做条虫子，要做人就得不自然。“无能子悖论”似乎是人类难以摆脱的宿命。第二，不同于卢梭把土地圈占起来并宣称属于自己——认为私有制是人类不平等的根源，无能子把设立君臣作为人类不平等的根源，而礼教的产生既是不平等的结果也是不平等加深的原因，体现中西文明的根本差异。无能子不同于卢梭的结论——私有制导致人类不平等，而是把批判的矛头主要对准君主。他借严陵拒绝汉光武帝征聘之口说：“天子之贵何有哉！”按照无能子的思维推论，中国社会要消灭不平等，关键要消灭君臣关系和礼教束缚，而非西方思想中的消灭私有制。第三，打破圣人崇拜，建立对自然、无为的崇尚。儒家的社会秩序建立在圣人、有为这两块基石上，无能子攻击圣人，是希望用自然、无为作为社会秩序的基石。

无能子秉承着庄子以来的道家的社会批判精神，与此对应的是儒家的社会批判精神。这种批判精神从孟子开始，在即将到来的宋明道学中得以发挥。

第六章

古代中国思想的高峰——道学

宋明道学是古代中国思想的一座高峰，是一个以儒为核心融合佛道的庞大思想体系。宋明道学反佛道又深受其影响，是回应特定的社会政治问题的产物，是中国思想自身演变的产物。宋明道学分理学和心学两大宗派，一派是通过『格物』而求理的程朱理学，一派是通过『本心』以映理的陆王心学。这两大宗派笼罩宋元明思想界达五百年之久，对现代新儒家依然有很大影响。从人类文明视角看，宋明道学实质是努力将伦理建立在非宗教（神学）基础之上的人类历史上第一个完整的思想体系。

一

道学产生的历史背景

普遍的反佛道，宣扬华夏正统，疑古学风以及对汉唐历史持否定态度，是有宋一代思想界的四个背景。此外，商品经济发展带来官僚政治腐败、道德堕落，以及积贫积弱的局面，则构成道学产生的现实基础。汉初七十年从弱到强，但宋初七十年却有从强转弱的趋势。面对北方游牧民族，汉初七十年是从守势转为攻势，而宋初七十年却是从攻势转为守势。为解决“夷狄骄盛、寇盗横炽”的严重局势，以范仲淹（989—1052）为代表的士大夫发动“庆历新政”，但在利益受威胁的官僚士大夫的攻击下，庆历新政仅维系了一年多就夭折了。当宋代社会结构逐渐演化为官户（形势户）与民户两大对立群体时，为了国家利益而限制官户的某些特权，就成为这个社会能否不断发展的关键。但从庆历新政的短命可以得出一个基本结论：自我利益膨胀的官僚政治已经失去自我革新的勇气和能力。中国传统思想中的天意即民意、天心即民心，蜕化为士大夫的官心。《续资治通鉴长编》记载了宋神宗与文彦博的一次谈话。彦博曰：“祖宗法制俱在，不须更张，以失人心。”上（神宗）曰：“更张法制，于士大夫诚多不悦，然于百姓何所不便？”彦博曰：“为与士大夫治天下，非与百姓治天下也。”上曰：“士大夫岂尽以更张为非，亦自有以为当更张者。”三朝元老、枢密使文彦博认为：国家好或者不好，不能以百姓而应以士大夫的心愿为准。他所说的变法失人心，是失士大夫之心，而非百姓之心。宋代的症结在于官僚政治，在于士大夫儒家理想的丧失，在于“说的”与“做的”不一致。重塑官僚政治的心性灵魂，让士大夫成为真正的孔孟信徒——有理想、有情怀、有道德，就成为这个时代的课题。宋明道学首先是作为一种社会批判思想存在，当然是以复古的名义。

佛道的成佛修仙，长期被视为修心的内学，而儒学只是治国的外学。要复兴儒学就必须改变这一“偏见”，儒学不仅是治国平天下的外学，更是修心的内学。世俗化的儒学同样可以解决人之所以为人的修身、性命等课题，而且要比佛道两教解决得更好。这是理解道学思想的切入口。《庄子·天下篇》说：“是故内圣外王之道，暗而不明，郁而不发。”内圣和外王成为宋明道学的中心概念。推崇孟子开始成为宋初社会的主流，其中有两条思想路径：一是外王之学，即平治天下之道。孟子的道统高于治统的观念，养浩然正气的情怀以及反对妾妇之道、民贵君轻、言义不言利的思想，实行井田制和富民、养民、教民的愿景，还有仁政的理想、舍我其谁的气魄，都在那个时代的读书人中找到了知音。二是内圣之学，即格物致知、诚意正心。《孟子》开始从子部上升为经部，孟子成为仅次于孔子的亚圣。范仲淹一生倡导儒学教育、培养儒学人才，他从孟子的忧乐观中提炼出“先天下之忧而忧，后天下之乐而乐”，成为道学的精神先导。吕思勉说：“宋学先河，当推安定（胡瑗）、泰山（孙复）、徂徕（石介），皆客文正（范仲淹）门；横渠（张载）之学，实文正（范仲淹）启之。”[1] 朱熹曾说：“本朝道学之盛，亦有其渐，自范文正以来，已有好议论。”（《朱子语类》）范仲淹是有宋一代真正的“儒宗儒行”。庆历新政另一重要人物欧阳修追慕韩愈，反对佛法，但与韩愈简单采取“人其人，火其书，庐其居”的做法不同，提出“莫若修其本以胜之”。时代需要有一套能与佛道抗衡的新学说。

1　吕思勉：《理学纲要》，中国人民大学出版社 2011 年版，第 21 页。

思想上的疑古之风到庆历之后更加明显。宋朝学术思想有两股大的思潮。一股是自北宋周敦颐、邵雍、张载开始，到程颢、程颐直至南宋朱熹、陆九渊等，糅合儒、佛、道思想素材，之后又分理学和心学，后世统称为道学；另一股是自北宋欧阳修、李觏、王安石直至南宋陈亮、叶适等，倡导经世致用，后世称新学。前者专注于内圣之学，后者注重外王之学；前者注重个体成圣，后者关注于国强民富。这两股思潮有共同特点：一是不满于汉唐儒对儒家经典的注疏，寻求思想变革；二是反对佛道，复兴儒学。王安石将“疑经变古”风气推向新的高度，批评宋初以来的政治，期望改变宋廷积贫积弱的局面。程颢、程颐等同样对现实不满，但思路、方法不同。如果说王安石等人把注意力放在经世致用和政治社会变革上，那么程颢等人则是主要着眼于士大夫道德圆满。与司马光等保守派不同，张载、程颢等并不是一开始就反对变法，而是在变法中出现扰民、聚敛民财等问题时才表示质疑。在土地制度方面，张载、程颢等坚持恢复井田制，而宋神宗和王安石认为那是“致乱之道”。欧阳修、王安石等人表现出更加强烈的排斥佛老、回归孔孟的倾向，而周敦颐、二程（程颢、程颐）和朱熹等则表现出更多地吸收佛道思想为其所用。程颐曾评论说：“唯释氏之说衍蔓迷溺至深，……然在今日，释氏却未消理会，大患者却是介甫（王安石）之学。……如今日，却要先整顿介甫之学，坏了后生学。”（《二程遗书》）事实上，王安石新学与二程理学，在尊崇孟子等重大问题上一致，但在具体的进路上不同。以《三经新义》为主要内容的王安石新学从北宋熙宁八年（1075 年）开始，到靖康二年（1127 年）一直是官学的标准教科书，摆脱注疏专求义理的学风，对宋代思想产生较大影响。朱熹承认“王氏新经尽有好处”（《朱子语类》），并对王安石的《周官新义》多加采择。本章主要介绍前一种思潮，即道学。

二

道学的发端和初步形成

道学的发端当从周敦颐开始，到邵雍、张载、程颢、程颐初具规模。他们与当时的大政治家、大学者，如范仲淹、欧阳修、王安石、司马光、苏轼等人相比，只担任过几任小官，与政治若即若离，虽醉心学问，但存世的文章很少。正是他们，努力建立起了影响后世甚远的道学体系。

1. 周敦颐的宇宙图景

周敦颐（1017—1073），字茂叔，道州营道（今湖南道县）人，朱熹称赞他“风月无边，庭草交翠”。要理解周敦颐的思想贡献，须从孔学缺乏理论上的周延、逻辑上的严密等局限性来认识。不解决这些问题，宋代儒学的复兴就是一句空话。周敦颐借用佛道，提出大的理论框架。他一生著书极少，只有寥寥二百多字的《太极图说》和不足三千字的《通书》，与北宋时期动辄几十上百卷的大儒相比，简直寒酸，但这两篇却是后儒反复争辩、讨论最多的著作。《太极图说》与《通书》互为表里，相互发明，解决若干重要问题。

第一，关于宇宙的本原。

在这个问题上，古代中国思想库里，不外乎几种观点：一是老子讲的“天下万物生于有，有生于无”。万物的本原是“无”。二是从道家派生出来的又为儒家所采用的气化论，天地本原是“气”。三是中庸提出的“诚者天之道”，宇宙万物真实无妄。四是佛教的“真如佛性”，宇宙万物“假有性空”。周敦颐提出“无极而太极”并认为“太极本无极”，无极和太极是宇宙本原的两个方面，就把上述四种观点综合起来。首先，宇宙的本原是无限与有限的统一。“无极”一词出自《道德经》的“复归于无极”，是指无边无际无始无终的状态，代表着无限；“太极”一词出自《周易》的“是故易有太极”，是指最原初的某一状态，代表着有限。宇宙的本原是无限与有限的统一体。其次，宇宙的本原是虚无和实有的统一。无极可以理解为虚无，但从“无极而太极”来说，又不是绝对的无，而是内含太极这个实有；太极虽然是实有，但从“太极本无极”来说，又蕴含着虚无。宇宙的本原与我们日常所看到的大千世界不同，是虚无和实有的统一体。再次，宇宙的本原是“理”与“气”的统一，或者说精神与物质的统一。宇宙万物由“气”演化而来，几乎为董仲舒以来历代大儒所采信，但依然存在难以解决的一个困惑。“气”的聚合、离散是按照一定的“理”（或叫规律、原理）进行的，这种“理”与“气”是什么关系？是相互分离还是相互统一，还是别的什么状态，没有说清楚。把无极看作是理，太极看作是气，且无极 = 太极，那么理与气就是统一的。道学二元论与西方哲学二元论的区别在于，道学的理、气既不是独立存在，也不是实体，而是一分为二、合二为一、二还是二，而西方二元论的物质和精神是彼此独立存在的两个实体。在周敦颐的理论框架内，宇宙的本原是理与气的统一体。最后，宇宙的本原是动与静、阳与阴的统一。周敦颐认为，“一动一静，互为其根”。《周易》谓：“一阴一阳之谓道。”阴阳互为其根。将无极视为静，太极视为动，太极与无极本为一体，动与静也是一体中的两种状态。因此，宇宙本原是动与静、阳与阴的统一体。从这可以看到，周敦颐提出的是对立统一的宇宙本体论。周敦颐之所以被划入儒家道学，还是因为坚持把“诚”作为宇宙本原的根本特性——世界是真实存在的。

第二，关于宇宙的演化。

现代人认识到宇宙的本原和演化不能用纯思辨的方式来研究，但对于中世纪的人，对宇宙的好奇心只能通过纯粹的想象来展开。周敦颐在总结前人思想成果基础上，进行了大胆想象，提出独特的宇宙演化图：太极（无极）内含阴阳→阳变阴合而产生五行（水火木金土）→天地运转配五行而产生四季→阴阳二气交感化生万物→万物生生而变化无穷。这一现代人看来极为粗糙的宇宙演化论却支撑着整个道学的思想体系。首先，宇宙演化的整个过程都遵循着同样的规律。周敦颐说："二气五行，化生万物。五殊二实，二本则一。是万为一，一实万分。万一各正，小大有定。"五行也好、阴阳二气也好，还是"万"所指代的大千世界，实际上都统一于这个"一"。把这个"一"称为"理"（如二程和朱熹）还是"心"（如陆九渊和王守仁），并没有本质性的区别。在现代语境下，这个"一"可以理解为统一的规律。其次，宇宙演化所遵循之理并不在事物之外，而在事物之内。周敦颐提出"无极而太极"和"太极本无极"，就意味着确立了既把事物与理分开，同时又是合一的思维路线。他说："动而无静，静而无动，物也。动而无动，静而无静，神也。"物的特点是动与静分明，动就是动、静就是静，这与我们日常观察到的事物是一致的。神的特点则是动与静的统一，动中有静、静中有动，动静相依、动静互变。他进一步提出"物则不通，神妙万物"（《宋元学案》），事物不会自我演化，只有理在其中主宰万物的变化。他在《太极图说》中提出"无极之真，二五之精，妙合而凝"，无极的真（诚），阴阳二气和五行的精（神），都凝合到化生出的万物之中。事物与理合二为一，彼此相依、不可分割。

第三，关于人的产生。

人是如何产生的，是自古盘桓在人类脑袋里的大事。西方奉行

"神创论"。中国有女娲造人，仅仅是民间传说而已，没有被主流思想所认可。周敦颐坚持自然演化产生人的观点，运用阴阳、八卦等思想材料，构想"乾道成男，坤道成女"。有以下几个鲜明特点：一是人是宇宙万物的宠儿。他说："惟人也得其秀而最灵。"天地间的灵秀集于人之一身，人是最可宝贵的。这继承了中华文化的人本主义（相对于神本主义）的传统。二是人是形神俱备。佛教传入中国之初，范缜写过《神灭论》反对"神不灭"。周敦颐也反对佛学的"神不灭"，坚持形神一体、互为表里。只有人类之形才有人类之神、人类之知，反对把人类与草木、禽兽等量齐观的佛、老思想。三是人有"仁义礼智信"这五性。人性是什么？王安石不赞成将"仁义礼智信"作为人性，否则人性之恶就难以解释。周敦颐则坚持将"仁义礼智信"作为人性，但王安石的疑问没有解决，直到张载区分出"天地之性""气质之性"才弥补逻辑上的漏洞。四是圣人制定人伦规范（礼乐刑政）。周敦颐在解释刑政产生的原因时说："民之盛也，欲动情胜，利害相功，不止则贼灭无伦焉，故得刑以治。"（《宋元学案》）人与万物毕竟不同，治理天下需要由圣人来制定人伦规范（立人极），这种人伦规范体现了"中正仁义"而归于"静"。"中正仁义"代表着儒家思想，而归于"静"，又代表着道家的传统。不过，周敦颐对"静"还是作了符合儒家思想的解释，即"非不动为静，不妄动为静"。

周敦颐在解决人的产生和人性问题之后，还要解决人之性与天地之性、宇宙之性的关系，也就是古老的"天人关系"。董仲舒通过"天人感应"来解释，中国化佛教以"人心"与"宇宙心"同一来解释，周敦颐则是用理想化的人——圣人作中介，解决天人之间的关系。

第四，关于圣人的意义。

周敦颐提出了宇宙万物"是万为一,一实万分"的观点，就人而言，也有“一”和“万”的关系。他说：“天下之众，本在一人。”人类看上去各种各样，其实都可以抽象为“一人”，这个“一人”就是圣人。圣人的意义在于“以仁育万物，以义正万民”（《宋元学案》）。如果说西方文明的“神”是理想人格在彼岸世界的投射，中华文明的“圣人”则是理想人格在现实世界的集合。朱熹说：“盖人禀阴阳五行之秀气以生，而圣人之生，又得其秀之秀者。”（《近思录集解》）如果说人得天地秀气而生，那么圣人所得禀赋更纯粹。圣人“与天地合其德，日月合其明，四时合其序，鬼神合其吉凶”，说明天地之德、日月之明、四季之序、鬼神之凶吉内在于圣人之中，可以实现“先天而天弗违，后天而奉天时”的境界。周敦颐的弟子二程后来说：“圣人即天地也。天地中何物不有？”“一人之心即天地之心。”（《二程遗书》）真正能与天地完全合一的是圣人，其他人则以圣人为标杆。在周敦颐的天人合一框架内，天的阴阳之道、地的柔刚之道与人的仁义之道本就一致，而最完美体现这种一致性的就是圣人。周敦颐对天人关系的论证更有逻辑性，也更有理性，为以后程朱理学的天地之性、天理是理想人性开辟了理论通道。从新的天人合一理论框架出发，周敦颐把宇宙本原的特点，如无极的“真”（诚），主宰事物变化的“神”，动静变化之间的“几”（机理），看作是圣人所具备的特性，说明从自然中演化出的人必然与天地、日月、四季、鬼神相互契合。

周敦颐所描绘的宇宙、人生图景，叙事方式看上去是从宇宙到人生，实际上是以人生看宇宙，将整个世界抹上一层伦理色彩，消弭了将宇宙与人类分离、单独研究宇宙之理的可能性，没有逃脱老子借自然名义讲人生故事的套路。老子认为，水是柔的，柔弱胜刚强，所以人也应该是柔的。周敦颐认为，无极以静虚为本，圣人是以无欲为要。周敦颐实质开创了道家化之儒学。

2. 张载与道学精神

张载（1020—1077），陕西郿县（今陕西眉县）横渠人，是北宋五子中最排斥佛道、坚守儒家价值的学者。他曾出钱购买土地实践“井田制”，单纯地认为圣人所描绘的理想世界必定实现，华夏必将重返三代盛世。张载在北宋道学中独树一帜，就在于为后人凝练了高远的士人精神，为后人绘就了充满家国情怀的华夏精神家园，也用气化论解决了人性善恶的逻辑困境。张载一生践行“安贫乐道”，去世时，“贫无以敛，门人共买棺奉其丧还”（《宋史·张载传》）。王夫之批评程颐、朱熹，却以“希张横渠之正学”自居。

第一，士人的人生理想。

春秋时鲁国大夫叔孙豹提出了立德、立功、立言的“三不朽”，确立了君子的人生价值。以光辉的德行泽被后世，以伟大的事业成就梦想，以隽永的思想留下精神财富，还有什么比这样的人生更完满？而张载的“为天地立心，为生民立命，为往圣继绝学，为万世开太平”，则更是确立了一种崇高的士人理想。

天地有心吗？没有。张载说：“天无心，心都在人之心。”既然这样，为什么又要给天地立心？实际上并不是给天地立心，而是给士人立为民之心。为什么这样说呢？《道德经》云，“圣人无常心，以百姓心为心”，以天下苍生为念，便是圣人之心、天地之心，都统一于百姓之心，统一于为民之心。张载认为，秦汉以来学者最大的弊端是仅满足于做个贤人，缺乏向圣人看齐的高标准。他要给士人立心，如同圣人之心一样，不以己心为心而以百姓之心为心。给天地立心，就是给士人立为民之心，树为天下苍生的仁爱之心，做到我将无我、不负苍生。

何谓命？何谓立命？《中庸》云：“命，犹令也。”“天命”就是天的命令。周公提出“天命靡常，惟德是辅”（《尚书·多士》），认为“以德配天”才能获得天命垂青，天命与人的德性修养具有统一性。孔子很少谈性、命，但不是不谈，而是不愿意空谈，认为做好自己的事情——“践仁”——才能敬畏天命、体认天命、持守天命。《中庸》云：“天命之谓性，率性之谓道，修道之谓教。”这就是说天命不在人性之外，而是内在于人性之中，顺性而为就是“道”，按“道”的原则修身就是“教”。所谓立命就是立教、修道、养性。孟子认为的安身立命者，能够尽心知性，从容面对生死、从容面对长寿或夭折，修身养性而持守天命；他们不怨天、不尤人，尽自己的能力完成生命赋予自己的使命，做到正命而死。对天命的体悟和现世的实践构成人立命的双翼。张载接受了这一思想，说：“性通乎气之外，命形乎气之内，气无内外，假有形而言尔。故思知人不可不知天，尽其性然后能至于命。”（《正蒙·诚明》）从人性、天命、元气的一致性，说明立命与尽性的关系。张载的贡献在于，由于坚持人性、天命、元气的一致性，坚持天地万物都是气化而成的一元论，天命就带有普遍性、必然性。天命不只君子才有，天下苍生都有，张载提出“为生民立命”，实质是使“立教、修道、养性”惠及天下百姓。张载“为生民立命”的路径应该是：先有更高觉悟的士人作出榜样，向圣人看齐，继而带动天下百姓，使“立教、修道、养性”能普及全社会。

“为往圣继绝学。”在张载眼里，能够算得上“往圣”的只有周公、孔子、孟子三位，而“绝学”则是秦汉以来被佛道掩盖的仁义之道。这体现了北宋五子共同的文化担当和使命意识——以弘扬孔孟之道作为人生的追求。这种使命担当来源于一个共同观点：汉唐以来一切问题的根源在于佛道思想的荼毒，学者须越过这一千年混乱的历史，直接上溯孔、孟道统。张载说：“此道自孟子后，千有余岁。若天不欲此道复明，则不使今日有知者。既使人有知者，则必有复明之理。”张载的这种文化自觉和文化自信与他奉孔孟之道为真理，以佛道为歪理邪说有关，也与轻视汉唐有关。

“为万世开太平”体现了张载远眺并立志开创理想社会的志向。“太”有最高、原初的含义，“平”有安定、平直、公平的含义，是自古以来向往的理想境界，与王道、仁政相关联。孟子说，“尧舜之道，不以仁政不能平治天下”，还说“人人亲其亲，长其长，而天下平”（《孟子·离娄上》）。“平”还涉及子女侍奉父母、敬重长辈这类具体的伦常。“太平”一词首见《吕氏春秋》中“天下太平，万物安宁”，是万物各得其所的盛世景象。道教经典《太平经》、早期道教“太平道”，皆以“太平”为名憧憬理想世界。宋太宗编纂《太平御览》，“太平”成为年号和官方文献之名。宋儒给“太平”一词注入了仁义、王道、慈孝等元素，将天下太平作为毕生追求的政治抱负。那么，如何开太平？当宋神宗询问治国之道时，张载说：“为政不法三代者，终苟道也。”（《宋史·张载传》）坚持“三代”才是真正的王道。王安石曾询问新政，张载说：“公与人为善，孰敢不尽！若教玉人琢玉，则固有不能者矣。”（《宋元学案》）此话意味深长！但为政者只是与人为善，无疑是书生意气。“太平”凝结着中国人的理想，尽管不同时代有不同理解，不同时代有不同路径，“为万世开太平”始终激励着人们不断前行。

第二，中华文明的精神家园。

家国情怀是中国人的精神家园，能用最简洁的语言表达得如此酣畅淋漓的是张载的《西铭》。它本是《正蒙》中的一篇，名《订顽》，因张载将其抄录悬挂于书房西侧作为座右铭，后人称为《西铭》。二程将《西铭》与《大学》并列给弟子讲解。如果说《大学》从方法论的角度提出实现平治天下的路径，《西铭》则从本体论的角度阐释了中华精神家园，它有四层含义。

第一层，民胞物与。“我”作为个体与天地、万物、百姓的关系。《周易·说卦传》：“乾，天也，故称父；坤，地也，故称母。”乾、坤指天、地，是阴阳二气的聚集，天下苍生和天下万物皆由天地演化而来。“我”的身体、性情与天地一致。既然这样，天下百姓都是我的同胞兄弟，天下万物都是我的同类。

第二层，天地精神。《乾卦》说：“天行健，君子以自强不息。”“乾—天”代表永不衰竭、奋斗不止的“乾道精神”。《坤卦》说：“地势坤，君子以厚德载物。”“坤—地”代表厚实和顺、修德为善的“坤道精神”。乾道和坤道组成的天地精神，贯穿于人类社会，内化于人性之中，统一于“生生不息”的易道，分别代表着理性和激情，是进和守、健和顺、猛和宽、动和静的统一。西周太史伯就说“和实生物，同则不继”（《国语·郑语》），天地秩序建立在“不同”的基础上。张载说：“生有先后，所以为天序；小大、高下相并而相形焉，是谓天秩。”（《正蒙·动物篇》）按照这种“天秩”“天序”观，后生尊重先生，年幼尊重年长，下级尊重上级就是一种自然秩序或天地秩序。按照孔子、孟子的“对等”思想，这种尊重不应是单向的，而是父慈子孝、君仁臣义，以实现扶贫济困，鳏寡孤独皆有所养。

第三层，仁孝原则。仁与孝同为一体。当宰我抱怨给父母守丧三年太长了，孔子就批评他不仁，因为仁爱之心是孝顺之心的基础。何为孝？《中庸》说：“夫孝者，善继人之志，善述人之事者也。”继承先人的遗志，传颂先人的事迹，可谓真正的孝。张载在《西铭》中改写为：“知化则善述其事，穷神则善继其志。”了解天地精神、天地秩序如何成就人文精神和社会秩序，洞察天地、万物、百姓和“我”之间存在的神通，这种“知化”“穷神”就是真正的对天地父母的孝。张载在《西铭》中表达的仁孝是一种摆脱传统儒家亲亲、尊尊的大仁、大孝，有墨子的“兼爱”思想。只有当“仁孝”摆脱血缘、宗法束缚，转化为一种适用天下苍生的准则，才能获得永恒的社会价值。程颐弟子杨时、朱熹弟子刘刚中都曾就《西铭》遗留墨子“兼爱”思想提出异议，但程、朱皆以“理一分殊”的理由否定与墨子有关。其实，这是基于时代的偏见而做出的否定性结论。张载说：“性者万物之一源，非有我之得私也。惟大人为能尽其道，是故立必俱立，知必周知，爱必兼爱，成不独成。”（《正蒙·诚明》）丝毫没有儒家亲亲、尊尊的思想。

第四层，人生使命。孟子说：“人有恒言，皆曰‘天下国家’，天下之本在国，国之本在家，家之本在身。”（《孟子·离娄上》）天下国家之根本在于确立“我”的人生使命，“我”的人生态度，这是《西铭》的归旨。张载借用经典和典故，对“我”的人生使命和态度进行梳理。比如，有安邦定国的人生志向，还有不怨天尤人的乐观态度；穷尽宇宙社会变化机理，一生无愧于天地神明。

第三，人性善恶的中国式解释。

张载对道学的贡献除了上述精神层面的，还包括理论层面的。他提出“天地之性”和“气质之性”，解决了人性善恶的逻辑困境。

要坚持性善论，必须解释人所表现出的恶从何来，否则性善论基础就不稳固。西方基督教文化同样被恶所困惑。“神”既然至善，为何创造出的世界有如此多的恶？奥古斯丁和阿奎那的思路是将恶看作是一种缺失，既然人绝对是有缺失的，恶的存在就是必然的。而张载则从人性的形成过程中解决这一困境。他认为太虚元气纯粹至清，所代表的天地之性是善的，但在气化的过程中，“气”有了清浊精粗之分，由此产生的万物和人类各不相同，气质之性是恶的。人性中就有了本原于太虚的天地之性——纯粹至善，也有人产生过程中形成的气质之性——有欲望、有恶念。人性的善来源于天地之性，恶来源于气质之性。因此要通过修身，使天地之性克制气质之性。

第四，不同认知主体下的两种知识。

张载用“见闻之知”和“德性之知”，提出两类不同的认知。人的认识如何产生？大乘佛学提出人有“八识”，其理论的精致性曾产生很大的影响。但张载批评佛学“反以六根之微，因缘天地，明不能尽，则诬天地日月为幻妄”（《近思录集解》），提出了“见闻之知”和“德性之知”。简单说，“见闻之知”是你所看到、听到、想到的，属于经验性知识。“德性之知”是从心、性入手直觉到的天道，属于不虑而得的先天知识。

中国古代思想，天和心是最重要的两个概念。张载说：“合性与知觉，有心之名。”（《正蒙·太和篇》）又说：“心统性情者也。”张载这里所说的“心”至少有三重含义：“心”有知觉的功能；“心”与性（天地之性和气质之性）相通（同）；“心”还有统领性和情的作用。这些观点都被程颐和朱熹所吸收、发挥。张载认为：“世人之心，止于见闻之狭。圣人尽性，不以见闻梏其心，其视天下无一物非我……见闻之知，乃物交而知，非德性所知。德性所知，不萌于见闻。”（《正蒙·大心篇》）不通过见闻何以能知？他还是回到孟子提出的“尽心则知性，知天”的路子上，通过尽心发现“我”的天性，继而达到知天。他说：“所谓圣者，不勉不思而至焉者也。”（《正蒙·中正篇》）这种建立在“万物一体”“人物相感”基础上的认识论，重视日常经验知识，但更重视通过内省、体悟、直觉而获得的天下万物的先天知识。这种先天知识被高度伦理化，与人伦、修身等纠缠在一起。针对《中庸》中所说的“故君子尊德性而道问学，致广大而尽精微，极高明而道中庸”，张载解释说，“不尊德性，则学问从而不道；不致广大，则精微无所立其诚；不极高明，则择乎中庸失时措之宜矣”（《正蒙·诚明篇》）。这开启了宋明道学关于“尊德性”（存心养心）重要，还是“道问学”（格物穷理）重要的大争论。陆九渊主张“尊德性”，朱熹更强调“道问学”。现在大部分人认为，德性和学问其实是人的一体两翼，不可或缺，但两者如何融合在一起，依然是一个难题。

3. 程颢、程颐的天理说

程颢（1032—1085），字伯淳，程颐（1033—1107），字正叔，两人是兄弟，河南洛阳人，其思想因朱熹而流传后世。从师承关系看，二程应该受周敦颐的影响，但深入分析其思想精神，受张载的影响更大。程颢、程颐后人统称二程，但其为人做事、学术风格有较大差异。程颢出仕较早，曾参与王安石变法，政治上有抱负，五十四岁就离世；程颐主要从事教职，屡次卷入党籍纠纷，被指责为“邪说诐行，惑乱众听”。他很高寿，七十五岁去世。后世皆认为理学奢谈心性，但二程反对的恰恰是清谈之风，对玄学、佛、老多有批评。

孟子说：“惟大人为能格君心之非。君仁，莫不仁；君义，莫不义；君正，莫不正。一正君而国定矣。”（《孟子·离娄上》）“格君心之非”说明士人与皇帝是师友关系。程颢只是个中级官员（监察御史），《宋史·程颢传》记载宋神宗屡次召见程颢，结束后必说：“寻求治国良策，就想常常见到您。”（“频求对，欲常常见卿”）程颢每次与神宗说的大多是“正心窒欲”“求贤育材”之类，希望用诚意让神宗感悟。他曾劝诫神宗要提防那些尚未萌发的私欲，不可轻视天下士人（“尝劝帝防未萌之欲，及勿轻天下士”）。神宗俯身拱手说（帝俯躬曰）：“一定按您的要求告诫自己。”（“当为卿戒之”）一位被视为直接继承孔孟道统的大儒，用老师对学生的口吻与皇帝说话，皇帝不仅不生气，而且非常谦恭。《宋史》评价神宗“小心谦抑，敬畏辅相”。从这里可以看出道学究竟推崇什么样的君臣之道。臣对于君，可以是师，可以是友，可以是同事，也可以是上下级关系，但绝不是主子与奴才的关系。孟子的“格君心之非”在理学得到发扬光大，只是这样的理学政治思想被后世污名化或忽略。

程颢把“生生之谓易”作为全部立论的基础，将贯穿天地万物的道简化为“生生”二字，并从“生生”的角度对“仁”重新进行界定。孔子把“仁”定义为“爱人”，孟子做了扩充，提出“仁政”。程颢则对“仁”的含义又做了扩展，成为贯穿天地之理。一是生生为仁，二是能感悟他人之生为仁，三是义礼智信也是仁。“生生”是宇宙的根本，“仁”就是宇宙的根本，那么“仁”就成为客观的、绝对的天理。

程颢把“生生”作为贯穿天地万物之道，把这认定为“仁”，同时把“义礼智信”看作“仁”的具体化，实际上打开了一条构筑理学思想体系的通道。万物莫不有理，万物分殊但其理一。这是一个建立在天人合一基础上的命题。程颢的可贵之处在于，“生生”这个词既符合《易》的思想，还能让人一听就懂，一说就明白，具备作为公理的资格。由于“生生”这个词过于具象，程颐以后就用“理”或“天理”来表达贯穿天地、万物皆有的那个“东西”。他说：“天下之物皆能穷，只是一理。”“万物皆是一理，至如一物一事虽小，皆是有理。”又说：“凡眼前无非是物，物皆有理，如火之所以热，水之所以寒，至于君臣父子间，皆是理。”（《二程遗书》）“理”存在于所有事物中，充塞天地，研究“理”的机理以及与其他方面的关系，就成了程颐学术思想逻辑展开的起点。他不满意张载只说“气”，认为还有“理”在起作用。“理”是“气”变化的内在原因，离开“理”，“气”的聚散变化就不可思议，没有“气”，“理”就失去存在的依托。转换成现代术语即任何物质形态都服从同一条规律，不存在没有规律的物质；没有了物质，规律也无从依托。

就如同一个人有多种称呼一样，“理”也有多个名称。程颐说：

“在天为命，在义为理，在人为性，主于身为心，其实一也。”又说：“理也，性也，命也，三者未尝有异。穷理则尽性，尽性则知天命矣。”“天命犹天道也，以其用言之，则谓之命，命者造化之谓也。”（《二程遗书》）这说明，在理学思想体系中，理、命、性、心是一回事，只是表现形式不同，天道、天理和天命也是一回事，属于体用关系。弄清楚这些概念之间的关系，可以看到理学中真正有实质性区别的是“理”和“气”。“理”是至善的、不变的、唯一的，但是隐藏在万物之中，需要去求索、去发现；而“气”有精有粗有善有恶，是不断变化的、纷繁多样的，但是可以通过涵养而改变，获得正气或浩然之气。程颐说：“气有善有不善，性则无不善也。人之所以不知善者，气昏，而塞之耳。孟子所以养气者，养之至则清明纯全，而昏塞之患去矣。”（《宋元学案》）

既然世界由“理”“气”组成，“理”需要去探究，“气”可以去涵养，那么人生最要紧的两件事情就是“穷理”和“养气”，这是理学的两大课题。“穷理”也可以称为“道问学”，“养气”也可以称为“尊德性”，在理学思想体系中它们是等价的。在现代话语体系下，它们可以转化为积累知识、培养品行两大课题。

程颐设定的人生目标是：求学是为了求道，修身是为了成圣。他用理、气、心、性、情、才等概念来讨论该问题，这些概念在现代语境下不太容易理解。简而言之，理、气是从天地万物角度来说，心、性、才、情是从人的视角来说。第一，人之性来自天理，是人之所以为人的理，人与人之间没有本质差别。第二，心是人所具有的控制、感知等能力，心和性是形式与内容的关系，人能体会到心的作用。第三，才是人的能力，由气的禀赋决定，气有善有不善，使人的个体间产生较大差异。第四，情是性的外显，是人对外界事物的一种反应，表现为态度、欲望、倾向（喜怒哀惧爱恶欲）。程颐想说明，人性出自天理，理论上所有人都一样，但现实中人为什么有很大差异性，那是由气的禀赋差异所决定的。“性出于天，才出于气，气清则才清，气浊则才浊。”（《二程遗书》）同样的人性因气的禀赋不同而造成较大的个体差异，其贤愚、善恶不同。这是对“性相近、习相远”新的解释，即便用现代观点看，其逻辑严密性也不容忽视。比如，在现代工业的质量控制体系下，同一张图纸、同一条流水线下的产品，其质量也存在差异性，但不能否认该产品是出自同一张图纸。“人的本性相同”这一判断，对于理学有重大意义。孔子说“惟上智下愚不移”，程颐认为这是自暴自弃的结果，“不肯去学，故移不得。使肯学时，亦有可移之理”（《二程遗书》）。对孔子本意作出重大修正，反映出贵族社会向平民社会的转变。程颐用“才”来解释个体差异性，用“才”来区别善恶，有用才能高低来判断行为善恶的倾向。但现实中学问好未必人品好，文盲未必人品差。当时就有弟子提出疑问，“才”只是为善的资质，现在说“才”有善有不善，与孟子“不善非才之罪”的观点相反，当作何解？程颐只是泛泛说“孟子不暇一一辨之”，并未正面回答。这给后世留下讨论的空间。

“情”作为“性”的外显也有善恶。程颐用水和波作比喻。他说：“湛然平静如镜者，水之性也；及遇沙石，或地势不平，便有湍激；或风行其上，便为波涛汹涌。此岂水之性也哉？”（《宋元学案》）犹如人在情动处便有波涛汹涌，而“才”越大能量越大，破坏力也越大。“性”产生“情”，但“心”有感知、控制的能力，因此“心”对于人来说最重要。程颐说：“心至重，鸡犬至轻。鸡犬放则知求之，心放则不知求，岂爱其至轻而忘其至重哉？”从这里我们可以梳理出程颐的基本思路。性来自天，但只是一个理；才来自气的禀赋，有大小愚钝之分；情来自性的发动；心可以用来控制人的才、情，因此“修心”是修养的根本。程颐说：“学莫大于平心，平莫大于正，正莫大于诚。”（《二程遗书》）诚心、正心、平心是修心的基本功夫，也是养气的基本功夫。修心在于控制情、控制欲，其办法就是经常反省、反思，控制自己的情和欲。控情、控欲到什么程度呢？可以用一个“止”字概括。佛家讲“定”，儒家讲“止”，要人“知止”。“缗蛮黄鸟，止于丘隅”，连黄鸟都知道待在山丘的角落比较安全，难道人不知道“止”于何处？深悟“止”的含义，也就掌握了修心的要领。修心还须建立在求知基础上，这一点尤其为程颐所注重，避免了空言心性的虚妄。在如何“求知”上，程颐更加强调亲身体验的重要性。他说：“向亲见一人，曾为虎所伤，因言及虎，神色便变。傍有数人，见他说虎，非不知虎之猛可畏，然不如他说了有畏惧之色，盖真知虎者也。”（《二程遗书》）这种真知必从经验来的问学态度不仅直接影响了朱熹，也可转化出“实践出真知”这一现代命题。

程颢、程颐在北宋道学中独树一帜，其洛学门下弟子颇众。其中有弟子杨时，其再传罗从彦，三传李侗，四传朱熹。

三

朱熹的理学

朱熹（1130—1200），字元晦，徽州婺源（今属江西）人，十九岁中进士，做过几任地方官，但一生大部分时间在教学和著述中度过。朱熹历史地位特殊，其学说成为元、明、清三朝的官方正统，《四书集注》是科举考试的标准教科书。青少年时期，朱熹被佛学吸引，沉浸在禅学之中。直到绍兴三十年（1160年），三十岁的朱熹正式拜李侗为师，其思想才发生根本变化。他曾这样刻画自己由佛入儒的心路历程："李先生为人简重，却是不甚会说，只教看圣贤言语，某遂将那禅来权倚阁起，意中道，禅亦自在。且将圣人书来读。读来读去，一日复一日，觉得圣贤言语渐渐有味。却回头看释氏之书，渐渐破绽，罅漏百出。"朱熹学问志趣的转向，除了李侗影响外，也与其意识到"妄佛求仙之世风，凋敝民气、耗散国力，有碍国家中兴"有关，还与其为官经历中时常伴随饿殍遍野、饥民暴动有关，更与其洞察南宋社会百弊丛生有关。如何解决这些问题？他认为唯有力求圣贤之道以济世，而最根本的是端正人主的心术，以仁义为先而不以功利为急。朱熹坚持言义不言利的思想路线，体现在其标志性的"存天理，灭人欲"主张，后世的非议也大多集中在这一点。

朱熹之学"致广大，尽精微，综罗百代"，其思想属于"集成式创新"，相比二程格局更大、条理更清晰。他利用二程所轻视的周敦颐《太极图说》，构建起从宇宙本体到日常人伦在内的完整的学说体系。考朱熹一生，其解决的核心问题是，儒学既是平治天下的外王之学，更是修身的内圣之学。朱熹坚信道德完满的人对社会有用，那是水到渠成的事情。至于什么是道德完满，什么是对社会有用，时代不同认识也不同，朱熹的看法与现代中国人肯定不同。

1. 人性同于天理——天人合一新说

朱熹的理学建立在天人合一、万物一体基础上，但具体讲法有所不同。他说："天下无无性之物。盖有此物，则有此性，无此物，则无此性。"（《朱子语类》）人与物都分别有规定其本质特征的性，即人性与物性，它们既相同也相异。朱熹称赞二程最大的贡献就是提出“性即理”这一命题，是“孔孟后无人见得到此”。人性、物性都源于天理，就可以采取比董仲舒“天人相副”更精致的方式说明天人合一——人性和物性皆为天赋，人性与天理相同。天理是至善的，人性若能复现天理，就可以实现与天地参。人性、物性虽同源于天理，但有很大差异，原因是造人的气与造物的气有差异，所谓气的偏正、清浊、昏明使人性与物性在禀赋上有差别。人能得纯粹的天地之性，而物只得到其中某一部分。

朱熹继承二程“生生为仁”的观点，以“仁”为天理。天地孕育人与万物，体现了“生生”，这便是天地之心，其本质就是仁、就是天理。他说：“某谓天地别无勾当，只是以生物为心。一元之气，运转流通，略无停间，只是生出许多万物而已。”正因为人与万物由天地孕育，这种公正无私、普泽万物的天地之心便融入人类和万物之中。其中，作为人类的标杆——圣人能做到以百姓之心为心，以万物之情为情。所以朱熹说：“明道（程颢）云：‘夫天地之常，以其心普万物而无心；圣人之常，以其情顺万物而无情。’说得最好。”当弟子问：“普万物，莫是以心周遍而无私否？”他回答说：“天地以此心普及万物，人得之遂为人之心；物得之遂为物之心，草木禽兽接着遂为草木禽兽之心；只是一个天地之心尔。”（《朱子语类》）因此，仁义植根于人心之中，体现天理之公，而利心滋生于物我比较中，体现人欲之私。

朱熹依据二程的路径，从“生生”到“仁”，再到“理”，确立“天理”在宇宙中的绝对地位。接着，对“仁”的内涵进行阐发，把三纲五常视为天理的流行，实现了天理概念的扩展，从而论证了一套合理的社会秩序。从把三纲五常作为社会秩序的根本来看，朱熹与董仲舒的学说没有本质区别，只是讲法不同。朱熹把三纲五常看作天理在世界流行的产物，哪怕草木禽兽都有纲常之理。由于气的

"偏塞"，使物性只有仁或其他某一两种德性，只有得天地之精华的人类才具备五常之德；由于气有"偏暗"，使人有了形气之私，人性在大部分人身上被遮盖了。因此朱熹告诉大家，真正有意义的人生是把天赋人性展现出来，按照天理来处理一切事务，比如按照"父子有亲、君臣有义、夫妇有别、长幼有序、朋友有信"去行事。其思路与近代西方启蒙学者相近——先设定天赋人权，说自然赋予人不可剥夺的权利，然后号召人们去争取。朱熹讲天赋人性，是三纲五常，启蒙学者讲天赋人权，是自由平等。思路相同，结果不同。这说明理学的思维方式具有现代性，但思维的内容却是传统的。朱熹说："舜之命契，不过欲使'父子有亲，君臣有义，夫妇有别，长幼有序，朋友有信'，只是此五者。至于后来圣贤千言万语，只是欲明此而已。这个道理，本是天之所以与我者，不为圣贤而有余，不为愚不肖而不足。"（《朱子语类》）意思是五伦和五常一样，都是天地赋予我的，是人之所以为人的根据，也是无所逃脱的必然之理。从董仲舒构建纲常理论开始，到朱熹那里达到登峰造极，既赋予了社会秩序，也束缚了人的心智，已经脱离原始儒学的本义。

自周公确立"三角政治关系"，董仲舒做了修正，到朱熹又形成新的"三角政治关系"，即立君主统治万民是天理使然，君主须克制人欲、符合天理；君主与士大夫共治天下，监督君主的办法是端正君主心术，因此士大夫的重要使命是格君心之非；士大夫代表民心民意，天意、天心实质是士大夫的官心。仔细分析朱熹的天人关系，我们看到，由于天理的绝对性，几乎吞噬了自西周以来从民意观察天意，从民心把握天心的思想，以百姓之心为心转变为以士大夫之心为心。周公的三角政治关系再次发生畸变，君主的治权源自天理，但天理并不是民意，而是万古不变的三纲五常，士大夫自命为道统的传承者，道统高于治统，只能由士大夫作为皇帝的师友去格正君心，行使对皇帝的监督权。周公的三角政治关系暗含君主对百姓的治权来自百姓的同意这样一个前提，但这个前提在朱熹理学中被抽取了。文彦博的“为与士大夫治天下，非与百姓治天下也”，真实反映了宋代社会结构日益转化为官民两极的现象。宋代社会与之前朝代的社会相比，官民对立、皇帝集权更为明显。官僚集团与皇帝的矛盾，官僚集团与普通百姓的矛盾更为突出，皇帝有时候反而扮演普通百姓保护者的角色，并以此对抗官僚集团的利益，形成了“皇帝—官僚—百姓”的新三角政治关系。官僚以百姓的名义批评皇帝，皇帝也以百姓的名义压制冒犯皇权的官僚，百姓是没有权力的沉默的大多数，只有在走投无路的情况下揭竿而起。历史上的反贪官、不反皇帝，反地方、不反中央的意识，正是基于这样的社会现实。朱熹的天理观强化了君权、强化了士大夫的治权，进一步削弱了百姓在政治中的地位。

需要指出的是，朱熹的天理人欲之辨，以理制欲的思想，首先针对皇帝，其次是针对士人，最后是针对百姓的。其思路还是周公以来的天子带头、官员跟上、百姓随后的办法，但现实政治运作的结果却是把“存天理，灭人欲”专门用来针对普通百姓、针对妇女，偏离了为上者须率先垂范的中华文化基因。

2. 作为内圣之学的心性之学

何谓心性之学？如果一定要找出与朱熹心性论相类似的理论，恐怕非弗洛伊德的人格心理学莫属。弗氏将人格结构分为自我、本我、超我，自我是个体意识到的现实中的我，本我是本能的原始欲望，超我是后天形成的道德良知。朱熹的心性结构也可以分为三个层次：现实中的我，有情有欲、有善有恶；被先天赋予本性的我，是绝对至善；后天沾染气质之私的我，是恶的根源。所不同的是，朱熹认为人的本性至善，而弗氏认为人的本性（本能）很坏；朱熹认为经过社会习染的人性很恶，而弗氏认为经过社会化的人性是超我，有良知；但他们都认为现实中的人有好有坏。这种区别完全是基于不同人性论的假设而产生。弗氏从心理动力的过程分析自我、本我、超我相互缠斗，朱熹则从静（未发）、动（已发）的过程中研究心性修养。弗氏的人格心理学有临床基础，而朱熹的心性学更多停留在思辨层面和静坐涵养。这种类比是为了增强对朱熹心性论的直观印象，其实双方理论的出发点、思维方式、落脚点都有本质上的区别。

朱熹学术思想的转折点发生在四十岁那年，在与门人蔡元定问辩之际，忽然意识到具有知觉和控制能力的“心”存在于人的喜怒哀乐未发之时和已发之后，人的心理活动贯穿于人活动（动和静）的全过程，心统领着性、情。后学往往把这作为朱熹悟道而成一代宗师的标志。

心性学首先讲“性”，是人之所以为人的根本，是天所赋予的，同于天理。因此，性又叫天地之性。由于人是由气凝聚而成，又会沾染形气之私，从而形成气质之性。但天地之性和气质之性并不是独立存在的两种不同的人性，而是同寓一体。比如水受到污染，清水变污水，过滤后污水变清水。清水是天地之性，污水是气质之性，正如清水、污水是同一种水，天地之性、气质之性也是同一种性。朱熹说：“性如水，流于清渠则清，流入污渠则浊。”（《朱子语类》）这种说法是受了佛学“习染”的影响。

所谓“心”是人具有控制、知觉、思虑的机能。程颐说：“人心，私欲也；道心，正心也。”（《二程遗书》）他将“心”分为道心、人心，用道心控制人心。朱熹则按照一分为二、合二为一的观点来解释。他说：“此心之灵，其觉于理者，道心也；其觉于欲者，人心也。”（《朱子语类》）能够觉悟到天理的是道心，能够知觉到人欲的是人心；但道心、人心都源于一个心，其区别在于觉悟的不同。朱熹有时强调道心对人心的克制作用，后来王守仁以此误认为朱熹讲的是两颗心。其实朱熹本意是要时时觉悟天理，并非消灭人心。“人心出于形气，如何去得！”（《朱子语类》）尽管道学家们强调“存天理，灭人欲”，但在朱熹的理学体系里，人欲、人心是一个客观存在，是不可能消灭的。这种内在的矛盾性使后来的顾炎武学宗朱熹，但朝着承认人欲有合理性的方向发展。

心与性两者之间属于形式和内容的关系，心是虚灵不昧的虚体，性是无形的实理，组成“心性”这样的统一体。朱熹说：“心以性为体，心将性做馅子模样；盖心之所以具是理者，以有性故也。”（《朱子语类》）心是性的载体，性是心的负载；心统领着性，性决定着心。

在人没有接触外界事物的未发状态下，心依然发挥着思虑、矫正自我的功能。因此，人要经常性地静坐修养，以庄敬涵养为进学之本。这是朱熹四十岁悟道的关键点。他认为只有平时注意学习提高，遇到事情才能从容应对。但是，朱熹的“平时注意学习提高”是专指静坐、默想、沉思，如同他的老师李侗倡导的半日读书半日静坐。

朱熹接着讨论接触事物后的动态的心性，即已发状态。这时候性的发动表现为情。不过，静态的性、动态的情，都由心来统领。由于情属于人性正常的表现，朱熹反对李翱的“灭情复性”。“情本不是不好底，李翱灭情之论，乃释老之言。”“云灭情以复性则非。情如何可灭？”（《朱子语类》）情是人性的发动，怎能灭绝！当情表现得比较激烈的时候，就表现为欲。情和欲有好有坏、有善有恶，判断的标准是中节或不中节，适当还是不适当。

心也有静、动两种状态，心在静的状态表现为内省、体悟、直觉，在动的状态表现为意和志。“意”是指人行为的心理动机和意向，“志”则体现了人更高层次的动机和志向。朱熹引用张载的话“以意志两字言，则志公而意私，志刚而意柔，志阳而意阴”，还说：“志是公然主张要做底事，意是私地潜行间发处。”（《朱子语类》）意和志都是指人行为的动机，不同的是，意表现为算计和权衡，而志表现为长远的志向。现代汉语中意和志已经不分，组成意志一词，把两方面含义都包括了。

弄清楚上述概念后，就可以讨论“心统性情”这一心性论的核心命题。其基本含义是：静态（未发）时，用反思、反省的方式觉悟到天理，以涵养天地之性；动态（已发）时，用从心产生的意、志，节制从性产生的情、欲，使之适当、适宜。这里还涉及一个“才”的问题，代表着才能。才没有好坏、善恶之分（这一点朱熹与程颐看法不同），代表着力量。才能强，心之力也强，也就是意志力也强，同时，由性产生的情欲也越强。这就是说，人的才能是中性的，既可以提高人做好事的能力，也可以增强为恶的能力，关键就在于人如何把控自己。从这里我们可以抽取几点看法：第一，心最为关键。当觉悟到天理（道心），再加上人的才能很大，心之力也强，就能够很好控制情欲而不至于泛滥。当体会到人欲（人心），才能越大干坏事的本领也越大。第二，既然心那么重要，就需要养心、修心、正心、格心。当王阳明体悟到心中自有“良知”时，心学就呼之欲出。但朱熹坚持道心即天理，把认识事物之理的格物致知摆在主要位置。第三，既然人的才能是中性的，德性修养决定着才能的使用方向，使“道问学”和“尊德性”哪个为优先的争论在朱熹之后更加激烈。

相较于“正心诚意”，朱熹更重视“格物致知”。他给《大学》补充的一段文字就是专门讲格物穷理而实现致知。朱熹讲心性修养，首先从格物致知（学习知识）入手，是其鲜明特色。在朱熹看来，穷尽天下万物之理、体认宇宙极至之理，是格物致知的本义，这是大学教育的切入点，也是学者的首要功课。正是抱着这样的态度，朱熹几乎无书不读，无事不研究，从纯粹理性思辨中摆脱出来，从佛、老的虚无中摆脱出来，用更加宏大、宽阔的视野研究问题。

在认识事物的过程中，必然会遇到“心—物”关系，即认识主体和认识客体的关系，用朱熹的话就是“知在我，理在物”（《朱子语类》）。由此带来两个问题，我为什么具有认识客观事物的能力？我对客观事物的认识真实吗？这是贯穿西方哲学史的两个极为重要的问题，但奇怪的是，在朱熹那里似乎都不是问题。因为中华文明的主流思想是：人得天地之灵秀，是天地万物的宠儿，人有认知能力是天赋使然；人性中本来就具有理，与寓于万物之中的理是一回事，只要能与我本心相合的就是真理。有弟子问朱熹：“心虽主乎一身，而其体之虚灵，足以管乎天下之理；理虽散在万物，而其用之微妙，实不外乎一人之心。不知用是心之用否？”朱熹回答说：“盖理虽在物，而用实在心也。”（《朱子语类》）在“万物皆备于我”“性即天理”的思维模式下，对人类认知的真实性、客观性的追问就没有西方传统下那么迫切、那么焦虑。实际上，朱熹穷究万物之理的志向，并不是真关心一草、一木等自然之理，而是“穷天理、明人伦、讲圣言、通世故”。格物致知目的只在于此，至于认知的客观性、真理性问题，在他那里被忽略过去。他把“格物”的过程简单理解成“合内外”，只要对客观事物的认知与主体人心相合，合乎常理，就可以了。事实上，朱熹认识所谓万物之理更多带有独断性、主观性和先验性。这一思想传统使知识的客观性、可验证性被取消了。中国现代思想就是要补上这一课，由此更能意识到中国共产党人讲“求真务实”的思想路线，其中求真是前提、是基础。

当然，朱熹认识事物的方法，即由近而远、由浅入深、由表及里、去粗取精，从渐悟到顿悟，从逐渐积累到豁然贯通的认识路线，至今仍有方法论的意义。按朱熹的说法是从身边的事情切入进去，从已经明白的一些道理开始，不断深入下去、穷致其极，一重又一重地挖掘，直到明白全部的道理。这个由表及里的过程，还伴随着去粗取精，去掉一些浅显表层的含义或者假象，触及更深层次的、本质性的、真实的道理。朱熹讲认识过程，也是知识不断积累的过程，由渐悟而实现顿悟。他特别坚持逐渐积累到豁然贯通的认识路线，以一举十、触类旁通是有条件的，是建立在长期积累、反复比较验证基础之上的。他说，连颜渊也做不到一通百通，平常人更应该老老实实读书、做学问，从一事一理中逐渐积累，最后才能实现贯通。关于认识的过程，朱熹大致分为“知觉”和“思虑”两个阶段，知觉偏重于现代心理学的感觉、知觉和直觉，思虑偏重于思考、思维、想象，用现代术语便是感性认识和理性认识。毛泽东把中国传统中的认识论与马克思主义相结合，就形成了他的经典名篇《实践论》。

四

王守仁的心学

王守仁（1472—1529），字伯安，别号阳明，浙江余姚人，官至南京兵部尚书、左都御史，因平定宁王叛乱等军功而封爵新建伯。

心学在明中叶以后，几乎笼罩整个思想界，其影响辐射东亚诸国。王守仁年少时就立志成圣，十五岁出居庸关、山海关，观山川形胜，有经略四方之志。《明史·王守仁传》说："终明之世，文臣用兵制胜，未有如守仁者也。"其一生完美诠释了"立德、立功、立言"之三不朽。但王守仁似乎不符合儒家圣人的标准。他欣赏纵横家苏秦、张仪，几次用兵都运用儒家所鄙视的计谋，比如为了阻止宁王率叛军顺长江东下攻取南京，采取反间计，使宁王对谋臣产生怀疑；当宁王很快被擒获，让准备御驾亲征的明武宗和一班佞臣大失所望时，为避免惹祸上身，暗中将宁王交给宦官张永处置；后来上奏折说是奉"威武大将军"（明武宗自封的官职）方略才讨平叛乱，再加上太监张永的暗中保护才得以彻底摆脱嫉恨。司马迁批评商君的两个污点：一是依靠宦官景监的引荐得以重用；二是用计谋而非厮杀抓获魏将公子昂，而王守仁居然都做了，而且做得更彻底。孟子评价伯夷、伊尹、柳下惠、孔子四位古圣人，认为伯夷是圣之清、伊尹是圣之任、柳下惠是圣之和，但都偏执于某一方面，只有孔子是圣人中的集大成者，能够具体情况具体分析，属于圣之时者——识时务。王守仁就是这样一位善于通权达变、能识时务的人。他提出致良知以克除人欲，破心中贼，实现廓然大公而无私，但绝非商鞅的"于国则功无量，于己则害无穷"的大公无私，而是内心自认为的不偏不倚。

1. 心学的两块基石：不二思维和万物一体

心学是在对理学怀疑甚至批判的基础上发展起来的，但两者之间的区别并没有想象中的那么大。心学与理学从最终实现的目标——成圣来说，没有区别，其区别在于入口处不同。心学强调从人的本心（良知）出发，由内而外阐发天理；理学则强调首先从认识一草一木之理开始，从格物穷理和内外相合中体悟天理。朱熹认为，你不懂得行孝的理，怎么行孝？所以要先学习行孝的理。王阳明则认为，孝的道理不是从外头求得，而是发自内心，没有心何来孝？他们之间的区别源于心学、理学两种思想体系立论基础的不同。

但凡一种学说，总有一个立论基础。那么，心学的立论基础何在？

一分为二、合二为一的思维路线，在朱熹那里达到一个高峰。朱熹在分与合的关系上侧重在分，始终强调理与气、天地与人、内与外、知与行、善与恶、未发与已发、天理与人欲之间的区别，而王守仁更侧重在合，强调对立双方的一致性。这种差别带来思想取向上的不同。由于朱熹强调分，必然面临主体与客体、心与物之间的对立，人作为主体首先需要通过认识一草一木开始，最终达到对天理的感悟。而王阳明强调合，则从逻辑上取消了主体与客体、心与物的对立，通过体认内心就可以实现对天理的感悟。他们都认可孟子的“万物皆备于我”，但朱熹讲“具众理而应万事”（《大学章句》），是说人具有认识万物之理和应对万事的能力，而王守仁讲“众理具而万事出”（《传习录》），是说人心能映照万物之理并能随时应对。朱熹在逻辑上认为知先行后，这些在王守仁那里都消弭了，他不赞成将知行分为两件事，主张知行合一。对于困扰道学的未发、已发问题，王守仁认为是后儒将两者分开说的缘故（《传习录》）。在尊德性和道问学上，王守仁认为是一回事，因此批评朱熹把两者分开说（《传习录》）。心学的思维是“不二”。正如黄宗羲在《明儒学案》中说的“即知即行，即心即物，即动即静，即体即用，即工夫即本体，即上即下，无之不一，以救学者之支离眩骛”（《明儒学案》）。这一评价抓住了心学之要害。

王守仁的思维方式还与“万物一体”相关联。程颢说：“仁者，以天地万物为一体，莫非己也。认得为己，何所不至？”“一人之心即天地之心。一物之理即万物之理。”（《二程遗书》）人与天地万物浑然一体的思想并非程颢独创，但他的“万物一体”所体现的天人关系中有两个特点：一是更加突出“一体”，二是更加突出人的“主导”。他认为天地万物就是人的一部分，人心就是天地之心；所谓仁民爱物，就是爱自己，爱自己还有什么做不到的？王守仁接受“万物一体”这一信念，并使它成为其全部学术思想的基础。

有人曾对人与物同体的说法产生疑问，比如自己的身体气血相通所以称为同体，与其他人就是异体，与禽兽草木就差得更远，怎么可以说同体呢？王守仁作了解释，大意是说：要从人与万物的微妙感应上去理解，不能只因人有独立形体，而看不到与万物一体。人有感知一切的“灵明”，这个灵明是天地鬼神的主宰，如果没有这个灵明，谁去仰视天的高大？谁去俯视地的深厚？谁去辨别鬼神的吉凶祸福？离开了这个灵明，便感知不到天地鬼神，离开了天地鬼神，灵明也不存在。那人再次问道：“天地鬼神万物亘古都有，怎么离开这个‘灵明’就不存在了？”王守仁说：“今看死的人，他这些精灵游散了，他的天地万物尚在何处？”（《传习录》）王守仁表达了三层含义：一是存在是因为被感知，能被感知的存在才有意义。二是失去了感知，世界如同不存在，就如死去的人，他的天地万物何在？三是眼前的世界与你的感知密切相关，什么样的感知就会有什么样的世界，世界是由你的感知绘就的，从这个意义上讲，人与天地紧密关联为一体。在探讨人与世界的关系上，英国主教乔治·贝克莱也讲“存在就是被感知”，但他的目的是证明“神”这个最高精神实体的存在，世界万物之所以存在是由于最高精神实体的感知。而王守仁是想说明“万物一体”，人的知觉与万物互不可分。这是有神论和无神论之间的区别。如果抽取他们想要证明的内容，这样的思维方式还是有价值的——世界是什么样，是因为你感觉到什么样。

在与弟子朱本思讨论草木瓦石是否也有“良知”时，王守仁进一步发挥“万物一体”的思想，坚信自然界与人本来就是一体。他说：“人的良知，就是草木瓦石的良知。若草木瓦石无人的良知，不可以为草木瓦石矣。岂惟草木瓦石为然？天地无人的良知，亦不可以为天地矣。盖天地万物与人原是一体。其发窍之最精处，是人心一点灵明。风雨露雷、日月星辰、禽兽草木、山川土石，与人原只一体。故五谷禽兽之类，皆可以养人；药石之类，皆可以疗疾，只为同此一气，故能相通耳。”（《传习录》）草木瓦石之所以成为草木瓦石，天地万物之所以成为天地万物，都是因为有良知。这一点与庄子的“道在屎溺”有共同的思想基础——万物同道、万物皆气化。不同的是，王守仁认为人的良知才是天地万物良知的本原，体现人是宇宙万物的价值尺度和最终目的，与庄子以自然为价值尺度不一样。

基于这样的思想基础，王守仁提出“心即理”“心外无物”的命题。如何理解“心即理”？一种理解，人心就是天理、天理就是人心；另一种理解，人心作为虚灵，已经装有万物之理，天理可以从人心里逐一探寻。这两种理解均不符合王守仁本意。浸润于中华文明的理性主义传统的王守仁，不会真的以为人心里有全部的天地之理。他批评弟子九川说：“尔却去心上寻个天理，此正所谓理障。”（《传习录》）心里并没有天理，去心里寻找天理正是佛家所说的“理障”。那么如何理解“心即理”的本意？王守仁认为，人心犹如一面光洁的镜子，天地万物均通过人心这面镜子才感知出是非、善恶；天地万物本来没有是非、善恶之理，正如孝之理不在父母身上，当人心意念指向天地万物和父母时，是非、善恶之理，孝顺之理就会在心里出现。正是在这个意义上，王守仁提出“心即理”和“心外无理”，而且特别强调，正是在人与外物的互动中，理才会从心里呈现出来。针对“心外无物”，有人提出质疑。在游览南镇（绍兴会稽山）时，有朋友指着一棵花树说："天下无心外之物，如此花树，在深山中自开自落，于我心亦何相干？"王守仁说："你未看花时，此花与汝心同归于寂，你来看此花时，则此花颜色一时明白起来，便知此花不在你的心外。"（《传习录》）"寂"意味着不显现、不活动，但并不是不存在，犹如佛家讲涅槃（圆寂）。王守仁提出"心外无物"，只是强调只有在心与物的接触中，物的形象和意义才能在心中呈现。一个从来没有进入人类意识的事物，只能处在"寂"的状态，无法被感知、无法被理解。一旦人类的意识触及过去不曾感知的事物，这个事物就会鲜活地出现在人的心里。如此说来，心外岂不是无物？外在事物的意义、样态完全取决于人们用何种方式与之互动。

2. 童话般的历史观

王守仁和朱熹都是集官员、一代宗师于一身，却又都是很善于构思童话的"童话作家"。当时的中华文明精英人物被一种童话般的思维左右着，预示着这个文明的性格和走向。

《论语·子路》记载子路与孔子的对话。子路说，如果卫君请夫子当政，会怎么做？孔子回答，从正名开始。子路认为太迂腐了。孔子生气地说，说话太放肆！别不懂装懂。接着孔子说了一段很有名的话："名不正则言不顺；言不顺则事不成；事不成则礼乐不兴；礼乐不兴则刑罚不中；刑罚不中则民无所措手足。"围绕这段话，朱熹和王守仁分别讲了两个不同版本的故事。

朱熹《论语集注》中引胡瑗注讲了个故事。卫国世子蒯痛恨其母南子淫乱，想杀了她，但因失败而逃走。卫灵公想立另一个儿子郢为世子，被拒绝。卫灵公去世后，郢还是拒绝当卫君，只好立蒯的儿子辄为卫君，以防止蒯回国。朱熹认为，蒯因杀母而得罪父亲，而辄拒绝父亲回国，都属于大逆不道，都失去当国君的资格。孔子若在卫国当政，必定以正名为先，把辄赶下台，再辅佐郢为国君。

这样才能做到人伦正、天理得，名正言顺事成。

在朱熹这个拒绝坏人、辅佐好人的故事基础上，王守仁则讲了一个痛改前非、皆大欢喜的故事。他认为，孔子废掉一个以礼相待、委我以国政的国君，人情天理何在？以孔子之贤，绝对不会这么做。他会以盛大的德行感化卫辄，让他认识到无父不可以为人。于是，卫辄必定痛哭奔走，去迎接父亲蒯的归来。面对儿子卫辄的悔恨，做父亲的岂能不被感动？卫辄想把国家重新交给父亲管理，并请求父亲杀了他以弥补自己的罪过。蒯被儿子的孝心感动，又有孔子的居中调解，也坚决不肯接受国君这副担子。双方一再推让，群臣百姓称赞卫辄的仁德孝道，坚持让卫辄担任国君。无奈之下，卫辄只好率领群臣百姓尊父亲蒯为太上王，使他过上养尊处优的生活。如此一来，君是君、臣是臣，父是父、子是子，名正言顺，卫国大治。王守仁认为，孔子正名，或就是如此。

但是，有文字记载的人类信史上，还从未发生过父子间彬彬有礼、相互让国的事情。那么，王守仁及弟子们坚守一个虚构的童话故事，究竟意味着什么？恐怕只有当游牧民族的钢刀架在你的脖子上，西方列强的枪炮对准你的时候，才能体会将童话故事信以为真的悲催。不仅如此，王守仁还坚持童话般的历史观，认为人类历史始于一颗美好心灵。

最初的人类都有一颗如圣人般的心灵，大家彼此相爱，但后来夹杂了私心，被物欲所蒙蔽，天下为公之“大心”变成一切为己之“小心”，人人有异心，甚至视父子兄弟为仇人。圣人为此非常忧虑，就用万物一体的仁爱来教化天下，使人克制私欲、清除蒙蔽。其教化的基本精神就是尧舜禹一脉传承的“道心惟微，惟精惟一，允执厥中”。眼尖的读者会发现，怎么少了“人心惟危”四个字？这反映了王守仁和朱熹在这个问题上的区别。朱熹继承程颐的“人心，私欲也；道心，正心也”的说法，提出要让道心成为一身之主，让人心听命于道心。而王守仁反对将人心和道心分开的说法，认为心只有一个。这种区别体现了王守仁在成圣的道路上、对百姓的教化上，更加重视如何去除蒙蔽，让幽暗不明的道心呈现出来。朱熹是让道心控制并打败人心（人欲），犹如弗洛伊德的超我控制本我，但人欲（本我）还在；王守仁是将缠绕道心的污垢涤除，犹如吹糠见米，剩下的全都是精米。总之，宋儒的十六字心诀，在王守仁那里缩减为十二字心诀。他说，唐尧、虞舜以及夏商周三代，老师、学生皆围绕“父子有亲、君臣有义、夫妇有别、长幼有序、朋友有信”来开展教学。那时，人人意见统一，家家习惯一致，即便从事农工商的普通人，也把成就德性作为自己的第一要务。王守仁认为，做到这一点并不难。由于没有杂乱的见闻，没有烦琐的记诵，没有糜烂的文章歌赋，有的只是对父母孝顺、对兄长尊敬、对朋友诚信。这些本来就是人性所固有的，不需假借外力，还有谁做不到呢？

王守仁说，那时候的学校主要是培养德性。人的才能各有侧重，有的擅长礼乐，有的擅长政治，有的擅长水利农事，在成德的前提下，再不断提高才能。大家只知道同心同德，让百姓安居乐业。用人只看德才是否相称，不问身份高低；能力与岗位适合，哪怕一生从事繁重的工作也不觉得辛苦，一生都从事琐碎的工作也不认为低下。那时候，天下人都高高兴兴，如同相亲相爱一家人。才能一般的，安于农工商，才能卓越的，则入仕为官，只有分工不同，没有贵贱之分。如同一个家庭一样，或做饭缝衣服，或经商做买卖，或制作器具，大家群策群力，赡养父母、教育子女。整个社会洋溢着万物一体的仁爱精神。如同一个人的身体，眼睛不会因为听不到而感到羞耻，耳朵听到声音，眼睛会立刻跟上；双脚不会因为不能提东西而感到羞耻，手伸出去拿便是，双脚会自动跟进；元气充满全身，血脉通畅，全身反应灵敏而有不言自喻的妙处。“圣人之学所以至易至简”，容易学会、容易践行，其关键就在于恢复人心所共有的天理。读者可能会想，这怎么有点像墨子的思想。对，确实是墨子各尽所能、只有分工没有贵贱之分的翻版。

但是，夏商周三代以后，“王道熄而霸术昌”。尤其是孔子、孟子去世后，圣学晦暗而邪说横行。没有人教授圣学，也没有人学习圣学。霸道之徒，窃取先王的皮毛招摇撞骗，以满足其内心的私欲，世人纷纷以他们为楷模，而圣人之道荒芜阻塞。世人以富强之说、诡诈之谋、攻伐之计，来猎取功名利禄，如管仲、商鞅、苏秦、张仪之流，不可胜数。人们甚至沦落为夷狄禽兽，连霸术都难以推行了。

世上的儒者感慨悲伤，从秦始皇焚书的灰烬中搜寻先圣王的典章制度，试图恢复先王之道。但圣学既已远去，霸术又积习太深，虽有贤知之人，但不免已习染，所有的讲学只是徒增霸术罢了，连圣学之门的围墙都没看到。训诂之学、记诵之学、词章之学开始泛滥，犹如民间的百戏园，你方唱罢我登场，令人眼花缭乱、精神恍惚。正如丧心病狂之人，连自己的家在哪都搞不清楚。君主们亦受其迷惑，终生沉湎于无用的虚文。即使有那么几位卓然自奋的，也不过是些国富民强、功名利禄、春秋五霸的事业。

圣人之学既远又晦，功利之风愈加盛行，其间曾迷惑于佛、老，但佛、老之说依然未能战胜人的功利心。时至今日，功利之毒渗透到人的心体、骨髓，积习成性也有几千年。人们炫耀知识、相互倾轧、争名夺利、攀比技能、博取声名。做官以后，管理钱粮后还想兼管军事、司法，主管礼乐的又想参与人才选拔，在郡县做官的则想到省里当大官，身居监察要职的又窥视宰相高位。过去是没有某方面才能就不能授其官职；不懂某学问就不能获得声誉。现在的情况是，博闻强记，正好助长其傲慢；知识丰富，正好促使其作恶；见多识广，正好变得肆意诡辩；文采飞扬，正好掩饰其虚伪。他们打出各种幌子，其实都是为了成就其私欲。

王守仁叙述完他的历史故事后，又感叹当今世风的败坏。他们以良知为缺陷，说圣人之学为无用，就是必然的。但王守仁相信终究会有豪杰之士，在听到良知学后，定然会“愤然而起，沛然若决江河而有所不可御”。王守仁的历史是一段人性光辉充分绽放但逐渐受到私欲污染的历史，是人开始堕落而又希望自救的历史。人类有希望吗？有！王守仁坚信人必定依靠自己拯救自己，因为人有永不泯灭的良知，如日月之明，万古不变。王守仁讲的就是这样一个既悲伤又充满希望的“童话故事”。

3. 知行合一的本义

理解王守仁知行合一的本义，并不是一件轻松的事情。现代人一般的理解是：知就是指技能、知识、理论，行就是指动作、行为、行动。但这并不完全符合王守仁的本意。他说：“圣人无所不知，只是知个天理；无所不能，只是能个天理。……圣人须是本体明了，亦何缘能尽知得？但不必知的，圣人自不消求知；其所当知的，圣人自能问之。”（《传习录》）因此，王守仁讲的知更多指天理、良知，属于德性之知，而非见闻之知。他在《答欧阳崇一》中说：“良知不由见闻而有，而见闻莫非良知之用。……良知之外，别无知矣。”（《传习录》）实际上，王守仁否认见闻之知，否认客观知识有其独立意义。关于行，王守仁说：“我今说个‘知行合一’，正要人晓得一念发动处，便即是行了。发动处有不善，就将这不善的念克倒了。”（《传习录》）他把人的意念、思想斗争也看作是行。在《答顾东桥书》中说：“盖学之不能无疑，则有问，问即学也，即行也；又不能无疑，则有思，思即学也，即行也；又不能无疑，则有辨，辨即学也，即行也。”（《传习录》）很明显，他把“学、问、思、辨”

都看作是行，这就与朱熹所讲的知、行有较大的区别。朱熹讲知，其对象不仅是天理，还有万事万物之理，而王守仁主要是义理；朱熹讲行，主要还是外在的行为，而王守仁还包括意念和学、问、思、辨。在这样的知行观下，王守仁提出知行合一的命题。

对知行合一命题的理解，至少有以下四种。第一，说的与做的要一致，知与行要统一。这是从应当如此的角度，要求言行一致。第二，学习知识的目的在于运用，做到学以致用、知行合一。这是从知识的价值和功能上说，不能指导实践的知识没有价值。第三，人的行动要有一定的理论指导，没有好的理论、没有相应的知识，就不会有正确的行动。同样，好的理论也需要在实践中得到检验和完善。从这个意义上说知行合一，知与行相辅相成、相互促进。第四，知与行本来就是同一件事，知就是行、行就是知，知了就是行了，行了就是知了，否则就不是真正意义上的知行合一。上述四种理解，更符合王守仁本意的应是第四种，这与他强调“合二为一”的“不二”思维密切相关。事实上是以消弭知行之间的差异来讲知行合一。他认为，知即行、行即知，知行本来就是一件事，只是为了便于理解，才分为知与行。在回答弟子徐爱的疑虑时，王守仁说：“知而不行，只是未知”，真的知行从来就是一件事，“又如知痛，必已自痛了方知痛；知寒，必已自寒了；知饥，必已自饥了。知行如何分得开？”（《传习录》）王守仁用知就是行、行就是知来解决知行统一问题。这就是知行合一的本义。后来王夫之对此提出批评，认为是“知者非知，行者非行”，主张在实践中统一知与行。王夫之的观点已经接近现代意义的知行观了。

王守仁在这一意义上提出的知行合一，除了试图解决知行割裂问题，还要对儒家经典进行重新阐释，解决心性修养问题，核心还是如何成就“内圣外王”，做一个圣人。

王守仁认为，知总是要针对某具体的事物，并且与行相互伴随。如果不是亲身去练习，又谈何学射箭、学书法呢。说明学习中必须包括行动，没有行动的学习就不可以称为学习。有弟子问到《中庸》将“博学之”和“笃行之”并列，说明知行是两件事。王守仁说，“博学只是事事学存此天理，笃行只是学之不已之意”（《传习录》），这样就把儒家经典中的“博学之”狭义地理解为“存天理”，“笃行之”狭义地理解为不断领悟“天理”，礼乐刑狱、钱粮民政等全部排除在外，更不用说农工商等琐碎事务。有弟子问《中庸》中尊德性、道问学，致广大、尽精微之间的关系，王守仁说：“道问学即所以尊德性也”“尽精微即所以致广大也，道中庸即所以极高明也”。他继续坚持尊德性和道问学是一件事，致广大和尽精微是一件事，道中庸和极高明是一件事，用“合二为一”的思维路线，用体用不二的知行合一来阐述儒家经典中的命题。上述三个命题，用现代汉语阐释，类似于道德修养与专业知识的关系，通才与专才的关系，恪守中道与追求极致的关系。王守仁强调双方的一致性，而朱熹强调双方的区别，强调有先后的顺序。朱熹对大学章句重新整理，其核心是“格物致知”命题的阐释，先通过格天下万物之理，继而达到致知，然后才能诚意、正心。在“内圣外王”的内圣路子上，或者说心性修养的路子上，朱熹强调从学习入手。王守仁则拿出古本《大学》来反对经过朱熹修改的《大学》，认为要从正心入手。他训“格”为“正”，训“物”为“事”，结果把格物穷理的意思全取消了。他认为修身在于正心，心主宰眼睛、耳朵、嘴巴、鼻子和四肢，心正了，修身自在其中。从何处入手正心？就在人的意念发动处，这就是诚意。按照王守仁的说法，“工夫到诚意，始有着落处”。那么如何做到心意诚呢？王守仁提出致知，也就是致良知。通过人们内心固有的良知，知道什么是善、恶，是、非。但人的良知又绝非“悬空”，都是针对某一具体的事物来说，离开具体的事物就谈不上致良知，这就要知行合一。良知往往受到遮蔽，这就需要格物，格物便是致知。按照王守仁的观点，诚意本体在致知，诚意的工夫在格物。格之中就包含了知与行，比如，人面对某一件事，既能分辨是非善恶，也能格正自己的内心、清除意念中的私欲、端正当前的事务，这就是格物的工夫。王守仁认为用这样的办法去格物，则“人人便做得，人皆可以为尧舜，正在此也”。这里可以看出朱熹和王守仁在成圣路径上的区别。

知行问题，从武丁、傅说的知易行难，经过朱熹的知先行后，到王守仁的知行合一，达到了一个认识的高度。但由于知行合一命题的开放性，后来就有了多种理解，有的与王守仁本意是背道而驰的。但是，这恰恰表现了该命题的包容性。孙中山讲知难行易，认为中国人几千年来受了知易行难的误导，路子走错了。毛泽东《实践论》的副标题是“论认识和实践的关系——知和行的关系”，在新的历史条件下重新阐释知行关系，意义非凡。

4. 致良知

致良知既是心学的核心命题，也是极易引起歧义的命题，成为王守仁去世后心学迅速分化的重要原因。现代人会把良知理解为人的道德能力，这种道德能力形成于后天的特定社会文化环境。但王守仁是在儒、佛、道三教融合的语境下谈良知，尤其晚年居越时期与禅宗思想结合更加密切，因此首先需要理解其本义。

王守仁弟子王畿（龙溪）曾说，秦汉到宋的中国历史是圣学沦丧、几乎灭绝的历史。这一评价代表了宋明道学的共同历史观。他说：“先师首揭良知之教以觉天下，学者靡然宗之，此道似大明于世。”王守仁的良知学拨千年之乱让天下人觉悟，从而反正到尧舜禹孔孟圣学正统。良知是王门后学的精神图腾，是世间唯一最高的真实存在。但是，对良知的理解分歧很大，王畿就列了六种。他说：“有谓良知非觉照，须本于归寂而始得。如镜之照物，明体寂然，而妍媸自辨。滞于照，则明反眩矣。有谓良知无见成，由于修正而始全。如金之在矿，非火符锻炼，则金不可得而成也。有谓良知是从已发立教，非未发无知之本旨。有谓良知本来无欲，直心以动，无不是道，不待复加销欲之功。有谓学有主宰，有流行，主宰所以立性，流行所以立命，而以良知分体用。有谓学贵循序，求之有本末，得之无内外，而以致知别始终。”（《龙溪王先生全集》）这些看法差之毫厘，却失之千里，而对良知的不同理解，还仅发生在王守仁去世后不久，反映出对良知理解的多重性。《传习录》里，王守仁就从多个角度解释何谓致良知。那么，致良知本义究竟如何？

良知是人先天具有的能力。良知不能通过一般的学习而获得，但所有人，不分男女、不分智愚、不分贵贱，都先天地具有良知，所有人都是生而知之。良知具有先天的完整性、自足性、至善性，不需要添加、也无法添加，不能剥夺、也无法剥夺，十恶不赦之人有良知，圣人的良知不比常人的良知更优秀。良知会受到遮蔽，有的遮蔽得少、有的遮蔽得多，圣人的良知只是不受遮蔽，普通人的良知因受遮蔽而无法体悟到。从良知的功用看，良知是心之本体，其用在于觉和照，良知犹如明镜，镜子无善恶可言，却能感知美丑，因此良知无善无恶，但又能判断善恶；人与物没有接触时，良知处于沉寂的状态，在遇到事物时开始发动，察觉到是、非，善、恶；良知既存在于未发之中，也存在于已发之和，统一于未发、已发之中和，时时起着主宰作用。良知是天理，是从良知能分辨善恶的角度说的，但良知又不是天理，因为理并不在心里，离开事物去心里找理，找不到；人只有在接触事物并产生意念时良知开始发动，便察觉出善、恶，如果良知被遮蔽，犹如镜子锈迹斑斑，就觉察不到善恶；人们唯一担心的应该是此心明还是不明，而不担心事情来了能不能应对的问题。

理解良知后，再理解什么是“致”。王守仁经常用“省察克治”或者“格物”等来表述。从知行合一的角度理解，致包括知、行；从良知先天固有来看，致有恢复、回复的含义；从格训正来看，致还有格正、克治的含义，在良知察觉处格正、克治私欲；从动静统一、未发已发统一的时间维度看，致是一个过程，一个无始无终、永远在路上的过程。由于致的多重含义，有将其理解为依据、根据，即依据良知做事；有将其理解为去除遮盖良知的纤尘；也有将其理解为锻造、冶炼去除杂质，锻造出纯粹的良知。当然，也有学者把致良知的本质理解为宋儒的“存天理，灭人欲”。

致良知似乎包括致与良知两件事，其实是一件事。王守仁说：“至于说知行的本体，其实就是良知良能。”（《传习录》）良知良能是知行的本体，格物是良知的工夫。人之所以能格物致知，是因为有良知，良知之所以能呈现出来，是因为时时格物、时时致知。致良知可以有多种理解、多重含义，从工夫和本体一源看，其含义又是一致的——致良知就是最终让天下人展现其固有的本心。

王守仁对良知学有着宗教般的虔诚，三代以后的社会之所以得不到善治，原因就在于没有实现致良知。孟子说：“学问之道无他，求其放心而已矣。”王守仁把孟子这句话诠释为学问的根本就在于把丢失的良知找回来。他说：“学者，学此心也；求者，求此心也。”（《传习录》）如何找回良知？唐代黄檗禅师曾说：“使佛觅佛，将心捉心，穷劫尽形，终不能得。”骑驴找驴，拿着钥匙找钥匙，这都是人易犯的错误。良知固有，何须外求？良知本身已经是至善，只是把心里萌发的私念克除就行了。弟子黄勉叔说，心里没有恶的念头，空空荡荡的，这时候是否要存个善念？王守仁的回答是：“若恶念既去，又要存个善念，即是日光之中添燃一灯。”（《传习录》）人千万不要没事找事，说要存个善念，想做点善事，或者发宏愿一辈子做好事、做好人。这些都如在太阳底下点一盏灯般荒唐可笑。人只要把遇事后产生的恶念、私心克除了，就可以了。因此，王守仁提出时时、处处、事事致良知的工夫，或者说修身修心的工夫。

所谓的时时，体现在每时每刻致良知。孟子在谈到养浩然正气时说：“是集义所生者，非义袭而取之也。”《中庸》说“义者宜也”，集义的本义是不断做适宜的事情，而义袭则是临时起意、为功利目的而做适宜的事情。朱熹将集义解释为积善，王守仁认为：“集义只是致良知”“若时时刻刻就自心上‘集义’，则良知之体洞然明白，自然是是非非纤毫莫遁”（《传习录》）。朱熹把格物致知与诚意正心相对，王守仁则将它们看成一回事，皆致良知而已。

所谓的处处，体现在任何地方致良知。既表现在空间方位上，也表现在事物变化万端的节点上。他说：“天地间活泼泼地，无非此理，便是吾良知的流行不息。致良知便是必有事的工夫。此理非惟不可离，实亦不得而离也。”（《传习录》）良知既然充塞天地各处，流行不息，就必须处处致良知。

所谓事事致良知，体现在具体的事务中致良知。致良知不能离开具体的事务，否则就是悬空。王守仁有位弟子感叹良知学很好，就是整天忙于事务无暇顾及。王守仁认为从具体事务入手，才是真正致良知。比如审理案件，如何做到不怒、不喜、不偏颇、不屈从和不随意断案、不罗织罪名，做到不偏不倚，就是致良知。离开具体的事务就没有致良知。

致良知是发自本心然后付诸于行，而不是从外寻找依据然后付诸于行。他以虞舜不经父母同意娶妻，武王不安葬文王就兴师伐纣为例，虞舜、武王都不是考证经典、按照过去的规则那么做，而是根据内心的良知权衡轻重才这么做的。如果虞舜不是担心没有后代，武王不是要救民于水火，那么做这样的事情就是不孝不忠。由此看来，王守仁的致良知更重视人行为的动机，即便行为不合常理，只要出于本心，抱着诚意，都是可以接受的。按照这样的思想，王守仁提出“虽终日作买卖，不害其为圣为贤”“四民异业而同道”。经商并不妨碍其成为圣贤，士农工商之间并没有本质的区别。这些观点既与先秦的“百工之事皆圣人之作”有传承关系，也反映东南发达的商品经济对心学的渗透。

孔子说：“古之学者为己，今之学者为人。”这句话历来有很大歧义。宋明儒将此理解为：学者须以修身为本，平治天下为末；以道德完满为本，外在事业成功为末。从这个意义上讲，宋明道学是以个体为本位、而非以集体为本位的学问。顺便补充一句，中国现代思想中的集体主义有另外的来源，事实上传统思想中包含有更多的个人主义意识。心学的目的是个体成圣，或者至少为了解决人之所以为人的问题，否则毫无用处。王守仁对弟子说：“诸公在此，务要立个必为圣人之心，时时刻刻，须是一棒一条痕，一掴一掌血，方能听吾说话句句得力。”（《传习录》）如果没有这样的想法，就如一块死肉，再怎么打也不知痛痒。因此心学首先是一种信仰，就是相信孟子的“人皆可以为尧舜”。这种信仰并不盲目。人性皆善，人的本心是纯粹的，只是后天受到遮蔽，致使不能将天赋之性全部得以展现，成圣就是剔除那些遮蔽本心的私利，以恢复心体的纯粹、展现人性的光辉。王守仁的心学是人性解放的号角，是要把原本至善的人性从世俗的束缚中解放出来。中西方文明都讲人性解放，但有本质差异。信奉人性恶的西方文明，倡导人性解放的结果是将人性最原始的邪恶释放出来。法国 19 世纪诗人夏尔·波德莱尔在其《恶之花》中极力赞美人类第一个杀人犯该隐和大魔鬼撒旦，诗人希望自己的灵魂能傍着撒旦休息。恶的审美价值成为近代以来西方哲学、文学的永恒课题。用西方的尺子衡量，宋明道学压抑人性；而从道学的立场看，西方是在戕害人性。道学的使命恰恰是将至善人性从形气之私的束缚中解放出来。

心学对后世的影响是多面的。王守仁以狂者自居，显出其特立独行的精神。他曾告诫弟子："依此良知，忍耐做去，不管人非笑，不管人毁谤，不管人荣辱。"（《传习录》）坚守内心的良知任凭他人嘲笑、毁谤、侮辱，都不可摧毁。心学为当世及后世造就了敢于与世俗搏斗的志士，他们坚守良知、为民请命，成为民族脊梁。王守仁心学所掀起的思想解放运动，培养出一批独立思考、有独立见解的王门后学，他们"不从人脚跟转"。心学冲破高低贵贱限制，相信人人皆可以为尧舜，使一颗颗贫贱的心灵变得强大。但王学的流弊同样明显。它高扬人的道德主体，却遏制了人作为认识主体、创造主体的无限可能性。王门后学不能免俗地落入党同伐异，以主观代替客观，以偏激为真理的泥淖之中，培养了一批志大才疏的读书人。明清交际的大变局中，王夫之等人有极为深刻的反思。但王学的价值不容抹杀，它漂洋过海，对日本明治维新产生了重要影响。

第七章 晚明思想遗产

明朝灭亡以及满人入主中原，给当时的读书人以巨大刺激，产生了以顾炎武、王夫之、黄宗羲等为代表的社会批判思想。但他们的作品长期湮没于故纸堆，直到二百多年后才被人发掘和重视。梁启超说：『读了先辈的书，蓦地把二百年麻木过去的民族意识觉醒转来。他们有些人曾对于君主专制暴威作过大胆的批评，到这时拿外国政体来比较一番，觉得句句都切理餍心，因此从事于推翻几千年旧政体的猛烈运动。总而言之，最近三十年思想界之变迁，虽波澜一日比一日壮阔，内容一日比一日复杂，而最初的原动力，我敢用一句话来包举他，是残明遗献思想之复活。』梁启超作为局中人，一语点破晚明思想对晚清改良和革命思潮的影响力以及双方在精神上的相通性。明末三大思想家，顾炎武学宗朱熹而排斥陆王，王夫之学宗张载以『横渠正学』自居，黄宗羲则是学宗王守仁，他们都从传统文化资源中开掘出一番新天地，最后又殊途同归，在一些重大问题上达成一致。

一

顾炎武

顾炎武（1613—1682），苏州府昆山（今江苏昆山）人，清军南下后曾组织义军抵抗。他初名顾绛，因敬慕南宋抗元英雄文天祥的学生王炎午而改名炎武。顾炎武年少时生活富庶无忧，很早就加入复社，过着赋诗饮酒、香草美人的生活，而明清之际的剧变毁灭了这一切。在不断兴起的文字狱压迫下，晚明读书人那种上议执政、下讥卿士，放言无忌、竞为高论的自由风气在有清一代荡然无存。顾炎武的嗣母王氏在清军攻陷昆山后绝食而亡，临终前对顾炎武说："我虽妇人，身受国恩，与国俱亡，义也。汝无为异国臣子，无负世世国恩，无忘先祖遗训，则吾可以瞑于地下。"从此，顾炎武终身采取与清廷不合作态度。他痛感读书人没有真本事，终日沉湎于道德内省的成圣而"置四海之穷困不言"，只专注于"德性之知"而拒斥"见闻之知"。因此，他决心开创一种经世致用的新学风。顾炎武既是清代经学的始祖，也是晚清经世致用思想的启蒙者。在不同历史阶段，顾炎武的影响力有不同的侧重。如果清朝中期之前顾炎武被视作"开国儒宗"和清代"汉学之祖"，到了晚清他则在推动社会变革方面产生了持续影响。比如早期改良派冯桂芬、郭嵩焘等，变法派梁启超、严复等，以及投身辛亥革命的章太炎、熊十力等都在不同程度上受到他的影响。顾炎武思想中所提炼出的"天下兴亡，匹夫有责"，更是在近代以来中国社会发挥着永恒的激励作用，成为中国人的精神标杆。

1. 天理和人欲都是人之性

朱熹有理、气二元论倾向，使其思想内部存在着矛盾。钱穆认为朱熹主张有一个先于气的理，犹如佛家之涅槃佛性，但也有学者认为朱熹坚持具体的一元论。对朱熹理、气思想的两种认识，似乎都对，又似乎都不全面，因此导致的思想结果有很大不同。按照前一种理解，因理流行而形成的人的天地之性（天理），是人之所以为人的内在天性，因气禀而产生的气质之性（人欲），是人受到习染而形成的外在人欲。“存天理，灭人欲”是重新恢复人类天性的必然选择。按照后一种理解，因理流行而形成的天地之性（天理）与气禀而形成的气质之性（人欲），都可以视作自然人性的组成部分，“甘其食、美其服”“求名利之心”等私欲当然是人性的一部分。顾炎武正是沿着后一条路线发展自己的思想体系。顾炎武认为上天赋予了人不断向善的天性，同时，“民之所欲、人之有私”也是人之所以为人的依据，需要“养人之欲”“给人以求”。

顾炎武的自然人性论注重对现实人性的分析而不再沉湎于对先天的抽象人性的遐想。道学高唱道德理想主义，无视现实中人性的丑陋和堕落，为顾炎武所深恶痛绝。他在《日知录》卷三《夸毗》条中分析春秋战国以来就有的“夸毗之性”，即没有骨气、不敢直言，以柔眉顺眼为能事，犹如孟子所说的妾妇之道。卷十二《河渠》则揭露因制度而造成的贪婪之性，比如黄河年年维修又年年决堤，似乎是无底洞，就是有一个利益团体能从黄河决堤中捞到好处。皇城里，为人办一件事，都要索取报酬，官员受职任事，无一不计较利益得失。顾炎武讽刺说：“自府史胥徒，上而至于公卿大夫，真可谓之同心同德者矣。”《史记・梁孝王世家》引窦太后的话：“吾闻殷道亲亲，周道尊尊。”顾炎武意识到，正是后儒坚持的亲亲、尊尊、爱有差等的尊卑贵贱思想导致了人的势利之性。在亲亲、尊尊观念的教育下，每个人从小就被灌输，对亲者、尊者要亲近、重视，对疏者、卑者要疏远、无视。顾炎武引汉代荀悦的话，“言论者计薄厚而吐辞，选举者度亲疏而举笔。苞苴（贿赂）盈于门庭，聘问交于道路；书记繁于公文，私务众于官事”，认为“世之弊也，古今同之，可为太息者此也”（《日知录》）。这种只认关系、不讲道义，攀龙附凤谋取富贵，依靠裙带关系获取利益以及有明一代士大夫竞相结交宦官、认宦官为干爹等，都是这种势利之性的鲜活体现。顾炎武分析横行中国社会几千年而不衰的“关系学”的由来、表现的确鞭辟入里。他看到道学家高唱道德理想背后的虚情假意，反衬出人的虚伪之性。这种虚伪之性，与只注重繁文缛节而失却真情，脱离现实而高谈心性有很大关系。顾炎武考察了南北各地的风俗，看到普遍的社会氛围是拉帮结派、唯利是图、没有天下国家的感情和责任。比如，“江南之士，轻薄奢淫”“河北之人，斗很（狠）劫杀”；“无官不贿遗”“无守不盗窃”“君臣上下怀利以相接，遂成风流”（《日知录》）。读书是为了“千钟粟”“黄金屋”，一旦做了官首先想到的是如何满足自己的私欲。宋明道学高唱天理、良知，却造就如此卑劣的人性、风俗，不能不说是极大的讽刺。顾炎武认为，这种低劣的士风、民风正是历史上华夏民族屡次被外敌征服的原因。

顾炎武努力从传统思想中寻找解决问题的思路。在坚持人具有向善天性的前提下，承认人的私欲，可以“先私而后公”或者“先公而后私”，最后是“合天下之私以成天下之公”。天下之公就是由单独的个人之私集合而成。离开民众个人之私，又何来天下国家之公？但对于官员和士大夫，顾炎武认为需要有更高的道德标准：以公灭私。他说：“至于当官之训，则曰‘以公灭私’。”正因为官员利益已经有俸禄作保障，做到“以公灭私”就是理所当然。

顾炎武提出的“先公后私、先私后公、合众私成大公”这一实现道德理想的路径，对近代中国政治制度有启迪作用。严复说："顾处士曰：'民不能无私也，圣人之制治也，在合天下之私以为公。'然则使各私中国奈何？曰：设议院于京师，而令天下郡县各公举其守宰。是道也，欲民之忠爱必由此，欲教化之兴必由此，欲地利之尽必由此，欲道路之辟、商务之兴必由此，欲民各束身自好而争濯磨于善必由此。"(《严复集》) 严复把顾炎武的人性论作为设议会、兴实业、尽地利、振民风的理论基础。顾炎武的另一思想，即始于周公、扩充孟子的对百姓（民）和官员（士）有不同道德标准的观念，鲜明地体现在三百多年后的中国共产党人的制度设计之中——党员干部尤其是高级干部必须先公后私、大公无私，对普通群众要首先关注其切身利益，即先私而后公。中央苏区时期，毛泽东就曾说："我郑重地向大会提出，我们应该深刻地注意群众生活的问题，从土地、劳动问题，到柴米油盐问题。妇女群众要学习犁耙，找什么人去教她们呢？小孩子要求读书，小学办起了没有呢？对面的木桥太小会跌倒行人，要不要修理一下呢？"[1] 如果反过来，要求普通百姓先公后私、大公无私，而官员却养尊处优、以私利为先，那就有违中华文明从古至今的主流价值观了。

2."尊德性"与"道问学"的统一

"道问学"还是"尊德性"，是朱熹和陆九渊争论的焦点之一。在现代语境下，类似于是首先做学问还是首先做人。朱熹把"道问学"（追求知识）从依附于"尊德性"（道德完满）中独立出来，从专注"德性之知"，转而重视"见闻之知"，使格物穷理、研究典章制度有了独立的价值。顾炎武沿着这一思想路线继续发展下去，提出"博学于文、行己有耻"的治学路线，形成了将知识从伦理中独立出来的一种近代治学思路。

---

1 《毛泽东选集》第1卷，人民出版社1967年版，第138页。

“博学于文”主要解决宋明道学忽视经学、忽视历史、忽视社会、更忽视自然知识的倾向。顾炎武身体力行，矫正知识伦理化的学风，其《天下郡国利病书》几乎囊括了当时各门类的知识，与那些整日正襟危坐关注于性命的道学家相较而言，其胸襟和视野不可同日而语。“行己有耻”是为士大夫画出了一条道德底线，开辟了一条实现道德理想的路径。明朝覆灭时大批士大夫倒戈，已经表明宋明道学的先验道德理想主义的破产。一些满口仁义道德、忠君爱民的士大夫，其实是一帮无耻之徒，其良知、德性一钱不值。一个人可能是孝子、也可能是忠臣，仅仅是对父母之孝和对一家一姓之忠而已，没有对天下国家、黎民百姓的情怀和责任，没有对社会公平、正义的追求。当家族利益与民族大义发生冲突时，士大夫们往往会选择维护前者。这正是宋明道学的道德理想主义的缺陷。顾炎武提到晚明的官场风气，如士大夫盛行赌博，不以为耻，反以不善赌博为耻；竞相结交歌妓，以教戏唱曲为能事，沉湎于醇酒美人；南方士大夫，晚年多好学佛，北方士大夫，晚年多好学仙，实质上都是出于利己之心等。如此卑劣的官场风气，明朝怎能不亡？顾炎武特别强调：“故士大夫之无耻，是谓国耻！”何为士大夫之耻？锦衣玉食却碌碌无为，天下百姓没有受其恩泽，是士大夫的最大耻辱。为官一任不能造福一方，是为官者的最大耻辱。

顾炎武从讨论魏晋时期的社会状况中，提出了亡国和亡天下的区别。“易姓改号，谓之亡国；仁义充塞，而至于率兽食人，人将相食，谓之亡天下。”（《日知录》）表达了三层含义：一是改朝换代，一家一姓下台，可谓亡国，而华夏道统沦丧，民众遭殃，可谓亡天下；二是亡国只涉及“食肉者”的利益，亡天下则涉及全体民众的利益；三是亡国不等于亡天下，“食肉者”的利益不代表百姓的利益，但亡天下必然会亡国，当整个民族处于沉沦之际，要保证不亡国也难。

3. 实现修己治人和内圣外王

道学家普遍认为：修己是本，治人是末；内圣是本，外王是末。顾炎武对此进行深入分析。

第一，人生目标到底是修己成圣还是平治天下，用现代术语是说，人到底是有道德、有尊严、有快乐地生活，还是以天下为己任、济世为民、成就一番事业。也可以通俗化地理解为，是过好自己的小日子还是积极为社会作贡献。毫无疑问，无论是理学还是心学，都倾向以前者为先。顾炎武从明朝灭亡中看到这种倾向的缺陷。士大夫只袖手旁观谈心性而毫无担当，不问家国天下、只考虑自身利益，岂不知覆巢之下无完卵？只追求修己成圣、自我完满的人生目标，恰恰是中华文化下的精致利己主义、个人主义的根源。二程批评佛学自私自利，因为佛教徒除了成佛什么都可以抛弃，但只追求修己成圣的道学不也是如此？因此，顾炎武倡导"以天下为己任"，认为士人在任何时候都不应忘却家国情怀，不能把修己与治人、内圣与外王对立起来。

第二，修己何以治人，内圣何以外王？这是道学家反复讨论的课题，顾炎武却看到"士无实学"这一残酷的现实，因此传统的专以道德修养为目标的治学路径必须抛弃。长期浸润于道学的腐儒，必然将经略边疆视为多事，土地赋税视为聚敛，留心政事民情视为俗吏，仅满足于为生民立命、为天地立心、为万世开太平的高谈阔论之中。顾炎武力图扭转迂阔、空谈的学风，要求读书人"博学于文"，懂得各方面的学问，具有经天纬地之才。比较而言，近代西方努力将知识从神学的束缚中摆脱出来，而近代中国则需要将知识从伦理的桎梏中挣脱出来，使知识获得独立的尊严和价值。顾炎武尽管没有清晰意识到这一问题，却引领了这一历史趋势。

二

王夫之

王夫之（1619—1692），字而农，出生于湖南衡阳，崇祯十五年（1642 年）举人，因时局变乱而终结了进士梦。清军南下后，王夫之曾在衡山举兵，失败后投奔南明永历政权，不久返乡，为逃避清军追捕在湘南一带流亡三年，暮年隐居湘西草堂（衡阳县曲兰镇湘西村）。“船山之学，以史为归。”他通过对历史反思展开对君主专制的批判。

1. 今胜于古的进步史观

王夫之注定是孤独的思想者，其超前的意识必然难以被时人所理解。在叫嚷返璞归真，视上古为理想的社会环境里，他提出了今胜于古的进步历史观。他认为中国远古社会经历了从类似禽兽到类似夷狄的生活，最后因农业发展、文化发展而进入文明社会。儒家心驰神往的三代盛世，不过如残暴土司统治下的云贵川地区一样。与更多从主观动机判断是非的“王霸论”不同，王夫之看到历史中主观动机和客观效果之间的复杂性。比如，秦始皇废封建、立郡县，主观上是为了“私天下”，但建立起了有利于后世的制度。他说：“秦以私天下之心而罢侯置守，而天假其私以行其大公，存乎神者之不测，有如是夫！”（《读通鉴论》）秦始皇只是按照社会发展的必然趋势做了他应该做的事情。用这样的观点来评判汉武帝的开疆拓土，就会有完全不同于传统儒家的“穷兵黩武”“人欲流行”的评价，那是“天”假手汉武帝来实现华夏文明远播蛮荒之地的伟业，一时牺牲换来了更长远的利益。如此看来，恶的动机可以成就善的目的。

王夫之的这些观点绝不是一时兴起的议论，而是有一个理论框架作支撑，这就是“理势合一”观。

“理、势”问题由来已久，在现代语境下等同于历史事件中的价值判断和事实判断。柳宗元曾用历史趋势来分析封建制确立的原因，朱熹用“理、势”为孟子不尊周天子辩护。王夫之则从“生民之生死”高于“一姓之兴亡”的价值出发，提出理和势的统一。一方面，以理成势，凡是合理的必然成势。王夫之认为，周文王“以百里而兴王”、宋太祖“一统天下，底于大定”，都可以从他们顺理而为中找到依据。另一方面，以势成理，势既然而不得不然，则此为理。这就是说，能成为一种趋势的事物，理必然在其中。历史上的分封制尽管有其合理性，但其带来的弊端不得不改，当废封建制成为一种大势时，郡县制就是合理的。王夫之说：“时异而势异，势异而理亦异。”（《宋论》）理与势（价值与事实）并不是互不相干的两件事，理不能脱离势而恒久不变，势也不能离开理而恣意妄为，两者紧密相连、合二为一。用“理势合一”来分析中国历史，就会有一种不同于过去的历史观。正统儒家看来，曹操是一个篡汉的反面典型，但王夫之对曹操用武力权术统一北方给予肯定。王夫之开始摆脱用道德评判人物的伦理史观这一传统窠臼。

王夫之将理势与天相连，提出了理势天道观。他说：“顺必然之势者，理也；理之自然者，天也。”“势字精微，理字广大，合而名之曰天。”（《宋论》）王夫之的天道观是连接传统天道观与现代天道观的重要桥梁。现代中国人喜欢讲世界潮流、历史大势、时代精神，都可以从理势天道观引申出来。

王夫之从“民胞物与”“万物一体”出发，提出“天者器，人者道”（《思问录·内篇》），“自然者天地，主持者人，人者天地之心”（《周易外传》）。王夫之从“天为器、人为道”“人为天地之心”的角度阐述的天人关系，既有天人一体的含义，也包含了天人相分、人为主导的思想，是孟子和荀子思想的综合。在王夫之看来，人源于自然又高于自然，人之道源于天之道又高于天之道。程朱理学往往从“羊乌之孝”“蜂蚁之忠”来论证仁义的普遍性，论证天地之性的至善性，论证天理克治人欲的真理性。但王夫之证明禽兽的所谓“知、仁、勇”完全出自天性本能，而人的道德行为除了有天赋的因素，更多具有主观能动性，是自主的选择。天道只是体现了自然的本性，而人道是人的能动选择，因此，王夫之提出要“以人道率天道”，而不是如程朱的用天道（天理）制约人道（人欲）。王夫之从三个层面来讨论“天”。第一，能够化生万物的自然之天，称为“天之天”，体现支配宇宙的力量和规则。第二，禽兽所能感知、理解的生物之天，称为“物之天”，体现着支配生物界的力量和规则。第三，人所认识、活动的人类之天，是“人之天”，体现支配人类历史的力量和规则。“人之天”包括体现个别圣贤意志的“己之天”，体现多数民众意愿的“民之天”。

王夫之将支配事物的力量和规则——天从三个层面去理解，支配自然演化的“天之天”；支配生物演化的“物之天”；支配社会演化的“人之天”，同时它分为“己之天”和“民之天”。已接近现代思想的分类，抛弃了人与物混同的万物一体的宇宙观。他对创造万物的自然之天的“天之天”抱有一分敬意，在讲“理势合一而为天”的天，更多指“人之天”的天，决定着人类社会的发展。而“人之天”中，体现民众意志的“民之天”要比体现圣贤意志的“己之天”更重要。王夫之从“天视听自我民视听，天聪明自我民聪明，天明畏自我民明威”出发，从两个方面做了进一步发挥：一方面认为天心就是民心、天意就是民意，民心所向就是天之所向，理势所向；另一方面认为民心、民意存在短视，还需要有圣贤独自判断——“己之天”来弥补。王夫之将重民与慎民统一起来，当统治者轻视民众时，强调“即民见天”，当民情鼎沸时，又要“援天以观民”。比较朱熹义理天道观，王夫之的理势天道观既恢复了民意即天意的思想，也看到了完全依据民意之不足。

2. 对君主专制的批判

王夫之根据投奔南明永历小朝廷的经历、自己的观察以及对历史经验的总结，认为家天下的君主专制是华夏历史上屡遭蛮夷侵凌的根本原因，也是明王朝灭亡的根本原因。他认为这一切肇始于历代儒家一直称颂的周文王。周文王以私天下之心而废除宰相，虽设“三公论道”，但他们没有任何实权，都只是摆设而已。这一制度实现了巩固王权的私心，但后患无穷，造成以后五百余年的春秋战乱。因儒家的追捧，周文王的流毒被历代君主所仿照。这种“恃一人之耳目以弱天下”的高度集权体制必然使上下猜忌、相互防范，最后搞得“天子无亲臣，大臣无固位，国蹙民贫，虽有贤者，亦坐叹而无能为矣”（《尚书引义》）。这种情况与晚明何其相似，崇祯帝虽励精图治，但处处事与愿违，最后在煤山歪脖子树上吊死；南明弘光政权，在清军压境的情况下内部仍然倾轧不已，不到一年就失败，之后建立的隆武、永历政权依然如此。高度集权的体制看上去一呼百应，但实际上皇帝孤家寡人，大臣之间钩心斗角、相互拆台，民众也是离心离德，稍有风吹草动就占山为王、各自为政。王夫之在《读通鉴论》《宋论》中，借历史典故说明专制君主必然造成小人当道、嫉贤妒能。从理论上说，天下都是皇帝一家的，为了维护好自己的利益必然会选用德才兼备的人为政，这和学理上证明私有制有优越性的理由如出一辙。但所有历史事实都证明这是错的，君主总是倾向于任用两面派的小人。他认为，仇视大多数人的利益是君主专制的必然结果，解决这一问题的唯一出路是建立新的价值观，即

“生民之生死高于一姓之兴亡”，君主可继、可禅、可革。王夫之对君主制的批判，相比道家鲍敬言、无能子，思想上更为深刻。

倡导民族大义是贯穿王夫之全部思想的主轴，这与满清入主中原带来的深重灾难有很大关系。他借东晋时桓温北伐、南宋时岳飞北伐来表达“不以一时之君臣，废古今夷夏之通义”的观点。针对桓温有篡夺东晋帝位的说法，他认为即便篡夺帝位也比异族入主中原要强。对于岳飞来说，真能灭了金国后转过头灭了宋朝，难道不比宋徽宗、宋钦宗被金人掳掠的靖康之耻，南宋几十万军民蹈海自尽要强吗？王夫之的民族大义对晚清时期的青年人绝对有冲击力，所以梁启超说，读了先辈的书，蓦地把二百年麻木过去的民族意识觉醒转来。当然，王夫之不是狭隘的民族主义者，政权的合法性不仅在于华夏主体民族当政，华夏文化为主流文化，在于能否“保其类”“卫其群”，还在于能否做到“公天下”。以帝王家天下的一姓兴亡来评论一个朝代的兴亡，这种陈旧观念被王夫之所抛弃。

王夫之从他能接触到的历史事实，提出权力监督的方案，即君权、相权、谏议权相互监督。他说：“宰相之用舍听之天子，谏官之予夺听之宰相，天子之得失则举而听之谏官，环相为治。”（《宋论》）这种思想来源于唐代设置的门下省有权对皇帝的诏令、敕令予以封驳，到了宋代开始实施台谏合一，其职责主要是纠察百官，明代则设立六科给事中这一品级很低的职位履行监督六部的职责，但对君权的监督长期缺位。他从“无为而治”的思想资源中，提出“置天子于有无之外”的虚君思想。王夫之说：“夫古之天子，未尝任独断也，虚静以慎守前王之法，虽聪明神武，若无有焉，此之谓无为而治。……诚无为矣，则有天子而若无；有天子而若无，则无天子而若有。”（《读通鉴论》）这种源于道家的虚君思想为近代改良主义的君主立宪提供了本土思想依据。

3. 发展的人性论

任何有价值的学说都建立在对人性认识的基础之上。历史上，不管是倡导人性恶、人性善，还是人性善恶混同、不善不恶等，都假定人性具有先天性、不变性。王夫之尽管也认可人性善，但是他更主张从人类历史发展过程中，从具体的人伦（社会）关系中，从天理和人欲的互为体用中，从个体的成长过程中分析考察人性，这是他的独树一帜之处。这些看法，与现代中国主张从社会关系中考察具体人性，反对抽象人性这一主流意识相契合。

与王夫之的进步史观相关联，他认为人性、人的道德水平是不断发展、进步的。尽管理学与心学在一些问题上有分歧，但在道德退化、人心不古、三代盛世的观点上却是完全一致的。而王夫之认为上古生活并不美妙，比如尧舜之前“人之异于禽兽者无几”，尧舜和三代也充斥着各种罪恶，并不是天理流行。人们通过历代的不断教化，其性情才更有仁义、更符合人道。由此，他得出“治唐、虞、三代之民难，而治后世之民易”（《读通鉴论》）的结论。王守仁认为“心外无理”，比如人的孝悌之理心中本有，并不依现实中是否是父子、兄弟关系。而王夫之的观点恰恰相反，人伦之理来自人伦关系，人道寓于现实的社会关系之中，人性体现在社会关系之中，不能离开社会去谈人的孝慈、人伦之道。王夫之坚持从某一具体的历史环境、社会现实出发，观察人们的表现和道德水准，而不是抽象地分析。从历史变迁中观察人性的变化，而不是抱持先验的、不变的人性观。这应是王夫之从读史中悟出的最有价值的观点。

人性并不是一个固定的、不变的常量，而是随着时势的变动，随着个体意识的变化而不断变动。人性可变、可革——这是王夫之留下的一条重要信念。人性的可变性不仅表现在由恶为善，也表现在由善为恶。在不同的环境和社会制度下，人性有完全不同的表现。

三

黄宗羲

黄宗羲（1610—1695），浙江余姚县（今余姚市）人。黄宗羲学于晚明大儒刘宗周（1578—1645），源于王守仁心学但又独树一帜，属于王学修正派。时人评价刘宗周“才不足而道学有余”，确是一语中的。比如，他参与朝廷政务，面对内忧外患，当崇祯想重用汤若望制造火器对付清军，他极力反对，认为用兵之道在“汤武之仁义”而不在于器；崇祯求治理良策，他说先从治心开始；崇祯励精图治，他认为急于功利，无法实现唐虞之治。真是活脱脱的道学家形象。崇祯十六年（1643 年），刘宗周六十五岁时再次被崇祯革职。清军于弘光元年（1645 年）攻陷杭州后，刘宗周效法“伯夷叔齐饿死首阳山”，绝食二十日而亡，完成了最后的成圣之路。在大批江南士大夫纷纷降清的情况下，刘宗周以死成就自己，殊为可敬。这算是“无事袖手谈心性，临危一死报君王”的士大夫上品了。黄宗羲面对国变，则选择聚兵反抗，他变卖家产组织“世忠营”。十年斗争无望后，选择著书讲学、拒不仕清的人生之路，著《明儒学案》《明夷待访录》等传世作品。

1.“别人凭什么统治我”的中国式答案

如何看待《明夷待访录》中的政治思想？它是未经西方近代民主主义思想影响，完全从中华文化中产生的具有近代意义的政治思想；它开辟了一条不同于西方政治学的实现理想社会的路径；将黄宗羲的政治主张放在更为宏大的背景下，与西方大致同时代的霍布斯、洛克、卢梭的政治主张作比较，才能把握其价值，有助于理解有别于西方的中国道路。

霍布斯1588年出生于英国威尔特郡，比黄宗羲年长二十二岁，死于1679年。霍布斯被称为西方近代政治学的开山鼻祖，但他与母校牛津大学的关系并不好，在他死后，牛津大学发起声讨，将他的著作堆在博德利图书馆的长方形院子里付之一炬。洛克1632年出生于英国萨默塞特郡，比黄宗羲年轻二十二岁，死于1704年。洛克对美国独立战争和宪政制度有重要影响，他死后的两个多世纪，“一直被视为英国自由主义者引以为傲的美德的化身”[1]。洛克一生跌宕起伏，出于谨慎，他在生前始终否认自己是《政府论》的作者，担心引火烧身。临终前一年，他在给人的信中赞扬《政府论》下篇对财产所有权的论述，好像他不知道那是谁的大作。卢梭1712年出生于日内瓦，比黄宗羲晚出生102年，死于1778年。1789年法国大革命的革命领袖，都自称是卢梭的信徒。卢梭一生颠沛流离，晚年精神失常，法国当局看到他再也不能给任何人找麻烦了，才于1770年默许他在巴黎郊外定居。这三位思想家尽管风格各异，却都在思考同一个问题：别人凭什么统治我？霍布斯认为，“神”可以统治人，因为他创造了人，他的统治不需要任何人同意，而世俗统治者是一定要经过被统治者的同意。“我的同意才是别人统治我的理由。”这条原则也为洛克、卢梭所赞同，成为西方政治学关于统治合法性的基石。不过，我为什么同意让别人统治我？自己照顾自己不更好吗？为此，他们从自然状态开始讨论，但每人看法各自不同。霍布斯的自然状态是所有人反对所有人的战争状态，为了避免这种悲惨的命运，人们只能把除了生命权以外的全部权利移交给主权者。洛克的自然状态则是由自然法统治的状态，每个人都拥有生命、自由和财

1 〔英〕阿兰·瑞安:《论政治》下册，林华译，中信出版社2016年版，第69页。

产等权利，但为了避免出现人人都是执法者、司法者的局面，人们同意把一部分权利移交给有限政府，但依然保留生命、自由、财产权，政府的目的是保护这些权利。卢梭的自然状态却是一幅充满田园风光的油画，人们天性善良、和平相处，直到有一天，有个人在一块土地上打下篱笆并宣称自己拥有所有权为止，这个人既是文明世界的创造者，也是让人类陷入悲惨命运的始作俑者。人类的所有罪恶都是社会腐蚀的结果，卢梭所设想的契约社会是每人毫无保留地把自己的全部权利移交给主权者，这个主权者代表着“公意”，所有人都置身于绝对权威的“公意”之下。事实上，这是一种危险的游戏，“人一旦接受了这种社会契约，生命即不再属于自己，而是变成了主权者给予的有条件的礼物”[1]。

与之对应的是，从周公、孟子开始，直到黄宗羲，也都在思考同一个问题：别人凭什么统治我？只不过，周公的问题是反过来说的：我周人凭什么拥有天命、统治天下？他的结论是以德配天，要给天下百姓以恩泽才能拥有天命。孟子的观点是，施行“仁政”是取得统治合法性的依据。可以归结为一句话，统治合法性在于“我比任何人都做得出色”。那么，黄宗羲是怎么看的？他的思想起点也是从人类最初的阶段开始。《原君》篇说：“有生之初，人各自私也，人各自利也，天下有公利而莫或兴之，有公害而莫或除之。”人类最初状态是各私其私、各利其利，自己照顾自己。这种状态虽没有压迫、也没有剥削，但有一个问题：有利于大家的事情没人干、有害于大家的问题也没人管。有共同的开端、共同的自然状态、共同的问题，但是中西思想家解决问题的思路完全不同。霍布斯、洛克、卢梭的想法是彼此订个合同，其思想源头都指向《圣经》的神圣契

1 〔英〕阿兰·瑞安：《论政治》下册，林华译，中信出版社 2016 年版，第 192 页。

约。而黄宗羲说：“有人者出，不以一己之利为利，而使天下受其利；不以一己之害为害，而使天下释其害。此其人之勤劳必千万于天下之人。”他的解决办法是，出现这样一个人——我将无我、不负天下。这个人不以自己的利益为利益，不以自己的损害为损害，兴天下之大利、除天下之大害，此人的辛劳和付出必然千万倍于常人。黄宗羲的思路完全是中国式的，要有一位以天下为己任、公而忘私的人出世，这样的人才具有管理天下的资格。如果说霍布斯等人是依据基督教和古希腊罗马的历史传统提出的解决方案，那么黄宗羲则是依据华夏传统提出的办法。他希望正本溯源，搞清楚“君”的原始含义——吃苦在先、享受在后，而“君”的统治合法性就在其中。“凭什么统治我”的答案是：这个人愿意牺牲自己、成就天下利益。谁能做到这一点谁就获得统治别人的权力。试想，天下百姓谁不愿意一位事事为他人着想、大公无私的人来管理自己呢？老子说：“生而弗有也，为而弗恃也，长而弗宰也，此之谓玄德。”（《道德经》）这种体现自然之道的政治伦理是：创造它、但不拥有它，养育它、但不主宰它。这与西方基督教政治伦理属于完全不同的两种路子。无论是君权神授还是社会契约，都认为只有“神”对人类具有绝对权威，因为“神”创造了你，所以就有权控制你、统治你。西方为奴隶制辩护的理由是：我没有杀死你，所以你有义务给我当奴隶。但从老子引申出来的政治伦理却是：我给了你一切，但我并不想借机主宰你。这是一种彻底的全心全意为天下苍生服务的至善品格，与基督教世界念兹在兹的“神”的至善品格——创造你也有权毁灭你——完全不同。中国共产党人在革命建设时期倡导“吃亏才能当干部”，就是这种传统理念的现代诠释。因此，中华文明定义下的统治合法性，既不来自造物主——“神”，也不来自社会契约——等价交换，而是来自统治者无私品格、辛劳付出和天下百姓对其行为的认可。黄宗羲的统治合法性有两点：无私奉献和百姓认可，两者缺一不可。黄宗羲说："古者天下之人爱戴其君，比之如父，拟之如天，诚不为过也。"古人把这样的君主比作父、比作天，这有什么过分的？西方政治伦理的同意与中国政治伦理的认可，既有相同也有不同。本质上讲，任何合法性的政治行为都要获得百姓的拥护，这一点双方没有区别。不同之处在于，"同意"是事前的、一次性的，而"认可"则是事后的、持续性的。它们将产生两种完全不同的政治运作模式。当然，这两种模式各自都有一个难题，第一种模式的难题是，如果制定契约之初有强者拔出刀剑威逼弱者，怎么会有公正的契约？第二种模式的难题是，上哪里去寻找具有圣人品格的领袖人物来获得天下百姓的认可？

黄宗羲秉承中国传统的理想，但并不理想化。他认为，只讲付出而不求回报并不是人人能做得到，有违人情。所以他说："夫以千万倍之勤劳而己又不享其利，必非天下之人情所欲居也。"他认为，做天子是件辛苦的事情，古代的许由、务光不愿意接受唐尧、商汤的禅让，就是不愿意受这份苦。而尧、舜之所以想禅让天下，就是希望老了以后不再受这份苦。这里，黄宗羲在提出理想的政治伦理的同时，又提出了基于现实的政治伦理——当官是份苦差事，当大家都认为当官是份苦差事，权责对等甚至付出要远远大于回报，就不会再有人贪恋权力，就连尧、舜也不例外。换言之，政治只能让最具有服务意识、奉献意识的人参与。在黄宗羲眼里，为后人称颂的许由等人，只是一个独善其身、不愿意付出的自私自利者。当然，黄宗羲并不认为自私自利有什么不妥，因为人都有好逸恶劳之情。他说："岂古之人有所异哉？好逸恶劳，亦犹夫人之情也。"但为君者就必须克服这种自私自利的"人之情"，这是政治伦理的又一条重要原则。从这一逻辑起点出发，黄宗羲展开对现实君主制的批判。

黄宗羲在《原君》中写道："后之为人君者不然，以为天下利害之权皆出于我，我以天下之利尽归于己，以天下之害尽归于人，亦无不可；使天下之人不敢自私，不敢自利，以我之大私为天下之大公。始而惭焉，久而安焉，视天下为莫大之产业，传之子孙，受享无穷。"在黄宗羲看来，现实中君主制度的问题有三：一是君主认为自己是一切权力的源头，只有权力没有责任，只有权利没有义务；二是把君主的个人私利包装成天下大公，而百姓没有私利、也不应该有私利；三是君主将天下看作自己的私有财产，可以由子孙继承。假如没有君主，人类尚能各得其利、各得其私，而现在有了君主，连最初的状态都不如，何必要设立只有负面意义、没有正面意义的君主呢？黄宗羲得出一个结论，"为天下之大害者，君而已矣"。按照黄宗羲的看法，三代以后，天下最大的祸害是君主的家天下，天下最大的斗争是百姓与皇帝的斗争。有人认为，黄宗羲并没有彻底否定君主，是期望有明君出世。那么，黄宗羲理想中的"君主"——不以一己之利为利、不以一己之私为私，做到大公无私的"原君"，还是古今中外所定义的"君主"吗？这要比柏拉图《理想国》的哲学王，卢梭的"公意"还要纯粹。黄宗羲认为，如果现实中的君主违背了设立君主的初衷，就应该抛弃"君臣之义"，实行孟子所称赞的汤武革命，诛杀独夫民贼。近代革命者从黄宗羲的观点中很自然地引出一个结论：推翻君主制、打倒皇帝是完成政治革命的首要任务。在这个问题上，霍布斯不赞成公民有反抗政府的权利，而洛克和卢梭都在一定程度上认可了人民起来革命的权利。如果说美国独立是对洛克思想的注解，法国大革命是对卢梭思想的注解，那么辛亥革命则是对黄宗羲思想的注解——打倒皇帝，而且也仅仅是打倒了皇帝、推翻了帝制而已。晚清的顽固派叶德辉曾言："若夫黄梨洲《明夷待访录》一书，其《原君篇》隐诋君权太重，实开今日邪说之先声。”（《翼教丛编》）从另一个侧面印证黄宗羲对清末变法派、革命派的影响。

2.民本政治：共有、共治、共享

近代以来中国理论家很纠结一个问题：黄宗羲有民本思想，但不同于卢梭提出人民主权的民主思想，顶多算初步具有民主意识。似乎总有矮人一截、不够先进的感觉，因为民主要比民本更进步、更具有现代性。这是一种基于西方本位而引申出的观点，具有很大的偏见。民本与民主是从不同的始点提出，无法简单比较。

洛克、卢梭以来的西方各种不同的民主理论，源于古希腊罗马的民主、共和观念，它们都建立在共同基础上：社会契约和公民同意是统治合法性的来源。民主的实质是“人民主权”，它是相对于基督教的“上帝主权”而言，说明统治社会的主权来自人民，并非是“神”。与人民主权相对的并非是君主权，因为基督教体制下的西方社会从来不承认君主拥有主权。至于是采用代议民主还是直接民主，采取君主立宪制还是共和制，只是民主的不同实现方式。中国从西周以来就一直是个世俗化社会，从天子获天命取得统治权，而从天命体现民意这样的逻辑链条看，中华文化中已经存在统治权来自民众而非“神”的观念，无须发展出西方式的民主思想——主权在民而非“神”。至于中国的民本思想，其实质是讲以民为本位，相对于以神为本位、以君为本位、以国家为本位而言。西方的民主与中国的民本是从不同角度说的，含义有较大不同。民本思想除了以民为根本的本义，还包含民众是社会的终极目的、统治权的基础在民意、民的利益具有自主性等观念。顾炎武提出“合众私成大公”，意思是将民众的私人利益集合起来就是天下的公共利益。黄宗羲依据中国思想的逻辑，天下乃天下人之天下，非一人之天下，有德者居之。这种民本主义首先考虑的不是把权利让渡给别人，使别人合法地统治我，而是讲任何人都有权管理天下，关键是自己有没有崇高的德性，民并非是被动接受他人统治的对象。在这样的逻辑下，统治者始终处于惶恐不安之中，生怕哪一天干不好就会被他人取代，甚至人头落地。黄宗羲就说："一人之智力不能胜天下欲得之者之众，远者数世，近者及身，其血肉之崩溃，在其子孙矣。"（《明夷待访录》）皇帝一个人的智力又怎么能够敌得了天下那么多人，最后的结果不是自己本人，就是自己子孙陷于血光之灾。君主专制不仅是天下的祸端，还给君主自身引来祸端。王夫之也表达过类似看法，他说："以一人之疑敌天下，而谓智计之可恃以防，其愚不可瘳，其祸不可救矣。"（《读通鉴论》）黄宗羲在《原法》中写道："三代之法，藏天下于天下者也，山泽之利不必其尽取，刑赏之权不疑其旁落。"在黄宗羲看来，三代之法的原则有三：一是"藏天下于天下者"，天下之物由天下人共有。二是"刑赏之权不疑其旁落"，天下之事由天下人共治。三是"山泽之利不必其尽取"，天下之利由天下人共享。黄宗羲的民本主义除了"以民为天下根本"，还包括"共有、共治、共享"。黄宗羲的这三原则，要比美国总统林肯的"民有、民治、民享"三原则意境更为深远，因为社会治理本身就是各主体协作共同努力的结果。从历史进程看，民本主义比民主主义的内涵更为丰富。

"共有、共治、共享"三原则是"天下为公"理念在社会治理中的具体化，也与君、臣、民三者对等的政治思想有关。黄宗羲在《原臣》中写道："故我之出而仕也，为天下，非为君也；为万民，非为一姓也。""夫治天下犹曳大木然，前者唱邪，后者唱许。君与臣，共曳木之人也。""吾无天下之责，则吾在君为路人。出而仕于君也，不以天下为事，则君之仆妾也；以天下为事，则君之师友也。""或曰：臣不与子并称乎？曰：非也。"君与臣只是名称不同，实质是一样的，都是为了天下之责、万民之利。君与臣为了承担天下的责任而走到一起，否则就如路人一般。君臣之间是同事也是师友。黄宗羲坚决反对用父子关系来类推君臣关系，因为父子是基于血缘，而君臣是基于共同志向。黄宗羲的观点远远突破了那个时代的局限，是中国式政治学的奠基者。

第八章

晚清变革思潮

康熙三十四年七月初三（1695年8月12日），黄宗羲带着遗民的怅恨长辞于世。他们这一代人所怀抱的经世理想湮没在中国历史上空前的生育大爆发的盛世之中（从6千万人猛增到4亿多人），他们所开启的思想晨光完全被黑暗所吞没。有清一代，整个社会风气的闭塞，几乎达到不可思议之程度。在这个万马齐喑的两百多年间，士人或动辄遭受奇祸，或逃避于故纸堆里，或醉心于功名富贵。直到1840年4月，英国政府挑起第一次鸦片战争，以武力叩开了中国近代史。晚清大变局从此拉开帷幕。

一

晚清思想的两条主线

与一般的认知相反，西方思想进入中国，首先引发社会变革的并不是“体制内”的士大夫，而是“体制外”一位屡试不第的穷教书匠——洪秀全。他带着一帮穷人，借用基督教义与中国传统结合产生的“拜上帝会”，鼓动起海啸般的社会动荡。纵观晚清七十年之大变局，实有两条主线横贯其中。一条是“体制外”读书人、普通百姓，利用西方思想与中国传统结合创立新学说，并用这些学说来指导社会革命。这一条主线以太平天国运动和兴中会、同盟会为代表。另一条是“体制内”士大夫和高级士绅，也借用西方文明成果与中国传统结合，提出改良学说。这一条主线以魏源、冯桂芬等的改良思想，李鸿章、张之洞等领导的洋务运动，康有为、梁启超等推行的戊戌维新为代表。这两条主线开始时泾渭分明，到了中后期则相互交织、相互影响。晚清时期有一个很奇特的文化现象，如同宋儒从《礼记》中挑出《大学》《中庸》两篇，将其抬高到经学的地位，这时期无论革命派还是改良派都注意到《礼记》的《大同》篇，洪秀全、康有为、孙中山相继摘录其中的观点作为理论武器。“天下为公”成为各派的最大公约数。

如同用格义方式理解初入中土的佛学，西方文化进入中国也经历了同样的阶段。清初在天文领域发生了一场轰动全国也震惊西方的斗争，史称“康熙历狱”。曾任清朝钦天监监正的杨光先，是此事件的始作俑者。杨光先（1597—1669），为江南歙县（今安徽歙县）人，信伊斯兰教。他嘲讽汤若望“地球圆说”，特撰《孽镜》予以反驳。他说，如果大地是圆的，岂不是“球上国土人之脚心，与球下国土人之脚心相对？”他还要求用实验来验证，如果他顺立于楼板上，汤若望能倒立于楼板下，或者能让盂盆倒扣后里面的水不流出，他就相信大地是圆的。毫无疑问，从经验来说，杨光先很正确，但用日常经验去看待科学，恰恰是作茧自缚。对杨光先之流固然可以斥为愚昧，可即便被誉为中国近代能睁眼看世界的林则徐、魏源、徐继畬等人，或者被视为顽固派的叶德辉等人，也都有惊人相似的思维。林则徐报告英国人的情况时说：“一至岸上，则该夷无他技能，且其浑身裹缠，腰腿僵硬，一扑不能复起。”提出“师夷长技以制夷”而誉满天下的魏源，在《海国图志》“论天主教”中说，受教者事先要吞服一颗药丸，回来后“毁祖先神主，一心奉教，至死不移”。尤其是描述临死的教友被神父挖眼睛一幕，更让人毛骨悚然。“凡入教人病将死，必报其师。师至，则妻子皆跪室外，不许入。良久气绝乃许入，则教师以白布裹死人之首，不许解视。盖目睛已被取去矣。有伪入教者，欲试其术。乃佯病，数日不食，报其师至，果持小刀近前，将取睛。其人奋起夺击之，乃踉跄遁。闻夷市中国铅百斤，可煎文银八斤。其余九十二斤仍可卖还原价。惟其银必以华人睛点之乃可用，而西洋人之睛不济事也。”魏源想告诉人们，挖中国人眼睛的目的是提炼纹银，而西洋人的眼睛不管用。这就是当时中国最“先进”之人的认知水平。晚清教案屡屡发生，应与这种主观想象有莫大关系。曾任闽浙总督、总理衙门大臣、同文馆事务大臣的徐继畬在其所著的《瀛寰志略》中这样介绍欧洲：“欧罗巴一土，以罗经视之，在乾戌方，独得金气。其地形则平土之中。容蓄沧海数千里，回环吞吐，亦与他壤迥别。其土膏腴，物产丰阜。其人性情缜密，善于运思，长于制器，金木之工，精巧不可思议。运用水火，尤为奇妙。”为理解一个全新的欧洲，这位朝廷大员须用八卦五行的知识。欧洲位于西方而独得金气，得金气必然独擅长制器之技。徐继畲称华盛顿的言论历来被西方视为民主思想胜利的象征，其文镌刻于华盛顿纪念馆的石碑上。

“华盛顿，异人也。起事勇于胜广，割据雄于曹刘，既已提三尺之剑，开疆万里，乃不僭位号，不传子孙，而创为推举之法，几于天下为公。其治国崇让善俗，不尚武功，亦迥与诸国异。余尝见其画像，气貌雄毅绝伦，呜呼，可不谓人杰矣哉！米利坚合众国之为国，幅员万里，不设王侯之号，不循世袭之规，公器付之公论，创古今未有之局，一何奇也！泰西古今人物，能不以华盛顿为称首哉！”

从这篇文字看，徐继畲是从“天下为公”的角度理解华盛顿，还赞誉他“不尚武功”，完全符合儒家三代公天下的理想。曾国藩次子曾纪泽从事外交多年，足迹遍及欧洲，任驻俄大使期间为收回伊犁特克斯河流域土地作出重要贡献。他是这样解释阿拉伯数字 6 和 9 的——“西人记数码号，九（9）与六（6）颠倒相背。当时制字，必有意义。《易》则九为老阳，六为老阴，凡爻之阴阳，皆以九六之别。”（《曾惠敏公手写日记》）一个纯属偶然的计数字符，在曾纪泽看来也颇有深意，还用“老阳”对“老阴”来解释 9 与 6 倒置的原因。按照这样的思路去理解西学正是当时中国最杰出人士的路数。基督教十字架的含义，在欧洲哪怕蒙童都知晓，但当时的中国士大夫偏偏就不信。光绪十八年（1892 年）进士叶德辉，著名的守旧派，1927 年大革命时期被农民协会当作土豪劣绅给处决。他为了考据十字的含义，从《说文解字》《大戴礼记》《牟子理惑论》《华严经》等引经据典，无非是想证明“西教窃释氏之单文，释氏又窃中土之单文”。基督教的十字架居然来自中土。有改良思想的张自牧在《瀛海论》中认为，所谓十字，“《后汉书·方术列传》谓之禁架，古之巫医，皆有是器。耶稣殆得其遗法，尝操十字以行其术耳。而汤若望、龙华民辈乃讹为受刑之具，或疑为窥天之器，则西人之陋己”。他认为汤若望等人把十字架当作耶稣受难的刑具，无疑是在骗人。

士大夫用极为笨拙的方式费力地理解西学，作为底层读书人的洪秀全自然更难以摆脱此窠臼。他于1845年之后陆续撰写《原道救世歌》《原道醒世训》《原道觉世训》，奠定了“拜上帝会”的基本教义，其思路是利用传统思想资源与基督教结合，塑造出中国式“上帝”。这正是洪秀全的高明之处、过人之处，恰恰是中国化的上帝，才在信众中产生如此大的影响力。《原道救世歌》开头就说，“道之大原出于天，谨将天道觉群贤”，从中国的天道去理解上帝之道，则上帝与天混同，而不是外在于宇宙的创造者。“盘古以下至三代，君民一体敬皇天。其时狂（王）者崇上帝，诸侯士庶亦皆然。”说明崇拜上帝是古代早有的事，只是后来受阎罗妖的蛊惑而不信奉。洪秀全的一些教义，如“自古杀人杀自己，自古救人救自己，自古利人利自己，自古害人害自己”，实质是儒家的立人立己说、佛家的因果报应说的翻版。他所提出的“小富由勤大富命，自古为人当自强”“不义之财鸩止渴，士农工商耐久长”等警句，反映的是中国社会民众的普遍价值观。他宣扬“周文孔丘身能正，陟降灵魂在帝旁”，说明中国古代的两位圣人周文王和孔丘因其身正，其灵魂也与上帝同在，其依据还是《诗经·大雅·文王》的“文王陟降，在帝左右”。针对信徒的行为，洪秀全提出六不正，即淫为首、忤父母、行杀害、为盗贼、为巫觋、为赌博。前四项与摩西十诫相同，而“为巫觋、为赌博”则是新增的，十诫中的“不得作伪证”，因离中国传统司法制度太远而被舍弃。《原道救世歌》用“积善之家有余庆，积恶之家有余殃；顺天者存逆天亡，尊崇上帝得荣光”来结尾，其中“积善之家有余庆，积恶之家有余殃”引自《易·坤卦》，“顺天者存逆天亡”摘自《孟子·离娄上》。

《原道醒世训》开头便说：“从来福大则量大，量大则为大人；福小则量小，量小则为小人。是以泰山不辞土壤，故能成其高；河海不择细流，故能就其深；王者不却众庶，故能成其德。凡此皆量为之。”这是引用李斯《谏逐客书》中的一段话作为理论根据。洪秀全力图把“拜上帝会”与中国传统思想连接起来。《原道觉世训》提出：“论道有真谛，大凡可通于今不可通于古，可通于近不可通于远者，伪道也，邪道也，小道也。”洪秀全以儒家三代为标杆，“遐想唐虞三代之世，天下有无相恤，患难相救，门不闭户，道不拾遗，男女别涂，举选尚德”。洪秀全还大段抄录《礼记》关于大同社会的描述。他所描绘的天国正是孔子的“大同之世”、张载的“民胞物与”。

相对于前两篇，《原道觉世训》糅合佛、道、儒和基督教，其思想性、理论性、战斗性更强。其开篇就说：“天下总一家，凡间皆兄弟。何也？”因为所有人都同出一祖。从人的灵魂看，“皆禀皇上帝一元之气以生以出，所谓一本散为万殊，万殊总归一本”。而《中庸》中的“天命之谓性”、《诗经》中的“天生烝民”、《尚书》中的“天降下民”，也说明圣人所以天下一家的道理。既然中国古代君民一体，早就信奉皇上帝，后代为什么信奉阎罗妖呢？是因为受到了蛊惑。洪秀全历数秦始皇、汉武帝求仙，汉明帝求佛，汉桓帝祀道教，唐宪宗迎佛骨等历代帝王崇奉神仙佛道及带来的危害，尤其是宋徽宗擅改皇上帝名称为“昊天金阙玉皇大帝”，亵渎上帝名号，招致金人俘虏，与儿子一起死于漠北。因此，对于佛、老之徒以及妄称帝号的君主等“阎罗妖”，洪秀全号召“天下凡间我们兄弟姐妹所当共击灭之”。

与洪秀全相比，“体制内”士大夫吸收西学的顾虑较多。于是孔子的“礼失求诸野”成为士大夫坦然接受西学的理论根据。梁启超说：“孔子曰：‘天子失官，学在四夷。’《春秋》之例，夷狄进至中国则中国之。古之圣人，未尝以学于人为惭德也。”[1] 这种观点对士大夫很有说服力。但这个观点隐含一个基本前提：西学与中国古代传统并不矛盾，西夷掌握的技能正是抄袭中国古代的。由此“西学中源”说开始甚嚣尘上，成为晚清一个时期的主流。郑观应说：“况夫星气之占，始于臾区；勾股之学，始于隶首；地图之学，始于髀盖；九章之术，始于《周礼》；地员之说，创自管子。”他甚至认为化学、光学、电学等都是“出于我也”。皮嘉祐说：“夫平等之说，导源于墨子，阐义于佛氏，立法于泰西。墨子之兼爱尚同也，佛法之平等也，泰西之人人有自主权利，爱汝邻如已，而倡为君民一体也。”陈炽说：“泰西议院之法，本古人悬鞀设铎，闾师党正之遗意，合君民为一体，通上下为一心，即孟子所称‘庶人在官’者。英美各邦所以强兵富国，纵横四海之根源也。”由此导引出两个基本观点：一是西学源于中国，学习西学就是学习古代之法；二是西洋得中国古意而日渐富强，中国失却古意而日渐式微。在这种思想左右下，“托古改制”成为向西方学习、改变中国制度，实现中国富强的基本手法。但“托古改制”也可能破坏现行体制，需要在既坚持“老祖宗”不能丢，又要走出新路子上搞平衡。冯桂芬在写于咸丰十年（1860 年）的《校邠庐抗议》中说：“如以中国之伦常名教为原本，辅以诸国富强之术，不更善之善者哉。”后来张之洞概括为“中学为体、西学为用”。建立在“西学中源”基础之上的改良维新思潮，一方面对推动

1　梁启超：《饮冰室文集》第 1 册，中华书局 1936 年版。

古老社会的转变，引进西方工商业、科学技术乃至政治制度起到了促进作用，另一方面日益表现出守旧、卫道的一面。尤其是，随着中西交流的日益密切，其破绽明显，从而为全面否定中国传统文化的思潮埋下伏笔。这一幕与佛学进入中国后近五百年时间，高级士人和帝王们醉心于佛陀何其相似！光绪六年（1880年）进士，曾任礼部侍郎，1907年曾任出使考察宪政大臣的于式枚的一段话深刻反映了这种变化。“当光绪初年，故侍郎郭嵩焘尝言西法，人所骇怪，知为中国所固有，则无可惊疑。今则不然，告以尧舜禹汤文武周孔之道，汉唐宋明贤君哲相之治，则皆以为不足法，或竟不知有其人。近日南中刊布立宪颂词，至有四千年史扫空之语，惟告以英、德、美、法之制度，拿破仑、华盛顿所创造，卢梭、边沁、孟德斯鸠之论说，而日本所模仿，伊藤、青木诸人访求而得者也，则心悦诚服，以为当行。前后二十余年，风气之殊如此。”晚清后期，尧舜禹汤文武周孔之道就已经遭到弃置，而一听说是来自西洋的东西则马上心悦诚服。可以说，极端保守和全盘西化是相同思维下的产物，一根绳子上的两只蚂蚱。

生活于社会底层的“洪秀全们”，丝毫没有士大夫们的顾虑，对西学完全采取实用主义的态度——合则用、不合则弃。他们属于体制外的一群人，没有任何可以失去的，所以不担心会失去什么，只要得到便是收益。当士大夫还在苦心孤诣论证西学与中学的优劣，“洪秀全们”却开始将外来思想与本土思想结合，形成了非中、非洋、非古、非今的“四不像”学说。从一神教发展历史看，洪秀全的“拜上帝会”有其必然逻辑。从来没听说用希伯来文写的《旧约》耶和华还有个儿子，到用希腊语写的《新约》才冒出耶稣这个独子，难道就不允许再有个儿子？“神”的意志岂是人能左右？既然会派遣大儿子拯救西方人，就不会再派小儿子来拯救中国人？洪秀全应该是这么想的，在逻辑上完全站得住脚。洪秀全还紧紧抓住了下层百姓的两大诉求——反对异族和过上好日子，从而掀起惊涛骇浪。对太平天国运动无论持颂扬或鄙视态度均无实质意义，因为它就在那里，它是近代中国历史的一个客观存在，流淌着千百万穷人的希望和血泪。考察西学东渐带来的影响，太平天国运动无疑是极好的案例。

太平天国运动的意义在于率先举起了“反清复汉”这面民族革命的旗帜。从最初单纯“排满”到反对西方列强直至反对帝国主义，使中华民族获得彻底的独立和解放，是这一历史逻辑的必然结果。孙中山说：“五十年前太平天国即纯为民族革命的代表，但只是民族革命，革命后仍不免专制，此等革命不算成功。”这一评论是中肯的。他还说：“洪氏之覆亡，知有民族而不知有民权，知有君主而不知有民主。”说明之后的革命党人正是要力求吸取此教训。孙中山在民族主义之后再加上民权主义，就是历史经验的产物。由于太平天国与辛亥革命的历史渊源，1929 年南京国民政府颁布《禁止污蔑太平天国案》。“嗣后如有记述太平史实者，禁止沿用‘粤贼’诸称。”“太平天国”称谓遂成为正史。

1853 年太平天国定都天京（今南京）时颁布的《天朝田亩制度》，1859 年刊行的《资政新篇》无疑是那个时代无能出其右的历史文献。《天朝田亩制度》以“天下一家，共享太平”为理想，提出天下之人“有田同耕，有饭同食，有衣同穿，有钱同使，无处不均匀，无人不饱暖”的目标，首开“社会革命之先声”。一是它触及了中国社会的根本问题——土地问题。《天朝田亩制度》将土地分为九等，不论男女，按人口均分，只是这一计划并未全面施行。伴随中国革命始终的土地问题直到中华人民共和国成立之后才得到实质性解决。二是打破秦汉以来皇权不及乡村的传统，着手在县以下建立政权体系。太平天国这一举措的意义同样巨大。改造传统社会基层组织体系，改变组织力、动员力低下所带来的一盘散沙之困境，是中国传统社会实现现代化转型的关键之一。这一课题同样在新中国才得以彻底破解。三是提出男女权利平等，规定“天下婚姻不论财”，废除买卖婚姻。太平天国为结婚男女颁发结婚证——“合挥”，上面记载双方的姓名、年龄、籍贯等，更是史无前例。中华人民共和国成立后，先于《土地改革法》颁布的首部法律便是《婚姻法》，足见妇女婚姻问题在中国革命中地位之突出。孙中山青少年时曾以“洪秀全第二”自称，继承太平天国革命衣钵，但是对《天朝田亩制度》中的上述三个核心问题并没有给予过多的关注，更谈不上花大气力解决。诡异的是，被史家一致称为更有“先进性”的《资政新篇》，由于施行起来阻力较小，孙中山以及国民政府倾注更大热情，一一加以实践。这里略举几项：在社会政治方面，革除旧俗，反对女子缠足；加强中央领导权，由上而下，权归于一；罪人不拏，刑止于一身；开设报馆，开办医院；禁止溺婴、买卖人口等。在经济方面，发展交通，修筑铁路、公路，疏浚河道等；设立邮政；发展矿业、冶金业；兴修水利；保护私有财产，鼓励私人投资，奖励技术发明；开办银行、保险业等。对比《天朝田亩制度》和《资政新篇》，可以发现一些有趣的现象。《资政新篇》的作者洪仁玕为“拜上帝会”最早成员，因传教没有赶上起义队伍，1852 年避居香港，直到 1859 年辗转来到天京，在接受西方文化、基督教教义方面，太平天国无人能与其相比。洪仁玕提出的这一改革内政和建设国家的新方案，其水平远超当时“体制内”的士大夫，其中的内容被以后的洋务运动、晚清新政和民国时期所落实。但完全有理由怀疑，单纯实施《资政新篇》是否就能建立起现代化的中国？太平天国提出的民族革命，与《天朝田亩制度》提出的土地分配、基层政权建设、婚姻自由（妇女权利）三大问题，才是实现中国社会现代化转型的关键，尤其后三个问题长期被改良派和革命派所忽视。提出这些根本性课题的恰恰是对西学和基督教一知半解、但深深扎根中国社会的太平天国初期领袖。可以说，洪秀全的“拜上帝会”是中国近代第一个中西结合的有价值的思想体系。

历史的逻辑在于，当产生革命的因素和条件没有被消除之前，它或早或迟终究还是会来临。戊戌维新失败、八国联军攻占北京，使清廷颜面扫地、统治权威受质疑，认为“满洲丢了中国人的脸”，清政府成为洋人欺压汉人的工具，要富强须先反满的革命意识逐渐成为主流意识。当“体制内”汉族士大夫和既得利益者陶醉于满汉平等，想通过改良实现民富国强之时，一批“体制外”知识分子联合洪门致公堂再次高擎起民族革命的旗帜。与太平天国运动相同之处，都有“反清复明”秘密会党的加入，不同之处，这是一批出身富裕家庭、对西学有更多理解、思想更加纯粹的热血青年，抱定废灭满清、光复汉族的信念投入革命，其中海外华侨致公堂的作用更是无可替代。孙中山的同乡挚友陆皓东参加广州起义被捕，其供词曰：“要知今日非废灭满清绝不足以光复汉族，非诛除汉奸又不足以废灭满清。故吾等尤欲诛一二狗官，以为我汉人当头一棒。今事虽不成，此心甚慰。但我可杀而继我而起者不可尽杀。”颇有“杀了我一人还有后来人”的壮烈！当中原沉沦、满目荆棘之际，豪杰之气却始于南国，足见我华夏衣冠未绝！

伴随太平天国揭开革命序幕同时萌发的是社会改良思潮。这一思潮可以追溯到庄存与、刘逢禄、宋翔凤的春秋公羊学，他们上承董仲舒、何休，形成了很有影响的常州学派。刘逢禄、宋翔凤为庄存与外孙，他们自认独得先圣微言大义。刘逢禄所著《春秋公羊经何氏释例》是该学派的代表作。龚自珍、魏源皆为刘逢禄的学生，以公羊三世说等为理论基础，揭开了晚清改良思潮的序幕。这一学说经过崔适、廖平，到康有为达到一个高峰。从这一意义上说，源于汉初的春秋公羊学不仅给董仲舒改制提供理论依据，也对近代改良思潮作用甚巨。此后，改良派也逐渐分出两条路线：一条线是向内寻求价值支撑，用重新定义的传统思想资源来适应变法要求，康有为、谭嗣同等属于这条路子；另一条线是向外寻找真理，用西学来重新审视传统思想资源提出变法要求，严复是其代表。

二

康有为

康有为（1858—1927），原名祖诒，字广厦，号长素，广州府南海县丹灶苏村人，学者称南海，光绪二十一年（1895 年）进士。幼年时承蒙家学，宗程朱，有志成为圣人。因理学只讲“修己之学”而不明“救世之道”，他很早对理学失去兴趣。康有为十一岁时父亲去世，此时太平天国运动失败不久。他关注时局，“频阅邸报，览知朝事”“慷慨有远志”。十七岁时，读徐继畬的《瀛寰志略》等，“始知万国之故，地球之理”。十九岁学于同县朱次琦，扫除汉学、宋学门户，“归宗于孔子”。二十一岁“静坐时，忽见天地万物皆我一体，大放光明。自以为圣人，则欣喜而笑。忽思苍生困苦，则闷然而哭”。康有为读顾炎武的《天下郡国利病书》《日知录》、魏源的《海国图志》等，也攻读《周礼》《礼仪》等。二十五岁因乡试经过上海，“知西人治术有本”，开始攻读西学。二十七岁接触显微镜，“因显微镜之万数千倍者，视虱如轮，见蚁为象，而悟大小齐同之理”，接触“电机光线，而悟久远齐同之理”（《康南海自编年谱》）。1888年借参加顺天乡试之机，康有为第一次上书光绪帝要求“下诏罪己”，未果。1891年，在广州长兴里万木草堂开馆讲学，并开始写作《新学伪经考》《孔子改制考》。1895年《马关条约》签署，5月2日趁在京应试机会，联合各省应试举人一千三百余人，第二次上书（公车上书），提出“下诏鼓天下之气，迁都定天下之本，练兵强天下之势，变法成天下之治”等，重点在富国、养民、教民。康有为中进士后，授工部主事，同年第三次上书，提出自强雪耻之策“富国、养民、教士、治兵、求人才、慎左右、通下情”，由都察院代呈后，光绪帝第一次读到。接着上第四书，提出“设议院而通下情”，但无法呈送光绪。康有为先后开办《万国公报》（后改名为《中外纪闻》），成立“强学会”，在“强学会”被禁后成立《时务报》，由梁启超任主笔，鼓吹变法。1897年德国强占胶州湾后，康有为又上书请求变法，是为第五书。1898年1月，康有为应光绪要求，上第六书《应诏统筹全局折》，其中云：当前局势“固中国四千年来之变局，亦祖宗二百年来所未遇也”。同月又上第七书呈《俄彼得变政记》。1898年6月11日，光绪颁《明定国是诏》，16日在颐和园勤政殿召见康有为，委任总理衙门章京，准其专折奏事，筹备变法事宜，由此开启“百日维新”，因慈禧9月21日凌晨发动“戊戌政变”而失败。康有为等人逃亡海外，谭嗣同等六人被杀。

1. 传统与西学相结合的变法理论

《新学伪经考》和《孔子改制考》作为变法维新的理论武器，首先是疑古思潮和春秋公羊学相结合的产物。从唐代刘知几著《疑古》《惑经》开始，到北宋年间形成一股强大的疑古思潮，再到清初考据学兴，辨别古书真伪之风尤盛。清代嘉庆年间兴起的常州学派，与疑古思想结合，开始以春秋公羊学为核心的今文学反对古文学。在举国沉酣于“同治中兴”的迷梦之时，一股否定传统经典的暗流在涌动，逐渐发展成疑古浪潮。康有为发展该学派的观点，宣称《毛诗》《古文尚书》《周礼》《春秋左传》等都是西汉末年的刘歆伪造，属于“伪经”。刘歆造“伪经”的目的在于为王莽“新朝”服务，因此古文学可称为“新学”。这意味着中国自东汉以来一千八百多年是“伪经”横行的历史，是孔子微言大义被湮没的历史。那么变法维新，回到正确的道路上来，就是一种必然的选择。

如果认为先秦子书，如《管子》《尹文子》《列子》之类属于伪书，顶多觉得可惜，可康有为认定历代所尊奉的儒家经典大多是假的，这在当时确实产生犹如飓风般的摧毁作用。《新学伪经考》刊行三年后于1894年遭清廷禁毁。既然说刘歆用“伪经”歪曲了“真经”，康有为就有责任还原历史“真相”。1897年付梓的《孔子改制考》将公羊学与刚从西方传入的进化论加以结合，提出孔子有“三世之法”。康有为认为：（1）儒教为孔子所创，孔子是耶稣一样的教主。（2）孔子为制法之王。但刘歆以《左传》破《公羊传》，以古文攻今文，以周公易孔子，把这一切搞乱。（3）孔子创教是为了改制，是改变旧制的革新者。康有为承袭董仲舒《三代改制质文》，发明孔子改制说。比如，《春秋》反对大夫世袭，实质是倡导选举；孔子是改革家，其改制思想集中体现在《春秋公羊》的“通三统”“张三世”之中。康有为认为西方社会处于“升平世”或“太平世”，而中国仍处在“据乱世”，唯有采用升平之法维新。（4）六经皆孔子为改制而作，康有为认定《诗》《书》《礼》《乐》《易》《春秋》皆为孔子所创作，这也印证了梁启超称康有为“武断”，一切皆以我为是的自负。（5）孔子托古以改制，且专托尧舜文武。孔子改制本来光明正大，为何假托先王？康有为的解释是，“布衣改制，事大骇人，故不如与之先王，既不惊人，自可避祸”。但是，非要把无凭无据的事迹安在尧舜文武头上，总有说假话、不诚信的嫌疑。但康有为引孟子“大人者，言不必信，行不必果，惟义所在”，说明办大事不拘小节，说点假话无妨。

透过这些充满疑点的观点，康有为构筑了一个与洪秀全“拜上帝会”相对的、近代中国第二个中西结合的思想体系。比如，董仲舒把孔子看成是托古改制，为汉代立法的素王；朱熹将汉唐历史一笔勾销，把孔子看作传授心性学的圣人。康有为则将西汉末年直至晚清的历史又全部勾销，自己直接得孔教真经和董生余绪，还将“三世说”比附西方社会进化史观，证明变法的必然性。

康有为用今文学打倒古文学，却不曾想到，把古文经打倒后，今文经的“真经”地位也就摇摇欲坠。钱玄同在《重论经今古文学问题》中说：“今文经对于古文经，当然可以傲然地说自己是真书；而站在今文家的立场上来斥古文经为伪书，是可信的，是公允的。至于把古文经打倒以后，再来审查今文经，则其篇章之来源殊甚复杂，它的真伪又是极应考辩的。”北宋开始的疑古思潮，中间经过晚清时期的疑古浪潮，其最终的结局是在新文化运动中形成更为猛烈的疑古狂潮。中国传统文化被一棍子打死。其实，从宋明道学到康有为，直至五四运动及以后，都受制于一种固定的思维模式——历史虚无主义。这种思维模式在现代学者中依然反复出现。康有为将孔子打扮成为万世制法的教主、圣王，要建立“孔教会”，似乎在抬高孔子，其实恰得其反。张君劢说：“当这些人（指康有为等）知道自己的学说竟然动摇了儒家的基础时，很可能会大吃一惊。”[1]

1 张君劢：《新儒家思想史》，中国人民出版社 2006 年版，第 520 页。

2. 对传统思想的背弃和固守

康有为笃信今文学，将其作为变法的理论依据。他说：“吾学三十岁已成，此后不复有进，亦不必求进。”这句话既可当真，又不可当真。从康有为的武断和固执看，可以当真，从康有为不断受西方思想影响看，又不可当真。比如，康有为推崇《天演论》，将公羊“三世说”与进化论结合，形成梁启超所称的“进化派哲学”。康有为既有对传统思想的固守，也有为了迎合现实政治而对传统思想的曲解甚至背弃。

从传统思想资源中形成社会不断进步的观点。他在《孟子微》中说：“《春秋》要旨分三科：据乱世、升平世、太平世，以为进化，《公羊》最明。”他把据乱世等同于君主制，升平世等同于君民共主的君主立宪制，太平世等同于民主共和制，三者是一个递进关系，不可僭越。中国尚处于据乱世的君主制时代，不可骤然到达民主的太平世，只可先到达君民共主的升平世。

背弃一家一姓之天下可禅、可革、可继的中华传统，转而倾慕日、英等国的万世一系君主制。“天下者非一人之天下，惟有道者处之”，这些思想自古深入中国人的骨髓。但康有为却认为这是造成中国羸弱的原因，反而倾慕日本天皇万世一系，英国千年王室和莫斯科大公国历经七百年不衰反强。他将西方富强与王室稳定相关联，将王室主动变革与王室万世永存相关联。反观中国历代王朝长的不过三百年，短的几十年，康有为痛感不如别人。萧公权对此评论说：“前人论朝代兴亡，有系诸德之有无者，有归诸民之向背者，有原诸命之顺逆者。今康氏直以能变与否断国运之短长，则其重视维新，诚以儒家中所罕有。”[1]之所以罕有，实则是康有为背弃了天子可禅、

---

1 萧公权：《中国政治思想史》下册，商务印书馆 2011 年版，第 689 页。

可革、可继的中国价值，不认为君主制是社会落后的根源，反而将万世一系的君主制看作是西方繁荣、稳定的原因。

当革命党人继承王夫之、顾炎武的民族思想，吸收近代西方种族观念，高举民族革命旗帜，康有为依然用文化而非种族来界定夷夏，反对排满革命。不仅如此，康有为在《唇齿忧》中提出中国与日本是“同种族，同文字，同风俗，同政教，所谓诸夏之国，兄弟之邦，鲁卫之亲”。不仅如此，甚至还谋划与日本、美国、英国合邦，将国家的兵政税及一切外交等交予外人处理。此种合邦思想不独是康有为，几乎是维新人士的共同主张，足见当时中国之精英仍秉持儒家天下观和童话般的历史观，而对西方强权主宰下的国际关系懵懂无知。中国最具有变革精神的士大夫依然如历史上的士大夫一样，沉浸在童话故事编织的世界里。安徒生的童话是讲给孩子听的，而士大夫却把自己编织的童话当依据。这场轰轰烈烈的戊戌变法，以孔子改制为依据，被虚无的历史观、杂糅的变法内容以及不合时宜的天下观所支配，不仅不具有现代性、前瞻性，还被与事实完全不符的“童话”所充斥，其短命性不难理解。

3. 大同理论

康有为因戊戌维新而扬名，但究其一生思想之价值，在于对大同之道的创新性阐发。《大同书》自 1885 年开始，直到 1902 年初步完成，之后又不断修改，1913 年在《不忍杂志》刊载甲、乙两部，直到康有为去世八年后的 1935 年才由其弟子钱安定整理后交中华书局全文出版。《大同书》从开始写作到全文面世，历经三十余年，倾注康有为毕生心血。康有为终其一生的政治实践、公开发表的言论主张，皆为了实现小康社会，而视大同之道为洪水猛兽，但这恰恰又是康有为埋藏在心底的终极理想。如此奇诡，非同寻常。之前所有的维新保皇、虚君共和等言论，只是过眼烟云罢了。

《大同书》有两个逻辑起点：一为不忍人之心，这是人之所以为人的根本；一为求乐免苦，这是人之所以存在的意义。前者基于儒家仁爱，后者基于佛学极乐。所谓自由、平等、博爱、公正等，如果离开"宜人"——让人适宜、让人快乐这一终极目标，又有何意义？佛学将人生之苦作为全部佛理的基石，康有为也从"入世界观众苦"切入而讨论大同之道。但双方对苦的认识不同、归因也不同，免苦方法不同、结果也不同。康有为将人生众苦分为六类。

第一类，天然不平等、不公正造成的苦。有的投胎帝王之家，生来便是作威作福，有的投胎奴隶之家，生来受人鞭挞。有的投胎巨富之家，挥金如土、纵情声色，有的投胎乞丐，则腥气臭恶、号泣叩首。有的生于苦寒之地，卧草而栖、形同野兽，有的生为奴婢之身，饥不得食、夜不得息。第二类，自然灾害对人造成的苦。如水旱饥荒、瘟疫流行、火山爆发等。第三类，社会贫富等级分化给人造成的苦。鳏夫寡妇之苦难以启齿，无妻无夫者，人生之乐泯灭。孤儿寡母之苦尤为甚，既要糊口又要育儿。还有孤独之苦、疾病无医之苦、贫穷之苦等不可胜数。第四类，国家强制力造成的苦。如酷刑酷吏、苛捐杂税给人带来的痛苦。第五类，纲常名教、君主专制、文字狱等带来的苦。第六类，欲望无穷造成的苦。

19 世纪的欧洲是各种社会主义思想精彩纷呈的时代。有证据表明康有为注意到这类思想。1887 年美国人爱德华·贝拉米写出销量仅次于《汤姆叔叔的小屋》的乌托邦式政治幻想小说《回顾》，该书以《回头看纪略》为名首次翻译刊登在《万国公报》上。三年后，英国传教士李提摩太再译此书，题为《百年一觉》，1894 年由上海广学会出版。大意是美国人韦斯特于 1887 年被施用催眠术昏睡，醒来时已经是 2000 年，此时美国发生巨变：工厂林立、交通发达，人人平等、各尽所能，物质丰富、道德高尚，无罪犯、无监狱，人间宛如天堂。该书引起康有为的重视，认为“美国人所著《百年一觉》书，是大同影子”。但是，这个乌托邦依然是等级制社会。英国人威廉·莫里斯厌恶贝拉米的乌托邦，写出同样有名的政治幻想小说《乌有乡消息》予以回击。这部小说里，2051年的英国经过无产阶级革命和五十年的转型成为社会主义乐园，这里没有犯罪，无须刑法和民法，人们因共同利益走到一起、自愿在一起工作，劳动成为人们的主要快乐。其实，这个理想社会带有英国工业革命前的影子。这些社会主义乌托邦和圣西门、傅里叶、欧文这三位空想社会主义家有关。如此众多社会主义思想各有千秋，反对私有制是共有特征，都认为私有制是造成人类苦难的根源，避免人类苦难的唯一途径是实行公有制并将每个人的生活福利保障全部交给社会。如果按此标准来衡量，《大同书》似乎表达了社会主义思想。比如，在所有制上，康有为主张“今欲致大同，必去人之私产而后可；凡农工商之业，必归之公。举天下之田地皆为公有，人无得私有而私买卖之”。个人生活保障上采取公养、公教、公恤，不仅从出生到坟墓全由社会保障，甚至还要从胎教开始：（1）设立“人本院”，妇女怀孕就入住该院，一切费用政府负责，实施科学“胎教”。（2）设立“育婴院”，婴儿断乳后，则移送该院集体抚养。（3）设立“小学院”，六岁到十岁的儿童在此学习。（4）设立“中学院”，接收十一岁至十五岁的孩子。（5）设立“大学院”，十六岁至二十岁的学生进行分科学习，每人都各有所成。（6）设立“恤贫院”，贫困者皆可入院，但为了根除懒惰习气，对不愿劳动而进“恤贫院”的，要有处罚措施。（7）设立“医疾院”，所有药费医费皆公家所出。（8）设立“养老院”，凡年六十岁以上者，许入此院养老。（9）设立“考终院”，人死由其善后。为人类作出特殊贡献的人，区分情况由议院核定后告知“考终院”，立金石之像。除了废除私有制，个人从结胎到死亡全部由社会负责。

康有为还提出“去国”“弭兵”，打破国家界限，在全世界建立“公议政府”“公政府”，人类共同生活于大同世界。康有为认为“女子最有功于人道”，要实行男女平等、婚姻自由。

上述观点，可以在19世纪西方任何一本社会主义理论著作或政治幻想小说中寻找到，但是，并不能因此用西方社会主义来理解《大同书》，否则会陷入模式化的思维，看不清《大同书》的独特性。由于历史文化等原因，西方社会主义者把人类的苦难全部归罪于私有制，其他一切罪恶也都与私有制有关。从这一前提出发，消灭私有制就成了解决贫富悬殊、实现理想社会的根本（或唯一）途径。20世纪的历史已经证明西方社会主义理论的缺陷——人类社会不会因实行公有制就能立刻摆脱苦难。与西方空想社会主义不同，康有为对“众苦”——人类苦难的理解更为复杂，其原因更为多元，解决的措施更为系统。还有，西方社会主义者要建立的依然是纯西方社会的社会主义，那里没有文化和种族之间的冲突，因此不会提供如何消弭文化差异、人种差异的建议。康有为在《大同书》所勾勒的大同世界远比同时代的西方社会主义者更为宏大和深远，他要解决国与国之间的差别，解决白人、黄人、黑人等人种间的差别，解决人类与生物界之间的差别，解决人类实现大同之后的归宿，如果不解决这些问题，人类的苦难终究无法解脱。事实上，当今国际社会的南北问题、东西问题、文明冲突、种族差异、宗教冲突等，给人类带来的苦难远比单一的私有制更为深重。这些都是19世纪西方社会主义者所没有思考的，但康有为思考得更为深远。19世纪西方社会主义者大多是实业家或经济学家，更多从经济视角看问题，接受的是西方机械宇宙观，而康有为对近代政治经济学并不熟悉，他考虑问题的角度是“物我一体”。人与人之间、人与物之间、人与天之间，没有本质区别，只要有不平等、不公正就会产生人类的苦难，财产私有仅仅是造成人类不平等的众多原因之一。康有为设想，到了大同世界，人类并没有停止进化，而是到了如何彻底解决与天地同生、同寿问题的阶段。他认为："大同之世，惟神仙与佛学二者大行。"相比佛学，神仙学略显粗糙，"故大同之后，始为仙学，后为佛学；下智为仙学，上智为佛学"。到了仙学、佛学阶段是否停止了呢？康有为说："仙、佛之后则为天游之学矣，吾别有书。"天游学为何？大概是人可以尽情遨游太空、宇宙，真正与天地同寿、与宇宙共存。因此，康有为的《大同书》并不像西方社会主义者那样，将共产主义视为人类理想社会的极限。康有为的这种不断发展观，既有进化论的影响，更有源于中华文明的阴阳观。他在《论语注》中说："物不可不定于一，有统一而后能成；物不可不对为二，有对争而后能进。"任何情况下事物都存在既统一又"对争"的状态，即便在大同世界依然存在对立和"对争"。只是这时的"对争"以竞美、竞智、竞仁的方式出现，以实现社会的不断改良、不断进化。康有为的大同世界并不是千篇一律、一潭死水的风景画，而是竞争有序、充满活力、永不停滞的社会。这同西方机械式宇宙观下的社会主义者有本质差别。

康有为描述了大同社会的具体场景，但没有提出实现的办法。大同之道并不是一条便捷的革命之道，而是一条不断进化、不断改良的漫长之道。大同世界固然美好，但不宜立刻实行，如贸然采用则"徒足以召乱"。康有为生前对革命、自由、民权始终持怀疑态度，但在死后留下力倡自由、平等、至乐的《大同书》。人类的未来或者是自相残杀、走向毁灭，或者是实现大同、物我一体，取决于人类自身的智慧。

三

谭嗣同

谭嗣同（1865—1898），字复生，号壮飞，湖南浏阳人，戊戌维新时曾任军机章京，失败后慷慨就义，其“流血变法”思想激励了一代革命党人开展“流血革命”。谭嗣同“我自横刀向天笑，去留肝胆两昆仑”的大无畏精神，成为中国人精神的一座永恒丰碑。

有学者指出，“晚清政治思想的形式，不是单纯的西化问题，而是传统文化新生延续的问题，不光是求新也有复古。它以传统学识为基础，并吸收西方新知，融会贯通，而产生属于这个时代的新观念”[1]。这一现象，在谭嗣同以及康有为、孙中山身上都有明显体现。西化、复古、融合、创新构成近代中国思想史的鲜明特征。谭嗣同思想来源比较复杂，其民族思想和对君主制度的批判来源于王夫之、黄宗羲等，其世界观源于大乘佛学尤其是唯识宗以及墨、庄，社会变革思想源于春秋公羊学、龚自珍的“心力”论，同时，还大量掺杂他所能理解的西方自然科学、社会科学以及基督教思想。谭嗣同用西学（尤其是自然科学知识）解释中国传统概念，拓展了传统思想的内涵，赋予其新意；又用传统思想格义西学，使西学一些重要概念发生变异、曲解。《仁学》是谭嗣同最重要的著作，其目的是“冲决网罗”。何谓网罗？从万法唯识的观点看，所有束缚人类的可见的、不可见的，有形的、无形的，物质的、精神的网罗，甚至于佛法，因没有自性、没有永恒性，都不是真网罗，都是可以冲决的。

1　王尔敏:《晚清政治思想史论》，广西师范大学出版社 2005 年版，第 19 页。

“然真能冲决，亦自无网罗；真无网罗，乃可言冲决。”从佛学引出冲决网罗的变革思想，是谭嗣同思想的独特之处。

谭嗣同将源自希腊的“以太”作为世界的本原，认为佛说的大千世界、世界海、法藏世界就充斥着不生不灭的“以太”。他用道听途说的西方自然科学知识说明“以太”弥漫宇宙万物、人类身体，“以太”还与“仁”构成体用关系，即“以太”为体、“仁”为用，具有“通”的本质。“是故仁与不仁之辨，于其通与塞。通塞之本，惟其仁不仁。”因此，“通则仁，塞则不仁”成为谭嗣同仁学的基础。孔子以爱为仁，二程以生为仁，谭嗣同则以通为仁。他有一条思路清晰的逻辑链条：宇宙由以太组成，它无处不在、无处不通；仁既然是以太之用，必然具有通这一本质属性；通有四种含义，即中外通、上下通、男女内外通、人我通。比如，中外通是仁的首义。谭嗣同说，士大夫们皆自称求仁，但动辄“闭关绝市、重申海禁”，这是最大的不仁。他得出结论，中西之间的通学、通政、通教、通商、通邮就是仁，否则就是不仁。必须注意到，谭嗣同用他的仁学所阐释的通商观，与西方社会所理解的通商完全不是一码事。谭嗣同认为，西方诸国与我通商是“相仁之道也，两利之道也，客固利，主尤利也”“西人商于中国，以其货物仁我，亦欲购我之货物以仁彼也”。谭嗣同以为西方的通商缘起于“财均”“不互相均，不足言均也”，与我通商那是在“仁我”。既然对方以通商“仁我”，而我岂能“以不仁绝人之仁”？因此，“庶彼仁我，而我亦有以仁彼”。谭嗣同用“相通为仁、天下大同”的思维看待中外商业贸易，是用传统中国士大夫的思维构建出又一个田园牧歌式的童话故事。但西方文化定义下的通商，完全不是那么回事。无论是重商主义还是亚当·斯密倡导的自由贸易，均建立在对本国利益理性而精密算计基础之上，与军事一样是实现本国利益最大化的、必不可少的两柄利器。

比如，明朝末年，西班牙对华贸易有巨额赤字，只因西班牙国力不逮，只能采取减少对中国商品的需求来弥补赤字。鸦片战争前，英国对华贸易同样有巨额赤字，由于英国国力强大，便采用鸦片走私和武力威逼双管齐下弥补赤字。对此，买办出身的郑观应反而更为清醒，他看到“英迭为通商而灭人国，初与中国开战，亦为通商所致”（《盛世危言·商战下》）。相比之下，谭嗣同作为“体制内”的士大夫，思想何其率真！在平等观上，谭嗣同从“佛即众生、众生皆佛”“宇宙万物都由以太组成”这一终极意义上看待平等。这种抽象的平等观，在现实生活中表现为人人自主、不受拘束这种模糊的绝对平等和平均。传统中国社会是一个绝对不平等与绝对平等交织在一起的矛盾体，是一个绝对控制与绝对散漫的奇怪混合体。谭嗣同的平等观出自佛学，又与庄子的“齐物”，孔子的“患不均”思想一脉相承，与西方社会的平等观是两码事。

谭嗣同还用庄子的“在宥”来格义西方的自由，使自由含义产生变异。他说：“地球之治也，以有天下而无国也。庄子曰：‘闻在宥天下，不闻治天下。’治者，有国之义也；在宥者，无国之义也。□□□曰‘在宥’，盖自由之转音。人人能自由，是必为无国之民。”摆脱国家的束缚是自由，摆脱伦常关系束缚是自由，彻底遵循自然才是真自由。谭嗣同对自由的理解，源于庄子的摆脱一切人为的、社会的束缚的自由观。既与英美的公民自由不同，也与德国古典哲学把自由理解为对必然性的认识有区别。同样说自由，却是两种完全不同的自由观，两种不同的自由传统。中国式自由是摆脱社会羁绊的、独往于天地之间的绝对个体自由，个体之间缺乏社会关联，形同散沙。这样的自由被近代以来的中国革命领袖所批评，孙中山说：“因为中国没有这个名词（指自由），所以大家都是莫名其妙。但是我们有一种固有名词，是和自由相仿的，就是放荡不羁这句话。”[1] 毛泽东在《反对自由主义》中列举了自由主义各种表现，如不作原则上的争论、一团和气；不是积极向组织提建议，只有自由放任；事不关己高高挂起，明哲保身；办事不认真，敷衍了事等。[2] 实质还是庄子、“竹林七贤”这一派的无政府主义自由传统在现实中的表现。谭嗣同的自由观继承的是这一派传统。

谭嗣同反对君主专制和民族主义思想，在维新派中独树一帜。他对秦汉以来中国政治和学术的批判，有一句话常为人所引用：

“故常以为二千年来之政，秦政也，皆大盗也；二千年来之学，荀学也，皆乡愿也。惟大盗利用乡愿；惟乡愿工媚大盗。二者交相资，而罔不托之于孔。”

谭嗣同认为孔学衍生两大支，“一为曾子传子思而至孟子，孟故畅宣民主之理，以竟孔之志；一由子夏传田子方而至庄子，庄故痛诋君主”。可惜这两支都没有传人。荀况冒孔子之名，为君权张目，李斯、叔孙通之流为个人富贵，取媚于秦始皇和汉高帝，使学术与政治相互利用、同流合污，汉唐宋明以来莫不如此。谭嗣同眼光深邃，看到历史上的君主专制，与封建纲常、学术思想合流，两者相互利用、相互支撑，欲打倒君主专制，就必须打倒封建纲常以及秦汉以来的学说传统。这一思想被后来的新文化运动所继承。谭嗣同认为：“君统盛而唐、虞后无可观之政矣，孔教亡而三代下无可读之书矣！”若有价值的，只是黄宗羲的《明夷待访录》和《王船山之遗书》，而顾炎武继承程、朱，君统而已，不值得一提！谭嗣同从王夫之、黄宗羲思想中，提炼出民权思想。“生民之初，本无所谓

1 孙中山：《三民主义》，中国长安出版社 2011 年版，第 86 页。
2 《毛泽东选集》第 2 卷，人民出版社 1966 年版，第 359—361 页。

君臣，则皆民也。民不能相治，亦不暇治，于是共举一民为君。”从这个前提出发，得出若干结论：民择君而非君择民；民本君末；君可举可废；君只是为民办事等。人可以为道而死，不可以为君而亡。对于异族入主中原，野蛮征服文明所造成的恶果，谭嗣同尤为痛恨。江淮以北，为华夏族发源地，曾经是天府膏腴之地，人文荟萃，而今日北方五省凋敝不堪，根源在于游牧民族入主中原后，中原被辟为大牧场，生产力遭破坏。成吉思汗之乱、忽必烈之虐还有《心史》记述，而满人入关后的暴行数百年间无人敢记述，只《明季稗史》记有《扬州十日记》《嘉定屠城纪略》，其屠杀掳掠，莫不如是。谭嗣同的民族主义思想与反对君主专制思想互为表里、相互强化。“誓杀尽天下君主，使流血满地球，以泄万民之恨。”这种激越的思想对后来革命思想的高涨起到推波助澜的作用。谭嗣同揭露清廷统治的非法性，还在于人心丧失。“当日本去辽东时，民皆号泣从之。”因“三国干涉还辽”迫使日本将辽东还给清政府时，当地百姓竟然哭泣而不愿日本人离去。如果不是清政府害民残民，何故如此？

谭嗣同将佛教、孔教、耶教等同，而以佛教为最高、为最终归宿。他认为，佛的国土无所谓“神圣之主”，能独伸其大同之说，不受独夫民贼的箍制，所以“佛遂以独高于群教之上”。对比谭嗣同与宋明道学，前者崇佛，但用佛学包裹近代思想，后者黜佛，却是儒表佛里。晚清思想人物大多崇佛。梁漱溟评论说：“印度人的出世人生态度甚为显明，实在不容否认的。而中国康长素、谭嗣同、梁任公一班人都只发挥佛教慈悲勇猛的精神而不谈出世，这实在不对。”[1] 中国近现代史已经证明，从出世的佛教中绝无可能产生革命精神，更不可能产生为民众利益牺牲自我的民族脊梁。

---

1 梁漱溟：《东西文化及其哲学》，商务印书馆 2010 年版，第 81 页。

四

严复

严复（1854—1921），福建侯官县（今福州）人，十四岁时入福州船政学堂，二十三岁入英国皇家海军学院学习，后长期在北洋水师学堂任教。1892 年，经李鸿章保奏，严复获得道员身份（正四品）。严复留学期间接触过西方学术著作，但真正有系统研究的，还在于回国后不断钻研。梁启超说：“晚清西洋思想之运动，最大不幸者一事焉，盖西洋留学生殆全体未尝参加于此运动。运动之原动力及其中坚，乃在不通西洋语言文字之人。……就此点论，则畴昔之西洋留学生，深有负于国家也。”[1] 意思是说真正发愤图强、立志变法的，不是正规留学生，而是不通西洋语言的人。梁氏以为留学生“有负于国家”。这个历史现象很值得注意。严复之所以是留学生中的例外，关键是回国之后刻苦研读中华元典，有扎实的中学根基。由此看到，推动晚清变革的力量正是浸润于中华传统的学人，以满腔热血探索中国复兴之路，而正规留学生反而无此宏愿。

1.《天演论》：进化论与传统思想的嫁接

真正使严复扬名海内的是《天演论》。令人困惑的是，一种在西方尚有重大争议的“进化”思想，为何一夜间流行全中国，上至士大夫下至学童无不为之慑服？相反，对西方社会有重要影响的《国富论》（译为《原富》）、《论自由》（译为《群己权界论》）、《论法的精神》（译为《法意》）翻译出版后，在中国却反响平平。通行的解

1　梁启超：《清代学术概论》，上海古籍出版社 1998 年版，第 85 页。

释是《天演论》所传递的“适者生存”“物竞天择”思想刺激了因甲午战败后中国人亡国灭种的危机感，适应了救亡图存的需要，有的甚至认为是阴差阳错。但实际情况要复杂一些。严复采用意译方式，几乎是随心所欲地对原著进行删减增添，表达出与原著不同，但与中国人的思维相契合的意境——视“进化”和“适者生存”为天理。《天演论》用语艰深考究，文字古朴典雅，严复事前不期望有多少人能看懂，但正是这本“待而得其人”的书，在近代中国掀起惊涛骇浪。

为准确理解《天演论》，须扼要介绍19世纪欧洲进化论的四种不同代表人物的观点。一是法国博物学家拉马克，1809年他发表的《动物哲学》首次提出生物从低级向高级发展进化的观点，其核心思想是生物具有主动适应环境的能力。可惜的是，这位进化论的先驱却在贫穷和寂寞中度过一生。二是英国博物学家达尔文，1859年他发表《物种起源》，认为生物间引发生存竞争，迫使生物发生随机变异，只有最有利的变异个体存活下来，其余被自然淘汰。其核心思想是生存竞争和自然选择，也就是我们熟知的“物竞天择”“适者生存”。三是英国哲学家、社会学家斯宾塞，他从哲学、社会学的角度构思一种涵盖自然界和人类社会的普遍进化论。他在其《第一原理》中提出，除了宗教，所有的现象世界，包括自然界、人类社会都呈现普遍进化。现象世界背后蕴藏着我们永远不可知的实在，这个实在可以用物质、运动和力来表达，它推动着普遍进化。斯宾塞将进化的思想引入社会领域，倡导自由放任的竞争，以社会达尔文主义著称于世。四是英国博物学家赫胥黎，尽管他支持进化论，但认为人类社会与动物有区别，不能简单套用生物界的生存竞争法则。人类进步有赖于在“为己”（self-assertion）和“克己”（self-restrain）中寻求平衡。他在《进化与伦理》——严复翻译《天演论》的底本——

表达了这一基本观点。他区分宇宙进程（cosmic process）和道德进程（ethical process），前者是体现“为己”的生存竞争，最适者生存，后者体现“克己”的同情心，使道德上最优秀的人得以生存，道德进程抵抗着宇宙进程。面对上述不同的进化观点，严复作何种取舍呢？

中文语境下，进化有进步、发展的含义，而天演一词较中性，既有发展也有倒退。严复将“evolution”翻译为天演，更能体现本义，同时又包含有西方语境不曾有的思想——“天人合一”“万物一体”“天道人道同一”。严复相信天人合一，因此对适用于自然界、生物界的进化论，同时适用于人类社会，不仅不存在思维上的障碍，反而认为是必然的。因此，严复更赞成斯宾塞的普遍进化论——天地人同受“天演”这一天道支配。他认为，斯宾塞“举天、地、人、形气、心性、动植之事一贯之，其说尤为精辟宏富”。若再深入分析，严复的天演论与斯宾塞的普遍进化论也有区别，因为斯宾塞没有将现象世界之外的宗教和独立于宇宙之外的“神”囊括于进化之中，而严复将天演视为天道，所有一切无不在演化之中。“天演为体，而其用有二：曰物竞，曰天择。此万物莫不然”，天演为“万化之宗”。如果说斯宾塞和赫胥黎的进化论依然为宗教保留一席之地，在严复那里就完全没有。斯宾塞社会有机体的思想很容易被严复所接受，因为古代中国宇宙观本身就是有机宇宙论。这种宇宙观把天地看作是自我创生、自我展开、自我更新、自我演变的过程，并不需要有一个空间外于宇宙、时间上先于宇宙的实体——“神”。在很长一个时期，中国人的这种宇宙观阻挡住了基督教在中国的传播，却很容易接受普遍进化论。

严复将天演看作天道，一切都在变，唯一不变的就是变。“故知不变一言，决非天运。”“虽然天运变矣，而有不变者行乎其中。不变惟何？是名天演。”严复为了能够让自己所表述的天演为中国人所接受，将一切都在变化的思想用孔子的“逝者如斯夫”来比对，用理学的“静者，未觉之动”来释读。严复用天演诠释天道，使中国人既熟悉又陌生，当被各阶层读书人接受的同时，传统天道观悄悄地倾覆了。按照这样的天道观，万物无时无刻不在争存亡——失败的灭亡、成功的存活，上天只选择最合适的存在，无论是自然界还是人类社会都无法逃脱天演的命运（天命）。严复向晚清中国人介绍“物竞天择”的天道观，为使近现代中国人接受现代意义上的宇宙观、价值观打开一条思想通道。

严复翻译的是赫胥黎的作品，却吸收了很多斯宾塞的思想。斯宾塞深受牛顿力学体系的影响，用物质、运动和力来解释进化的机理，而严复用《易·系辞上》“夫乾，其静也专，其动也直，是以大生焉；夫坤，其静也翕，其动也辟，是以广生焉”，认为牛顿的“静者不自动，动者不自止，动路必直”（惯性定律）与易的“静专”“动直”意思相通，还认为天演是“翕以合质（物质），辟以出力，始简易而终杂糅”，与“静翕”“动辟”的意义相同。他说：“所谓质力杂糅，相剂（济）为变者，亦天演最要之义。”严复试图用“一阴一阳”和“一翕一辟”来解释天演的内在原因，即万物进化的机理（斯宾塞的解释未必更“科学”），使中国读者理解。

严复反对“西学中源”说，但坚持认为通过学习西学可以阐释古人之意，而“自强保种”则最合古人旨意。这一点严复确实做得很好，他把中国古语编织进西方思想，既给译自西方的概念增添不同于西方话语体系下的意义，也赋予传统话语体系以新意，最终目的是激起国人“自强保种”的热忱。在即将兴起的新文化运动中，严复的努力似乎遭受挫折。新文化干将们不仅对“西学中源”嗤之以鼻，还断定中国古代思想与西方思想根本不存在相通之处，中国古语体系无法表达新思想，新青年们希望斩断与传统的一切联系，建立新的白话文来诠释现代意义。但实际上，他们依然用中华文化的思维方式去理解西方思想，并增添西方语境下所没有的意义，形成中国化的西方思想。就此来说，严复的努力又是成功的。中国共产党人用于指导革命、建设和改革事业的指导思想，实际是用中国思维方式诠释的中国化马克思主义。

严复另一个成功之处是，开始用“科学之律令”（天演公理）替代中国人意识中的“天命”，通过这种嫁接使近代以来的中国人接受这样的观点：社会和自然界一样，都受同样的科学规律支配；这个科学规律揭示了人类社会由低级到高级，不断发展进步的过程。严复对斯宾塞用进化论思想写就的《社会学原理》五体投地。在序言中说：“群学何？用科学之律令，察民群之变端，以明既往、测方来也。”严复深信西方社会学（群学）已发现了社会进化的普遍规律，这种思想深刻地影响着同时代的知识分子群体，并通过他们的宣传影响到普通人。几十年后，借助马克思主义在中国的广泛传播，这种理念进一步刻印在中国人的心里。人类社会经历“原始社会—奴隶社会—封建社会—资本主义社会”，这一对欧洲历史现象的抽象概括变成普适所有社会的模式。中国社会历史的独特性反而湮没于西方中心论之中，只是作为“亚细亚生产方式”的非典型社会发展路径才会偶尔提及。

2. 对“适者生存”的中国式诠释

赫胥黎反对社会达尔文主义，在《进化与伦理》中表达人类历史的两种模式：宇宙进程和道德进程，说明人类社会既有“为己”的生存竞争，使最适者生存，也有“克己”的同情心，使道德上最优秀的人得以生存。严复用天行、人治两个概念来表达，其意义发生很大变化。天行是指“任天为治”，很容易使中国读者想到黄老的

“无为而治”；人治是指“以人持天”“与天争胜”，自然会联想到荀子的“大天而思之”不如“物畜而制之”，“从天而颂之”不如“制天命而用之”，以及刘禹锡的“天人交相胜”。不管天行还是人治，都笼罩在天演——适者生存的天道之下。它给人这样的印象：中国历史上的两种治国术统一于天演。在这样的天道下，唯有维新求变，适应变化的环境，才能保国、保教、保种。现代中国人接触赫胥黎的作品绝不会产生这种印象，但19世纪末中国人一定会产生这种印象。不同的知识结构、不同的社会环境决定了不同的意义诠释，正是“出乎意料”的诠释，使进化论转化为近代中国人发愤图强、投身改良或革命的强大动力。至于《天演论》是否准确释译赫胥黎在《进化与伦理》中所表达的思想反而不重要了。

我们首先看严复如何介绍天行、人治。《天演论·导言四·人为》用一块人迹罕至的蛮荒之地和一座人工栽植的花园解释天行、人治，前者任植物自然生长，最宜者存活，后者依人的想法裁剪，也是适者生存。前者依靠“天择”，后者依靠“人择”，但都无法摆脱生存竞争，都是最合适者生存。天行使“物各争存，宜者自立”；人治则“立其所祈向之物，尽吾力焉为致所宜”。天行、人治都是对物种进行选择，都是物竞的一种方式，只是前者竞于天，后者竞于人。严复说，“斯宾塞之言治也，大旨存于任天，而人事为之辅，犹黄老之明自然”，而赫胥黎“亦什九主任天之说者，独于此书，非之如此，盖为持前说而过者设也”。严复首先认为赫胥黎是为了矫正独崇“天行”的弊端而提出“人治”。其次，他认为，天行、人治看似对立，实质同源，都遵循适者生存的法则。他是用“天工人代之”来解释天行、人治的同源关系。最后，世界上各族群都是适者生存，不适者淘汰。严复列举了全球各地外来物种入侵本地，致使本地物种灭绝，以及“美洲之红人”“澳洲之黑种”几乎灭绝等事例，说明“物竞”之残酷。严复不认为美洲印第安人、澳洲原住民大批被灭绝有什么道义上的困惑，反而认为是天演的客观结果。这种思想影响着几代中国人，从而形成这样的观念：西方列强侵略中国在道义上并没有什么亏欠，关键还是自己不争气，弱者就该挨打、不适者就该淘汰。很多社会精英人物丧失从道义上判断是非的能力。

严复将天演下的生存竞争（物竞）分为三个层面：一是人与自然的斗争；二是人与人之间的斗争；三是族群（国）与族群（国）之间的斗争。严复从中提炼出“能群”的思想。他赞成赫胥黎的观点，要在社会内部遏制基于“为己”（严复翻译为自营）而发生的斗争，主张在为己和克己之间取得一种平衡。群体内部的争夺将导致内乱和凝聚力下降，致使群体涣散、人种灭绝。因此“能群者存，不群者灭；善群者存，不善群者灭”。他举例说，中国二十多处租界里，英国人最多不过千余人，但秩序井然，如同一个国家。而闽粤之民远赴南洋的有近亿人，终究不免如奴隶般被驱使。这就是“能群”和“不能群”的差别。能群（能够组织起来）就能保身保种，不能群（不能组织起来）则会被淘汰。严复将这一观点落脚到如何保证中国在不可避免的生存竞争中胜出。相比一百多年前的严复，现代中国人能够对西方学者的观点进行准确释读。斯宾塞主张社会达尔文主义，是国际主义者；赫胥黎反对社会达尔文主义，但支持殖民政策。但他们都抱有西方中心主义或种族主义观点，希望用西方文化和西方精英来统治世界。但是，未受西方思想“污染”之前，那个时代的中国人包括严复本人在内，并没有西方式的种族观（人种有高贵和低贱之分），只有宗法意义上的族群概念和文化意义上的夷夏观（文明对野蛮）。近代西方列强的殖民主义以及《天演论》等的传播，逐渐使近代中国人形成包括人种、文化、国家和领土等内容的种族观，为日后彻底冲破基于血缘、地缘的宗法关系，产生现代国家意识、民族意识、集体意识打下基础。严复利用适者生存的社会达尔文主义，重点表达族群之间的生存斗争，而不是族群内部的适者生存。严复所讲的进化的选择单元是族群而非个体。要在族群的生存斗争中胜出，必须增强族群对外竞争力，而提高族群竞争力的关键在于把民众组织起来（能群）并提高民众的整体素质。有什么样的民众就有什么样的族群、就能采取什么样的政体。他说："凶狡之民，不得廉公之吏；偷懦之众，不兴神武之君。故欲郅至之隆，必于民力、民智、民德三者之中。"因此严复在戊戌维新时期大力鼓吹"鼓民力、开民智、新民德"。

严复接受斯宾塞的社会达尔文主义观点——生存竞争中的失败者只能被淘汰。所谓"进者存而传，不进者病而亡"，这就是"天演之秘"。严复渲染道："欧墨物竞炎炎，天演为炉、天择为冶。所骎骎日进者，乃在政治学术工商兵战之间。"严复用天演叙述的物竞天择之天道观，产生了任何一个宣传册子都无法比拟的轰动效果。天演论将中国人古已有之的忧患意识完全释放出来。

3. 集体主义观念的产生

严复通过《天演论》《群学肄言》等的翻译，对中国现代思想的形成作用甚巨。在人性以及人类道德起源上，严复表达出一种与传统思想不同的观点，为中国传统思想转型提供一坚实基础。人性无善无恶——这是物竞天择天道观下的基本观点。"为善者之不必福，为恶者之不必祸。"比如，"青吉斯（成吉思汗）凶贼不仁，杀人如薙，而得国幅员之广，两海一经"。比如狼和羊，前者凶残后者驯良，似乎狼恶、羊善，但"二者皆造化之所为"。人类并不存在一个先天不变的善或恶。针对赫胥黎提出的"天然人格"即同情心（sympathy），以及"人为人格"即良心（conscience），他在按语中表达不同意见。"其谓群道由人心善相感而立，则有倒果为因之病，又不可不知也。盖人之由散入群，原为安利。”他认为，人类并不是出于善心而相互聚集在一起，而是为了“安利”。人是为了避免在物竞天择中失败被淘汰，不得不相互团结、相互关照，人类道德起源于生存压力。“是故慈幼者仁之本也。而慈幼之事，又若从自营（为己）之私而起。由私生慈，由慈生仁，由仁胜私。”人有为己之私利而产生对幼童的慈爱，这种慈爱扩充为仁爱，继而用仁爱克制私利。

人性和道德并不是一成不变，而是处于不断进化过程之中。赫胥黎认为善恶同时进化，“进化论并不鼓励对于千年盛世的预测”[1]，对人类发展前景表现出一定的悲观。“以天演言之，则善固演也，恶亦未尝非演。”但严复不以为然。他和斯宾塞一样，属于进化论中的乐观派，认为只要任天演自然，必然实现郅治。因为天演带来的压力，迫使人们形成一套有效的社会规则。比如，强调“各得自由，而以他人之自由为域”。确立“保种三大例”：一是未成年时，允许不劳而获；二是成年后，必须按劳取酬；三是个体与群体并重，能“舍己为群”。他说，“用三例者群昌，反三例者群灭”“行其三例，则恶将无从而演；恶无从演，善自日臻”。严复接受西方功利主义，因为按照进化论的观点，生物如果没有为己的本能，就没有存在的理由，但人的为己之心又受道德控制，功利与道义相互平衡。严复将董仲舒的话改为“非明道，则无以计功；非正谊，则无以谋利。功利何足病，问所以致之之道何如耳”，类似君子爱财取之有道的意思。

严复从物竞天择推导出能群保种，又从能群保种中推导出新的道德规范——屈私为群、屈己为群。从而提出了有现代意义的群体利益高于个体利益的集体主义思想。中国传统宗法制度下强调个体服从家族、牺牲个体保全家族，那是忠孝意识，而非集体思想。中国

---

1 〔英〕托马斯·亨利·赫胥黎：《进化论与伦理学》，《进化论与伦理学》翻译组译，科学出版社 1971 年版，第 59 页。

人自古有家族主义、地域主义和天下主义，但缺乏集体主义、社会公德，更缺乏现代国家意识、民族意识。这是传统中国向现代中国转型的必修课。严复大力鼓吹能群、善群，只有中国在生存竞争中胜出，才会有个体生存的空间，相对于国家民族利益，个体利益处于从属地位。不过严复的集体思想，与现代中国的集体主义有略微区别。他在《群学肄言》的《译余赘言》中说："荀卿曰：民生有群。群也者，人道所不能外也。群有数等，社会者，有法之群也。社会，商工政学莫不有之，而最重之义，极于成国。"严复将"society"（社会）翻译为"群"，是有意为之。"群"的范围要比"有法之群"的社会更广。宗法制的传统中国社会中，个体通过血缘、地缘以及君臣、尊卑关系组成"群"，忠孝为其核心价值。所有人都被编织进这张纲常网罗之中，个体有无条件服从和牺牲的义务。但在宗法关系之外的公共利益、国家利益，人们既不会给予特别关注，也没有为此牺牲的义务。传统中国人能为家族利益、君主利益牺牲一切，却很难为国家利益、公共利益担负责任。正所谓勇于私斗、怯于公斗，为了鸡毛蒜皮的个人利益可以害人杀人，但对于公共利益严重受损却无动于衷。严复对"群"作了宽泛的理解，其"舍己为群"既包括"有法之群"——社会，也包括家族、同乡、同谊等群体。毫无疑问，从传统中国产生有现代意义的集体主义，还需要冲破血缘、地缘的宗法关系，形成更大范围的公共利益，打破对家族、君主等的忠孝，树立对民族、国家的忠诚，才能完成现代集体主义思想的建构，其前提要有个体的独立和自由。

4. 中国式自由的一种阐释

严复把穆勒的《论自由》译为《群己权界论》，将划定群与己之间的权利边界看作自由的精髓。严复借着中西思想结合的译著，提出了中国式自由的新理论，与穆勒原著的意趣有很大不同。

严复将“liberty”（自由）对译为“自繇”。他在《群己权界论·译凡例》中说：“中文‘自繇’，常含放诞、恣睢、无忌惮诸劣义。然此自是后起附属之诂，与初义无涉。初义但云不为外物拘牵而已，无胜义亦无劣义也。”在严复看来，中文的自由含有贬义，但最初只是一个中性词，无所谓好，也无所谓坏。

首先，严复以“絜矩之道”来理解自由，其实质就是推己及人。按照《大学》本意，有两层含义：一是统治者带头示范而不是用强迫的方式让百姓跟随，所谓“上老老而民兴孝，上长长而民兴弟，上恤孤而民不倍”；二是不能用自己不喜欢的方式去对待他人，所谓“所恶于上，毋以使下；所恶于下，毋以事上……”概括为两条原则：君子示范，不搞强迫；己所不欲，勿施于人。当统治者意识到百姓和自己一样都不喜欢被强制、束缚，而百姓认为统治者能做自己也能做的时候，自由精神岂不是深植于这个社会？严复将“絜矩之道”注入自由之中，为自由主义构筑了有别于天赋人权、功利主义的新的理论基础，产生有中国特色的自由思想，即万物一体、推己及人。穆勒认为天才应比一般人享有更多自由的西方自由主义思想，不太容易被中国人接受。其次，严复从佛学的“转于物”和“转物”来理解自由。“转于物”可以理解为人受事物必然性支配，而“转物”可以理解为人认识并掌握事物必然性，前者不自由，后者自由。它与德国古典哲学的自由观在思维上有相通之处。他说：“佛言一切众生，皆转于物，若能转物，即同如来。能转物者，真自繇也。”能完全摆脱“形气”束缚的神灵具有绝对自由，完全被“形气”左右的禽兽“驱于形气，一切不由自主，而无自繇”“独人道介于天物之间，有自繇亦有束缚。治化天演，程度愈高，其所得以自繇自主之事愈众”。他坚信，伴随天演，人的自主性越大，自由程度将愈高。最后，严复认为最有碍自由的，在西方是基督教，在中国则是纲常名教。严复将人类争自由分为三个阶段：一是贵族统治下民众向贵族争自由；二是专制统治下民众向君主争自由；三是立宪时期向社会习俗争自由。中国正处于第二阶段，而英国处于第三阶段。严复赞成斯宾塞说法，“盖不自繇则善恶功罪，皆非已出”“民德亦无由演进”。自由的真谛在于能让所有人对自己的善恶承担责任，自由的人类才能创造出最美好社会（郅治）。

严复按主体将自由分为六类，即族类自由、国群自由、政治自由、地方自由、小己自由、心志自由。在各类自由的优先发展方向上，他秉持《天演论》善群、能群才能保种的思想，特别强调国群自由。他说：“夫吾所谓自由者，非独其名已也，乃民生所享真实之利益。国必有此，而后民得各奋其所能，以自求多福于物竞之难谌，以庶几可幸于天择。苟于群无所侵损，则无人所得沮遏者也。”严复既强调国家自由是维护个体自由的根本，也强调个体自由是国家自由的基础。严复将区分群、己权利边界作为自由的核心，确实煞费苦心。既要与传统的极端个人主义和自由主义作斗争，又要同宗法制社会中对个人权利淡漠作斗争。中国革命基本沿着严复的逻辑展开，把国家和民族（族类、国群）的独立自由作为最优先的奋斗目标，同时我们深刻意识到个体独立自由也是国家和民族真正独立自由（屹立于世界民族之林）的基础。

严复是中国近现代思想史上绝不能忽视的人物，他用中国传统思想诠释西方思想，既使中国传统思想有了新意，又赋予西方思想新意境。因此，严复不只是翻译家，更是那个时代首屈一指的思想家，其思想的多面性、丰富性还有待深入挖掘。

第九章 联结中国近现代的学说

作为革命先行者的孙中山，其创立的学说联结着中国近代和现代。用专章来讨论孙中山的学说，似乎不符合中国学界的品位，正如美国学者史扶邻曾指出的：『即使在民国时代，中国的大学和学术界，都不曾热烈地学习《三民主义》和研究孙中山的思想发展。』但笔者认为，与那些所谓的民国大家相比，孙中山学说才符合中国思想的定位——研究和解决中国问题。孙中山的学说是革命的学说——既破坏又建设。他说：『革命之破坏与革命之建设必相辅而行，犹人之两足、鸟之双翼也。』破坏和建设为革命之两翼，搞清楚破坏什么、建设什么，是理解这一学说的切入口。

一

孙中山宏伟的建国方略

孙中山（1866—1925），名文，字载之，号逸仙，广东香山（今中山）人，因躲避满清追捕化名中山樵，遂以“中山”之名著称于世。他起共和而终两千年帝制，为改造中国耗毕生精力，鞠躬尽瘁、死而后已。1878 年，孙中山十二岁时随母赴檀香山（今夏威夷首府）并接受教育，“始见轮舟之奇、沧海之阔，自是有慕西学之心、穷天地之想”[1]。十七岁时回国，之后转赴香港学习。孙中山自述“予自乙酉中法战败之年（1885 年），始决倾覆清廷、创建民国之志。由是以学堂为鼓吹之地，借医术为入世之媒，十年如一日”[2]。另一位广东人康有为写作《大同书》的时候，十九岁同乡孙中山则开始立志推翻帝制，从“医人生涯”而入“医国事业”。1894 年，孙中山偕陆皓东经王韬介绍赴天津，试图通过盛宣怀面见李鸿章，但被李鸿章拒绝。《上李鸿章书》由王韬修改后，以“上李傅相书”为题发表于《万国公报》，提出人能尽其才、地能尽其利、物能尽其用、货能畅其流等四项主张。上书失败后，孙中山转赴檀香山，创立兴中会，提出“驱除鞑虏，恢复中华，创立合众政府”，在中国近代史上首次举起“振兴中华”的旗帜，首次提出“反满革命”。1895 年 10 月，兴中会密谋在广州起义，事泄失败，陆皓东殉难，孙中山远赴欧洲，伦敦蒙难脱险后专注于考察欧洲政治风俗。其间，孙中山的民生思想开始形成。他说：“两年之中，所见所闻，殊多心得。始知徒致国家富

1 孙中山：《自述》，参见《三民主义》，中国长安出版社 2011 年版，第 247 页。
2 孙中山：《建国方略》，中国长安出版社 2011 年版，第 64 页。

强、民权发达如欧洲列强者，犹未能登斯民于极乐之乡也；是以欧洲志士，犹有社会革命之运动也。予欲为一劳永逸之计，乃采取民生主义，以与民族、民权问题同时解决。此三民主义之主张所由完成也。”[1]1905 年，孙中山组织同盟会，“排满革命”成为各方势力的最大公约数。孙中山此后又组织九次起义，皆告失败，尤其是 1911 年 4 月广州黄花冈起义，七十二烈士殉难，震惊全国。同年 10 月，武昌起义成功。1912 年 1 月 1 日，孙中山就任中华民国临时大总统。2 月 12 日，清帝逊位，延续两千多年的封建帝制宣告终结。孙中山随即辞去临时大总统职务，让位袁世凯并担任全国铁路督办，以图实业强国。随后发生的一系列事件，如国民党代理理事长宋教仁遭暗杀，《中华民国临时约法》被废弃，袁世凯复辟帝制，使辛亥革命后的中国社会更加混乱。“夫去一满洲之专制，转生出无数强盗之专制，其为毒之烈，较前尤甚。于是而民愈不聊生矣！”[2]1918 年至 1920 年，孙中山专注于从理论上思考中国之出路，撰写了《建国方略》《三民主义》。1924 年 1 月，孙中山组织召开中国国民党第一次全国代表大会，开始国共合作，并重释三民主义。1924 年 10 月，孙中山接受冯玉祥、段祺端等邀请，北上共商国是，于 12 月扶病抵达北京，次年 3 月 12 日凌晨病逝。

《建国方略》是孙中山留下的重要著作，由“心理建设”“物质建设”“社会建设”三部分组成。

《建国方略》第一部分是“心理建设”。孙中山反思辛亥革命后出现的种种问题，认为深层原因是中国人有一种普遍的“知易行难”心理。有这种心理束缚，导致不敢想、不敢干，从而缺乏一往无前、永不停滞的奋斗精神。普遍的社会心理左右着国家事务，如果不破

1 孙中山：《建国方略》，中国长安出版社 2011 年版，第 67 页。
2 孙中山：《建国方略》，中国长安出版社 2011 年版，第 3 页。

除旧有的社会心理，重建社会心理，则事业难以推进。孙中山辞去大总统职位后，提出大规模建设铁路的实业救国计划，却被视为过于宏大、过于理想，被称为“孙大炮”甚至被视为“狂人”“疯子”。有鉴于此，孙中山提出“知难行易”，以此改造国民旧有心理，开展社会心理建设，将此作为开展物质建设和社会建设的前提。他从多方面论证“知难行易”。比如中国人善于饮食，但并不知道营养学等方面的知识；中国人都会用钱，但没有货币金融等方面的知识。孙中山还从建屋、造船、筑城、开河、电学、化学、进化等方面进一步加以论证。中国人很早就能建屋宇、造轮船、筑长城、开运河、烧陶瓷、制火药、造罗盘等，但没有出现系统的建筑学、工程学、化学、生物学等科学技术知识。由此看来，真正的“知”并不容易，远远比“行”困难得多。

孙中山用“知难行易”破“知易行难”，作为“救中国必由之道”，是基于现实考量而非哲学思考。其目的：一是倡导科学知识；二是相信科学，凡是科学的就一定能行；三是坚定理想；四是勇于试验、敢于探索。孙中山有过理想受嘲讽的痛苦经历，其很多重要主张很难在同盟会内成为共识。他曾比较美国和法国近代史，发现美国革命之后的国体比较稳定，而法国革命之后却经历长期动荡，两次帝制三次共和，究其原因，世人皆以为是华盛顿品德高尚，带了好头，而拿破仑野心勃勃，开了坏头。如同袁世凯复辟帝制，众口铄金指责袁世凯个人品行不好。但孙中山不这么看。他说，“一国之趋势，为万众心理所造成，若其势已成，则断非一二因利乘便之人之智力所可转移也”“是故华（华盛顿）、拿（拿破仑）之异趣，不关乎个人之贤否，而在其全国之习尚也”。[1] 中国有比法国更漫长的君

1　孙中山：《建国方略》，中国长安出版社 2011 年版，第 46 页。

主专制史，要在中国实现共和、推行民主，其历程更为曲折，只有将共和思想、民主精神注入中国百姓心里、成为日常习俗，才能锻造名副其实的共和国。倡导“知难行易”，并非事事处处先求知而后从事于行，也不是等全国人民皆有科学知识才行动，为此孙中山提出“不知亦能行”。目前“科学虽明，惟人类之事仍不能悉先知之而后行之也，其不知而行之事，仍较于知而后行者为尤多也”[1]。如果待到一切都探明了、一切都熟知了再采取行动，便不是科学精神，这实质是“摸着石头过河”。孙中山提出“习练、试验、探索、冒险”这四件事，是文明得以昌盛的动因。所谓“习练”就是从不懂到熟练；所谓“试验”就是对不确定的知识进行验证；所谓“探索”就是从未知求得真知；所谓“冒险”就是在不熟悉的领域建立功业。孙中山提出“知难行易”的落脚点还在于打破“知易行难”这一千年古训的精神束缚，大胆闯、大胆试、大胆干。孙中山的这一品格在近代革命家中是罕见的，唯其罕见才弥足珍贵。他提出当前需迫切行动的几件事：一是清除贪官污吏和政治腐败；二是利用外资、利用国外人才；三是利用西方列强处于第一次世界大战的机遇期；四是发展实业、普及教育。从历史的视角看，这些何尝不是振兴中华之良策？

《建国方略》第二部分的“物质建设”是一份超常规的实业发展计划。这种超常规的发展模式在当时还闻所未闻，大多数人持强烈的怀疑态度。孙中山认为，中国如果不打破常规，将永远没有赶超的可能性。孙中山的自信来自对“后发优势”的认识——吸取西方经验、避免弯路，也来自对美国经验的总结——借助欧洲资本和人才。与其他革命派和改良派不同，孙中山是一位真正站在世界潮头观天下的革命家、思想家、实干家和预言家。“物质建设”原稿为英

1　孙中山：《建国方略》，中国长安出版社 2011 年版，第 46 页。

文（*The International Development of China*），最早发表于1916年6月的《远东时报》，类似于面向国际资本的招商计划，之后由朱执信、廖仲恺等人翻译成中文。它由六个计划组成，分别就铁路、公路、港口、矿业、钢铁、农业建设以及疏浚大江大河、开发边疆等进行规划，是中国历史上第一份规模宏大的实业发展计划，其全面、系统、精确，令人惊叹！贯穿其中的精神尤值得关注。第一，独立自主。"惟发展之权，操之在我则存，操之在人则亡，此后中国存亡之关键，则在此实业发展之一事也。"把实业发展之权牢牢操控于自己的手里，是孙中山一以贯之的思想，直至临终前一刻，仍念念不忘于最短时间内"废除不平等条约"。第二，确定国家优先发展方向。孙中山所规划的实业计划将重点落在现代交通、钢铁水泥、衣食住行等领域，体现了优先发展基础设施、重工业和民生之远见。第三，个人和国家两路共进。"中国实业之开发应分两路进行，（一）个人企业，（二）国家经营。"凡是可以个人经营，或比国家经营更适宜的，则"应任个人为之，由国家奖励，而以法律保护之"[1]。孙中山规划的主要是由国家负担的部分——大规模的铁路建设和河流疏浚。第四，抓住第二次工业革命契机。孙中山意识到以电力和内燃机车为标志的第二次工业革命，将比以蒸汽机为代表的第一次工业革命影响更为深远。但是，在军阀、政客、文人、豪绅们把持的民国初年，这种思想必定又是孤独的。第五，利用外国资本、人才为我所用。第一次世界大战前后，欧美自由资本主义进入垄断资本主义时代，国际经贸从以商品输出为主转为资本、技术输出。孙中山看到资本输出对发展中国实业的意义，提出在互助互利基础上利用外资发展中国实业的设想。孙中山认为世界大战结束时欧美用于生产战争物资

1 孙中山：《建国方略》，中国长安出版社2011年版，第88页。

的产能必然大量过剩，同时又有战后恢复重建的需要。他设想利用这一稍纵即逝的良机，吸收外国资本开发中国，将资源转化为富源，既可以扩大中国消费能力、消纳过剩物质和产能，又可以实现中国工业化。孙中山对此信心满满，但是该计划并没有引起西方列强和国际资本的丝毫兴趣，也被人视为放炮、空想。事实证明，一个完全依靠国际资本、国际技术振兴中国实业的计划，的确高估了欧美列强的善意。直至晚年，孙中山又转而希望借助苏联的帮助。历史往往如此诡异，圆满实现孙中山实业计划的是继之而起的、完全脱离苏俄羁绊的中国共产党人。这正是贯穿几千年而不死的中华民族之精神——接续奋斗，永不停步。

《建国方略》第三部分是“社会建设”，其内容是国人如何行使民权。令人困惑的是，孙中山并没有更多分析公民有哪些权利、如何行使，通篇讲如何开会，是一份标准的“会议通则”。孙中山详尽罗列会议的召集、主持人（主座）的确定、会议秩序，以及动议的提出、讨论、修改、表决、搁置、复议和发言顺序等，既没有高深的天地之道，也没有莫测的玄妙之思，都是些极为普通的议事规则。孙中山说：“此书譬之兵家之操典，化学之公式，非浏览诵读之书，乃习练演试之书也。”[1] 孙中山把民权、民主问题首先归于会议规则，体现其思想的务实性。

但言者谆谆、听者藐藐，一个长期受专制统治的国家，并不会有多少人真信、真懂、真用这些规则。孙中山试图将民主、民权理念融入规则之中，并通过规则使国民担负责任、凝聚力量、实现团结，可谓比当时的任何一个中国人更深得民主政治之精髓——民主是一种生活习惯。民主、民权最终要借助一个个具体而琐碎的规则得

1 孙中山:《建国方略》，中国长安出版社 2011 年版，第 239 页。

以实现，正如皇权需要通过一个个具体而烦琐的礼仪得以展现一样。

二

传统中国思想的转型：三民主义

孙中山的三民主义是继洪秀全、康有为之后，近代中国第三个将传统和西方思想相结合的学说，意味着传统中国思想开始实现真正的转型，其价值不言而喻。他说："兄弟的三民主义，是集合中外的学说，应世界潮流所得的。"他还用林肯的"民有、民治、民享"（The government of the people，by the people，for the people）比较三民主义，"他这民有、民治、民享主义，就是兄弟的民族、民权、民生主义"[1]。仔细研究孙中山的三民主义，其思想远比林肯的"民有、民治、民享"更为复杂，与黄宗羲"共有、共治、共享"精神更相近。1906年12月2日，孙中山在东京《民报》创刊周年庆祝大会上的演讲说："我们革命的目的是为众生谋幸福，因不愿少数满洲人专制，故要民族革命；不愿君主一人专制，故要政治革命；不愿少数富人专制，故要社会革命。这三样有一样做不到，也不是我们的本意。达到这三样目的之后，我们中国当成为至完美的国家。"

中国的民族主义是在与外来族群，尤其是在中西冲突中发展起

1 孙中山：《三民主义精义》，参见《三民主义》，中国长安出版社2011年版，第261页。

来的。受王夫之、顾炎武影响的一些晚清学人如章太炎等人，坚持汉族为华夏、满清为夷狄。孙中山则将“排满”与反对君主专制相结合，以建立共和为目的，开始摆脱传统华夷观，产生现代意义的民族思想。民族主义有了反对满清压迫汉人和反对君主专制的双重含义。随着清帝逊位，孙中山在《中华民国临时大总统宣言书》中宣布：“合汉、满、蒙、回、藏诸地为一国，即合汉、满、蒙、回、藏诸族为一人。是曰民族之统一。”后来，他进一步解释说：“仿美利坚民族的规模，将汉族改为中华民族，组成一个完全的民族国家，与美国同为东西半球二大民族主义的国家。”[1] 孙中山提出的“中华民族”是一个以汉族为主体，其他各族人民加入的大家庭，正如美利坚民族是以“盎格鲁-撒克逊”为主体，融合多民族的新民族一样。第一次世界大战前后，孙中山受列宁和美国总统威尔逊“民族自决”的影响，既强调中华民族的民族意识以及摆脱欧美列强对中华民族的压迫，同时也承认中国内部各民族之间的平等和自决权。列宁与威尔逊的民族自决都闪烁着理想主义的光辉，但两者的出发点和结果却有很大不同。列宁希望通过殖民地的民族革命削弱资本主义势力，为彻底颠覆资本主义社会的无产阶级革命赢得同盟军。威尔逊的“民族自决”暗含美国人的狡黠，想以此瓦解欧洲列强的势力实现以美国这一“山巅之城”改造世界的目的。列宁的“民族自决”是在国内民族分裂势力依然强大、民族冲突比较严重的情况下提出的，而威尔逊是在美国大规模屠杀印第安人，排斥华人定居，吞并夏威夷成为横跨两洋的帝国，国内几乎不存在民族分裂威胁的情况下提出的。因此，列宁的“民族自决”可能会反噬自身，而威尔逊的“民族自决”对美国百利而无一害。基辛格写道：“伍德罗·威

1　孙中山：《三民主义精义》，参见《三民主义》，中国长安出版社 2011 年版，第 261 页。

尔逊之所以伟大，归根结底是因为他提出了宏大的愿景，极大地激发了美国例外主义传统。他被尊崇为先知，美国矢志追求他的愿景，并以此评判自己的行为。”[1] 历史已经表明，美国倡导的民族自决是一种基于现实利益考虑而精心设计、精心包装的策略，是一种既能打败德奥、又能瓦解英法殖民体系，还能为美国赢得国际道义赞誉的高明招数。

孙中山用血统、生活、语言、宗教、风俗作为组成一个民族的五要素，抛弃了单一的文化标准。同时，他还采取中国历史上不曾有过的叙事方式，将民族主义的缺乏与国家落后、国际地位低下关联在一起。他认为，国家强盛来自民族意识、民族精神和民族凝聚力，民族主义是国家发展的必要条件又是国家发展的原因。一个没有民族精神、不清楚民族危机、缺乏民族自信和凝聚力的民族，就难以在国际上获得平等地位和发展机会。孙中山着重分析了中国民族危机的来源、中国民族精神丧失的原因、强化中国民族主义的办法。他把人口作为种族之间竞争的关键变量，认为历史上汉族能够同化外来民族的主要原因是庞大的人口基数。中国人自古就奉行世界主义，缺乏民族意识，增强民族主义的前提是让国民意识到中华民族处于生死关头，到了最危险的时候。

孙中山认为民权作为一种思想古代中国很早就有，但作为一项制度并未真正实行。他提出：在当今公理与强权斗争的民权时代，中国必须顺应世界潮流；西方人以中国人程度低不宜行民权，国内一些人争相附和，是完全错误的；卢梭的天赋人权虽在学理上与进化论冲突，但不能因个别观点的不合理而否定民权；民权是奠定人类和平的基础，能避免彼此为了争做皇帝而斗得你死我活。那么，

1 〔美〕亨利·艾尔弗雷德·基辛格：《世界秩序》，胡利平等译，中信出版社 2015 年版，第 351 页。

如何实行民权主义？孙中山从国情分析入手。

孙中山认为，近代中国经历了一个“由极端反对外国到极端崇拜外国”的过程，其转折点就在庚子年的义和团运动。由于义和团的失败，民族自信心完全丧失，思想从极端排外到极端媚外。他说：“因为信仰外国，所以中国的旧东西都不要，事事都效仿外国，只要听到说外国有的东西，我们便要去学，便要拿来实行。对于民权思想，也有这种流弊，革命以后举国如狂，总是要拿外国人所讲的民权，到中国来实行。至于民权究竟是什么东西，也根本不去研究。”[1]他认为“自由”这一观念在中外有很大差别。西方人一听说是为了自由，不管流多少血、牺牲多少人都在所不惜；但是，中国人就不是这样，最能打动人心的是发财，一听说为了发财，大家拼命都会跟着，但说是为了争自由，就会莫名其妙，不愿意跟随。孙中山由此作出合乎逻辑的推论：“中国人听到说发财就很欢迎的缘故，因为中国现在到了民穷财尽的时代，人民所受的痛苦是贫穷”，而欧洲人欢迎自由的原因就在于所受到的专制压迫非常严重。在中国，“人民纳了粮之外，几乎与官吏没有关系”，而欧洲长期的封建农奴制，人身完全依附于贵族，“欧洲的专制——直接专制到人民……所以欧洲人在二百年以前受那种极残酷专制的痛苦，好像现在中国人受贫穷的痛苦是一样”[2]。孙中山还用华侨在南洋荷兰或法国的领地上遭受的人身束缚作旁证，入关时要脱光衣服查验，在哪居住需要报官备案，如果从居住地到另一个地方，需要申请路照，晚上九点后需要另外申请夜照才允许通行等，在这样的环境下生活，一听说要争自由，自然得到大家的欢迎。孙中山用新的视角比较中西方对自由持不同态度的原因，看到了中国人民最迫切的愿望是什么。孙中山提出，

1 孙中山：《三民主义》，中国长安出版社 2011 年版，第 124—125 页。
2 孙中山：《三民主义》，中国长安出版社 2011 年版，第 87—88 页。

由于欧洲封建世袭制，职业世袭，其不平等要甚于中国。因此，“欧洲人民在两三百年以前的革命，都是集中到自由平等两件事”，中国革命当然也要争自由平等，“但是中国今日的弊病，不是在不自由不平等的这些地方，如果要拿自由平等去提倡民气，便是离事实太远，和人民没有切肤之痛，他们便没有感觉，没有感觉，一定不来附和”[1]。通过分析，孙中山阐述了一些值得重视的观点。他提出中国革命必须依据自身的国情，从人民切身体会的痛苦入手，而不是照抄照搬。比如，争自由、平等，首先是要争取国家的自由、平等。这一看法不仅与严复的观点一致，也与后来共产党的观点一致。还比如，在国家体制方面，当时有人主张仿照美国的联邦制，其逻辑是：既然美国那么强大，肯定是与实行联邦制有关；既然联邦制那么好，中国也要学，学的办法就是搞“联省”制。孙中山批评这种观点是“倒果为因”，美国各邦过去是独立的，“所以美国之富强，是各邦统一的结果，不是各邦分裂的结果”，中国历来统一，“为什么要把向来统一的国家，再来分割呢？”孙中山把自由、平等、博爱解释成民族、民权、民生。他说，“法国的自由和我们的民族主义相同，因为民族主义是提倡国家自由的”“平等和我们的民权主义相同，因为民权主义是提倡人民在政治地位上都是平等的”“还有博爱的口号……和我们的民生主义是相通的。因为我们的民生主义，是图四万万人幸福的，为四万万人谋幸福就是博爱”。[2]

国情不同，对政府的期待也不同。孙中山引述美国一学者的话：“现在讲民权的国家，最怕的是得到一个万能政府，人民没有方法去节制他；最好的是得到一个万能政府，完全归人民使用，为人民谋

1 孙中山：《三民主义》，中国长安出版社 2011 年版，第 100—101 页。
2 孙中山：《三民主义》，中国长安出版社 2011 年版，第 95 页。

幸福。”[1] 他认为这是最新发明的民权学理。这揭示了孙中山心中的理想：建立一个能替人民谋幸福的全能政府，同时这个政府又在人民的监督和控制之下。要实现这一理想，须具备两个条件：一是改变人民对政府的态度，拒斥西方政治学认为政府是一种“必要的恶”的观念，人民要充分信赖政府；二是权能分开，即人民有权力、政府有能力，人民掌握政权、政府掌握治权，人民通过“选举权、罢官权”监督官员，通过“创制权、复决权”监督法律。在中国建立一个全能的服务型政府，有着深刻的历史文化根源。孙中山说：“我们研究中国历史，总是看见人称赞尧舜禹汤文武，尧舜禹汤文武的政府是中国人常常羡慕的政府，中国人无论在哪个时代，总是希望有那样的政府，替人民来谋幸福。”[2] 孙中山认为，由于历史文化原因，欧美国家人民普遍对政府持消极态度，使政府之中充斥无能之辈。“所以弄到民权政治的发达反是很迟，民主国家的进步还是很慢，反不及专制国家的进步，像日本和德国那一样的迅速。”“如果要解决这个问题，便要把国家的大事，托付到有本领的人。”[3] 欧美国家的政府人物是否都无能，我们可以不赞成孙中山的判断，但是治理国家要有最杰出的人才，而不是一流人才去经商，二三流人才搞政治。与西方三权分立的宪政制度不同，孙中山强调权、能分开的要义是，让政权、监督权直接掌握在人民手上，让有本领的专门家在政府掌握治权。他把政府治权分为司法权、立法权、行政权、考试权、监察权。这五权性质相同，由不同的部门行使，都属于政府治权，它们与人民拥有的四权——选举权、罢官权、创制权、复决权，共同构成全部的国家公权力。理解了这一点，才算真正理解孙

1　孙中山：《三民主义》，中国长安出版社 2011 年版，第 128 页。
2　孙中山：《三民主义》，中国长安出版社 2011 年版，第 129 页。
3　孙中山：《三民主义》，中国长安出版社 2011 年版，第 136 页。

中山民权主义的精神实质。孙中山询问一位曾在美国学政法的国民党党员："你对于我所主张的民权，有什么意见呢？"他说："五权宪法是很好的东西呀，这是人人都欢迎的呀。"孙中山认为此人答非所问，因为五权只是政府治权并非民权，民权只是四权。[1]其实不仅是那位留洋学生，后人大多把孙中山民权思想等同于五权宪法。

孙中山把民生主义看作与共产主义殊途同归的一种理论。"民生主义就是社会主义，又名共产主义，即是大同主义。"[2]之所以相同，他把社会主义、共产主义理解为人人有饭吃、人人有衣穿，解决了社会贫富悬殊、实现共同富裕的社会，而民生主义同样要解决这些社会问题。同时，孙中山又着重阐述民生主义与社会主义和马克思学说的不同之处。他说："马克思以物质为历史的重心是不对的，社会问题才是历史的重心，而社会问题又以生存问题为重心，那才是合理。民生问题就是生存问题。"[3]孙中山讲的是一种民生史观，把人类求生存看作社会进化的原因，因此，"民生就是社会一切活动中的原动力"[4]。他讲民权主义时，认为人类历史有一个很长的人与人相斗的时代，讲民生主义时，既包括人与自然的斗争，也包括人与人之间的斗争，民生问题的实质还是人与人之间的斗争。孙中山不同意阶级斗争是推动社会发展的动力，但在讲民权、民主、民生时，最终还是归结为人与人之间的斗争。当然，孙中山的真实想法是，人类求生存中可以做到双赢。比如"资本家和工人的利益可以相协调，不是相冲突"，而你死我活的阶级斗争"是社会进化时候所发生的一种病症"。因此，孙中山把民生主义看作共产主义的同时，强调"今

1　孙中山：《三民主义》，中国长安出版社 2011 年版，第 155 页。
2　孙中山：《三民主义》，中国长安出版社 2011 年版，第 159 页。
3　孙中山：《三民主义》，中国长安出版社 2011 年版，第 167 页。
4　孙中山：《三民主义》，中国长安出版社 2011 年版，第 185 页。

日师马克思之意则可，用马克思之法则不可”[1]。他希望用一条适合中国国情的道路来实现社会主义和共产主义。

孙中山把贫穷看作是中国最大的国情。当欧美社会苦于资本集中导致贫富悬殊时，中国社会面临的困境是资本缺乏。《建国方略》首先将发展实业、发展国家资本作为解决民生问题的基础。当然，他也注意到贫富差距带来的问题。他的解决办法是“平均地权”“节制资本”。要理解“平均地权”，必须了解孙中山认为的土地问题究竟是什么。他举了澳洲发生的一个例子。有个醉汉误打误撞以三百元价格买了一块土地，因是醉后行事，醒来后很是悔恨。没想到，十多年后周围都盖起高楼大厦，这块土地升值到数百万元。他采取分租而不是出卖的方式，获得巨额地租收益。到后来这块土地升值到数千万元，这个醉汉成了澳洲有名的富翁。孙中山讲述这个故事的同时，也谈到中国当时的上海、广州土地价格飞涨，使一些地主不劳而获得到了巨额财富。孙中山认为，由此造成的贫富差距才是最大的不公平。他说：“土地价值之能够增加的理由，是由于众人的功劳，众人的力量。地主对于地价涨跌的功劳，是没有一点关系的。”如果放任这一现象，“众人在那块地方经营工商业所赚的钱，在间接无形之中都是被地主抢去了”[2]。孙中山解决的“土地问题”不是土地占有的不均衡，而是指那些因社会发展而取得土地溢价的不劳而获的地主。吊诡的是，孙中山认为极不合理的“地产资本主义”却在半个多世纪后的香港得到演绎，炒卖土地成为致富的法宝。孙中山“平均地权”的理想终究成为空中阁楼。他当时设计了三条解决问题的举措。第一条，照地价收税。由地主自己申报土地的价值，然后按照百分之一的税率收税。第二条，照地价收买。如果地主为了避

1 孙中山：《三民主义》，中国长安出版社 2011 年版，第 190 页。
2 孙中山：《三民主义》，中国长安出版社 2011 年版，第 183 页。

税而故意压低土地申报价格，则面临政府依照此价格收回的风险。第三条，增值归公。以地价申报日为基准，以后土地价格水涨船高，其增值部分归公有。孙中山说："这种把以后涨高的地价收归众人公有的办法，才是国民党所主张的平均地权，才是民生主义。"同时，他又强调一句："这种民生主义就是共产主义。"[1]孙中山也谈到另一种性质的"土地问题"——无地农民。"十分之六是归地主，农民自己所得到的不过十分之四，这是很不公平的。"[2]他提出"耕者有其田"的目标，但没有提出具体的解决办法。这个关键的土地问题只有留待中国共产党人来解决。在解决"资本问题"上，孙中山说："虽然崇拜马克思的学问，但是不能用马克思的办法到中国来实行。"他的办法是节制私人资本的同时，发展国家资本。孙中山发展"国家资本"的设想，在执行过程中后期蜕变为"官僚资本"，"国有"变成了"官有"。这种官僚资本与帝国主义、封建主义一同成为新民主主义革命的对象。

从孔子的"天下为公"、老子的"圣人以百姓之心为心"，到孟子的"仁政"、黄宗羲的"共有、共治、共享"，再到孙中山的"国家是人民所共有，政治是人民所共管，利益是人民所共享"，发展到中国共产党人的"人民至上"，其中不变的精神实质是让每一个中国人都过上更好的日子。这是一个贯穿中国思想史的既朴素又宏伟的愿景。

1 孙中山：《三民主义》，中国长安出版社 2011 年版，第 188 页。
2 孙中山：《三民主义》，中国长安出版社 2011 年版，第 197 页。

三

中国共产党人继承的政治遗产

孙中山是中国革命精神的重要源头之一，如司马迁赞扬孔子“高山仰止，景行行止。虽不能至，然心向往之”。孙中山的伟大在于，完成反满革命、推翻帝制以后，继续提出民族主义、民权主义、民生主义，高举振兴中华的旗帜。这种持续革命、不断革命的思想难能可贵。1940 年 4 月孙中山被尊称为中华民国国父，但“中国知识分子并没有诚心地尊崇过孙中山先生”[1]。国民党人只是把孙中山当作一块招牌而非真心实意相信，反而是共产党人真诚地实践着孙中山“振兴中华”的理想。共产党领袖毛泽东在中国共产党第七次全国代表大会上说：“不但在过去和现在已经证明，而且在将来还要证明：中国共产党人是革命三民主义最忠诚最彻底的实现者。”[2] 孙中山一生历尽磨难，但愈挫愈勇，知其不可为而为之，其政治遗产主要集中在逝世前一年主持召开的中国国民党第一次全国代表大会所形成的一系列文件，尤其是《中国国民党第一次全国代表大会宣言》（后文简称《宣言》）。一个政党领袖的政治遗产却是由另一个政党来实现，是世界政党史上的空前奇迹，反映现代中国政治不以党争代替民族利益的崇高精神。

在中国现状和革命道路的问题上，《宣言》提出：“海禁既开，列强之帝国主义如怒潮骤至，武力的掠夺与经济的压迫，使中国丧失

1 〔美〕史扶邻：《孙中山：勉为其难的革命家》，丘权政、符致兴译，中国华侨出版社 1996 年版，第 24 页。

2 毛泽东：《论联合政府》，参见《毛泽东选集》第 3 卷，人民出版社 1991 年版，第 1061 页。

独立，陷于半殖民地之地位。”近代中国是半殖民地国家，同时遭受来自军阀和帝国主义政治、经济的双重压迫，因此打倒军阀、打倒列强成为革命的首要任务。《宣言》反驳了时下流行的中国向何处去的若干观点。比如立宪派，不知道“宪法之成立，唯在列强及军阀之势力颠覆之后”；联省自治派，不懂得中国人民的自由“必待中国全体独立之后，始能有成”“自由之中国以内，始能有自由之省”；和平会议派，“惟冀各派之势力保持均衡，使不相冲突，以苟安于一时者，则更为梦想”；商人政府派，希望由资本家组成政府，但商人资本家怎能代表全体民众利益。因此，唯有推行国民革命、实行三民主义才是“中国唯一生路”。

《宣言》对三民主义作了更为精练的概括。（一）关于民族主义。有两方面含义：中国民族自求解放；中国境内各民族一律平等。（二）关于民权主义。“近世各国所谓民权制度，往往为资产阶级所专有，适成为压迫平民之工具。若国民党之民权主义，则为一般平民所共有，非少数者所得而私也。”（三）关于民生主义。平均地权包括“核定地价、照价纳税、照价收买”，但不包括孙中山最初设计的增值归公。节制资本的重点是“使私有资本制度不能操控国民之生计，此则节制资本之要旨”。至于农民缺地问题，孙中山提出了“国家当给以土地，资其耕作”等主张，同时还提出了“为农夫、工人而奋斗”的目标。

《宣言》提出实现三民主义必须推行国民革命，而推动国民革命必须依赖受压迫最深、生活最贫困的工人、农民，帮助他们获得解放。鉴于历次革命失败的教训，《宣言》特别强调要建立起革命的军队。同时，对国民党党员开展教育和训练，“使成为能宣传主义、运动群众、组织政治之革命的人才”。在此基础上，《宣言》提出国民党要牢牢掌握革命领导权和政府领导权，扫除一切障碍，“更应以党为掌握政权之中枢”，形成用“党治”来带动“宪政”的思想。

《宣言》阐述了国民党对内、对外政策。对外政策方面：取消一切不平等条约，重新订立双方平等、尊重主权的条约；庚子赔款全部划为教育经费；凡是用于贿选、维持军阀地位等一切外债，中国人民没有偿付的责任；废除和收回租界。对内政策方面：划分中央和地方权限；县为自治单位，上缴国家的收入为本县收入的百分之十到百分之五十之间；实行普选制；确认男女平等，发展女权。普及教育，发展儿童本位教育。

毫无疑问，《宣言》的政治主张受到俄国革命和列宁思想的影响。其初稿为鲍罗廷根据《共产国际执行委员会主席团关于中国民族解放运动和国民党问题的决议》的基本精神起草，由瞿秋白翻译、汪精卫修改润色、孙中山同意，自然很难为其他国民党人真心实意地接受。除了国民革命须从军政、训政再到宪政的三步走被蒋介石从形式上遵从外，其余内容在国民党主政的二十多年里基本流于一纸空文。但中国共产党人忠实践行了《宣言》的主要内容。毛泽东说："对于中国共产党人，为本党的最低纲领而奋斗和为孙先生的革命三民主义即新三民主义而奋斗，在基本上（不是在一切方面）是一件事情，并不是两件事情。"[1] 如打倒军阀及一切反动分子、反对帝国主义压迫、唤起千百万民众、实现中华民族独立自由、建设有组织有纪律的政党、建设一支革命的军队、民主权利只能给予拥护革命的人民等，都是中国共产党推进新民主主义革命中毫不放松的重要原则。中国共产党成为孙中山开启的革命事业和政治遗产的忠实继承者，但双方的差别不容忽视。其一，《宣言》未提反封建的问题，而中国共产党认为中国不仅是半殖民地还是半封建的社会[2]，封建专制主

---

1 《毛泽东选集》第 3 卷，人民出版社 1991 年版，第 1061 页。

2 毛泽东：《中国革命和中国共产党》，参见《毛泽东选集》第 2 卷，人民出版社 1991 年版，第 626 页。

义和帝国主义同样是导致近代中国苦难的根源。当帝国主义与中国最反动的封建主义相互勾结时，唯有反对封建主义才能彻底反对帝国主义，只有彻底反对帝国主义才能彻底反对封建主义。放手发动工农群众，开展土地革命，废除一切封建关系，成为共产党鲜明的旗帜。孙中山的民族主义和民权主义就这样统一于共产党的“反帝反封建”之中。其二，中国革命既不是历史上农民起义的延续，也不是欧美资产阶级革命在中国的翻版，而是由一个体现先进生产力的工人阶级政党——中国共产党领导的革命。既要避免重蹈中国两千年农民运动之覆辙，因为农民造反的结果最终还是当皇帝，也要避免西方革命后产生工人和资本家的对立和贫富悬殊。其三，阶级斗争和武装斗争是中国革命必然的形式。“因为我们的敌人不给中国人民以和平活动的可能，中国人民没有任何的政治上的自由权利。”[1] 中国革命只能且必须通过武装斗争来夺取政权，继而“改造中国”。孙中山所希望的“利益相协调、不是相冲突”的局面在半殖民地半封建社会状况下难以实现。其四，必须唤起千百万的民众，结成最广泛的统一战线。[2] 纵览孙中山革命生涯，起初依靠“会党”，后来依靠“新军”，接着又借助“军阀”，结果无一成功。中国社会已经翻过了依靠几个先知先觉者启蒙社会的那一页，受压迫最深重的工人、农民才是中国革命的主力军。孙中山《国事遗嘱》提出“必须唤起民众”，但他的同侪显然弃之如敝屣。共产党将工农联盟作为统一战线的基础，团结一切可以团结的力量来推进中国革命进程。中国共产党人之所以成为“孙中山先生革命事业最坚定的支持者、最忠诚的合作者、最忠实的继承者”[3]，在于孙中山晚年已经“把适应于旧的国

1 《毛泽东选集》第 2 卷，人民出版社 1991 年版，第 635 页。
2 《毛泽东文集》第 2 卷，人民出版社 1993 年版，第 112 页。
3 习近平：《在纪念辛亥革命 110 周年大会上的讲话》，人民出版社 2021 年版，第 9 页。

际国内环境的旧民主主义的三民主义，改造成了适应新的国际国内环境的新民主主义的三民主义”[1]。正是中国共产党人的创新，才保证了孙中山的政治遗产得以在中国实现。

孙中山是连接近现代中国的伟人，其理想须纳入另一个更为宏大的思想体系中才能得以实现。我们缅怀和崇敬孙中山，因为他生活的时代“正是中国近代史上最黑暗的时期，假如没有对他的回忆，也许会更黑暗”[2]。孙中山使黑暗的旧中国出现晨曦。

1 《毛泽东选集》第 2 卷，人民出版社 1991 年版，第 648 页。

2 〔美〕史扶邻:《孙中山：勉为其难的革命家》，丘权政、符致兴译，中国华侨出版社 1996 年版，第 225 页。

第十章 马克思列宁主义进入中国

如果说1898年戊戌变法是对传统思想产生质疑，那么1919年五四运动则是对传统思想的彻底否认。在俄国十月革命影响下，马克思列宁主义进入了中国，在与各种思潮的激烈竞争中脱颖而出，成为先进中国人解决中国问题——反对帝国主义、封建主义的锐利武器。真正使马克思主义在中华大地扎根并开花、结果的是以毛泽东为代表的成熟的中国共产党人，他们接受的是经过列宁阐释、与中国实际相结合的马列主义，而不是西方马克思主义。马克思主义作为彻底的无神论，是西方文化的非主流，却非常契合中国肇始于西周的世俗化社会的普遍心理。从文化角度看，马克思主义对于中国人而言是既非常陌生，又很熟悉的一种学说，本质上同中国人日用而不知的价值观念相融通。

一

新的宇宙观、历史观

马克思主义的宇宙观、历史观集中体现在辩证唯物主义和历史唯物主义中。西方对马克思主义的质疑在于，一个是纯客观的自然现象，一个是有人参与其中的社会现象，两者为什么都服从同一种原理？但是，这样的疑问在中国思想中几乎是不存在的。天人合一、天人相副的思维支配着中国人的头脑。既然天地按照某种规律运转，那么人类社会按照同样的规律运转是一件再正常不过的事情。《联共（布）党史简明教程》也这样解释："既然世界可以认识，既然我们关于自然界发展规律的知识是具有客观真理意义的、可靠的知识，那么由此应该得出结论：社会生活、社会发展也同样可以认识，关于社会发展规律的科学成果是具有客观真理意义的、可靠的成果。"[1] 这种只要自然界成立就一定能在社会领域成立的思路，很容易被中国人所接受。

1. 辩证法与中国思想的融通

一般认为马克思主义辩证法来源于黑格尔，而最初的本原是希腊哲学。在古希腊，辩证法指的是以揭露对方论断中的矛盾并克服这些矛盾来求得真理的艺术。如果是这样，黑格尔和马克思所讲的辩证法，与古希腊揭露思维矛盾以求得真理的方法并没有太多的相似之处，尤其是恩格斯把辩证法看作支配自然界的基本规律，反而能与中国自古以来的思维方式契合。如程颢所言："天地万物之理，

1 《联共（布）党史简明教程》，人民出版社 1975 年版，第 127 页。

无独必有对。”（《朱子语类》）

马克思主义辩证法揭示：自然界是有联系的统一整体，各部分之间有机地相互依赖、相互制约；自然界处于不断运动和变化的过程中，始终有某种东西在产生、发展，有某种东西在破坏、衰颓；发展是从不显著的、潜在的量的变化到显著的变化，到根本的变化，事物发展存在渐变和突变，从简单到复杂，从低级到高级，呈现单向的、不可逆的特征；自然界的现象都有反面和正面，而这种对立面的斗争，促使事物的发展；事物发展的外因须通过内因起作用，而最终决定事物发展的是内因。列宁说：“可以把辩证法简要地规定为关于对立面的统一的学说。这样就会抓住辩证法的核心。”[1]

可以设想，只要接受良好传统教育，即使从未接触西方文化的中国人，要理解上述内容并没有什么思想障碍。从古代开始，中国人就持有机宇宙观而非机械宇宙观，宇宙各部分相生相胜、相互依赖、生生不息。有机宇宙观的要点是，万物发生发展是由内部的阴阳两种对立的东西推动。宇宙并非是智慧生物设计的产物，而是自组织的过程。[2]唯一有差异的是传统中国思想是循环论（“公羊三世说”可能是例外），但《天演论》的巨大成功，已经使近代中国人接受了进化论，接受了自然、社会从简单到复杂不断朝一个方向进化的观点。不过，进化论有一个缺陷，即过分强调外界的压力促使生物进化，属于外因论。马克思主义倾向于从社会内部（生产力和生产关系的矛盾、阶级斗争）解释社会发展过程，更强调内因。当需要二选一的时候，熟悉中国文化的知识分子当然会优先选择唯物史观而不会选择被马克思主义称为“庸俗进化论”的社会进化思想，

---

1 《列宁选集》第2卷，人民出版社1972年版，第412页。

2 笔者认为，有机宇宙观不可能产生诸如社会完全可以像机器一样进行规划设计的观念，那是机械论宇宙观的产物。一些学者引用波普尔的观点批评社会主义模式，其实这种批评并不适合中国，因为它与中国传统思想不符。

因为从古至今中国人都倾向于从事物内部寻找变化的原因。

辩证法与中国文化的融通，丝毫不否认辩证法作为一种宇宙观的革命意义。正如黑格尔的辩证法不会对现实中的德国革命带来促进作用，中国传统阴阳变易和相反相成、物极必反思想也不会产生革命理论。辩证法之所以成为中国革命的理论武器，就在于它的鲜明党性和阶级性，是站在工人立场、用阶级斗争的观点、辩证地观察历史、观察社会、观察革命。这里我们还要注意列宁与毛泽东在辩证法上的差别。在对立统一的关系上，列宁主要讲斗争，认为“发展是对立面的斗争”[1]，但毛泽东从传统的相反相成思想出发，既坚持矛盾的斗争性，也坚持矛盾的同一性[2]。

2. 唯物论与人的主体性

马克思吸收了费尔巴哈的唯物论，但双方有明显差异。马克思主义唯物论有两个根本特征：一是不仅仅用物质的观点解释自然现象和精神现象，也用物质的观点解释人类社会历史进程；二是人的意识不是对存在的机械反映，而是具有改造客观世界的能动性。

马克思唯物论有这样一些特征：（1）世界本质上说是物质现象，任何一种现象，无论是自然现象、社会现象、思维现象，都可以用物质的运动和变化来解释。（2）在人的意识和客观存在关系上，强调存在的第一性、意识的第二性，意识是对存在的反映。物质是世界上所发生的一切变化的基础，精神只是物质的最高产物。（3）自然界存在客观规律，而这种规律可以被人所认识，世界上没有不可认识的东西。

从唯物论中可以派生出这样一些观点。（1）既然世界是物质的，

1 《列宁选集》第 2 卷，人民出版社 1972 年版，第 556—557 页。

2 《联共（布）党史简明教程》坚持认为矛盾两方面不存在和谐，只有斗争，而《矛盾论》认为，在同一性中存在着斗争性，斗争性即寓于同一性之中。

就不仅不能用道德的、精神的眼光看待自然界，也不能用道德的、精神的眼光看待社会发展，不能用主观想象中的正义，比如从“自然状态”中个人自由平等出发来分析社会发展。（2）唯物论坚信社会历史能够成为例如生物学一样准确的科学，共产主义对于革命者来说，是科学和信仰的统一。（3）物质世界是不依赖人们意识而存在的客观实在，那么社会物质生活也是不依赖于人的意志的客观存在。（4）作为辩证的唯物论，应是两点论而非一点论，在承认社会存在决定社会意识的同时，还强调社会意识对社会存在的反作用。

马克思主义唯物论能够被中国共产党人接受并创造性地运用，也有内在的中华文化根源。马克思主义唯物论区别于其他唯物论的显著标志就是强调人的主体性、能动性和实践性，而传统中国思想中的“人定胜天”“人为天地之心”等表现出对人的主体性和能动性的高度自信。在中国革命、建设的历史中，中国共产党人更加突出精神因素，更加突出人的主观能动性，与这种历史文化传统有很大关系。关于真理问题，马克思主义强调“绝对真理和相对真理的统一”。绝对真理的无条件性，对应着相对真理的有条件性，绝对真理寓于相对真理之中，只能通过相对真理表达出来，绝对真理和相对真理是同一客观真理的两种不同表现。这是一种典型的“不二”思维。比如佛学通过二谛义揭示“实相”。所谓“谛”是真理的异名，属于真实不虚之理，只有通过真谛——出世间之绝对真理，与俗谛——入世间之相对真理，才能把握佛法这一真理；两者的关系是，俗谛建立在真谛基础上，真谛通过俗谛显现，真谛和俗谛是对实相（客观真理）的两种不同说法。

不过，我们同样要重视马克思主义唯物论对中国传统思想的改造意义，体现在清除用伦理的、主观的、玄想的方式看待世界，体现在科学的认识论和知识论。（1）客观世界并不依赖于人而存在，这一看法打破了天人合一的幻觉。这个世界并不存在普遍意义上的仁，人性与天地之性没有关系，天人无法感应。客观世界的独立性，意味着将个人主观玄想出的观点强加给世界，并认为这就是学问、这就是知，是完全错误的。（2）通过马克思主义认识论，认识到思维客观性的重要。人的知识是否具有客观真理性，是从古希腊以来西方文化最为关注的核心问题之一。马克思主义同样有西方文化的这一优秀品格。“人的思维是否具有客观的真理性，这不是一个理论的问题，而是一个实践的问题。人应该在实践中证明自己思维的真理性。”[1] 但传统中国思想几乎不追问“我的思维是否具有客观真理性？”马克思主义纠偏了这一重大缺陷。人的知识来源于对客观事物的观察和经验，主观必须见之于客观并经得起实践检验才是可靠的。（3）人的主观能动性最终落实在对客观世界和主观世界的改造。传统中国思想固然强调人的能动性，但只停留于书斋之中，停留在思辨层面。马克思则是从改造世界的角度看人的主观能动性，人不是被动地反映或受制于客观，还可以能动地改造世界。马克思主义把人的主体性、思维的客观性、改造主客观世界统一于实践，人的主观能动性不再是士大夫书斋里的玄想。

3. 历史唯物论和群众路线

社会物质生活条件决定着社会面貌、社会思想和政治设施。这是历史唯物论的基本观点。马克思有一段经典表述：“人们在自己生活的社会生产中发生一定的、必然的、不以他们的意志为转移的关系，即同他们的物质生产力的一定发展阶段相适应的生产关系。这些生产关系的总和构成社会的经济结构，即有法律的和政治的上层建筑竖立其上并有一定的社会意识与之相适应的现实基础。物质

1 《马克思恩格斯选集》第1卷，人民出版社2012年版，第134页。

生活的生产方式制约着整个社会生活、政治生活和精神生活的过程。……社会的物质生产力发展到一定阶段，便同它们一直在其中运动的现存生产关系或财产关系（这只是生产关系的法律用语）发生矛盾，于是这些关系便由生产力的发展形式变成生产力的桎梏，那时社会革命的时代就到来了。”[1]

历史唯物论揭示这样一些观点：（1）全部社会发展史首先是生产的发展史。人类社会的生产不会永远停留在某一水平上，而是不断发展。当生产方式发生变化，人们的生活方式、思想方式，乃至社会制度、精神生活都会发生变化。列宁说：“以往的历史理论至多只是考察了人们历史活动的思想动机，而没有研究产生这些动机的原因……没有把物质生产的发展程度看作这些关系的根源。”[2]（2）生产方式的变化和发展首先从生产工具的变化和发展开始，生产方式内部矛盾通过阶级斗争体现出来。生产力始终是最活跃、最革命的因素，生产关系必须要适应生产力发展的需要。任何特定社会的危机，归根结底是生产关系不适应生产力的发展。如果说生产力的状况是揭示人们用什么样的工具生产物质资料，那么生产关系的状况则是揭示生产资料归谁所有、归谁支配的问题。因此，生产力与生产关系的矛盾，最终通过生产资料的所有者、支配者与不拥有生产资料的劳动者之间的矛盾体现出来，即奴隶主与奴隶、封建主与农奴、资产者与无产者之间的矛盾。从这一意义上，《共产党宣言》说：“至今一切社会的历史都是阶级斗争的历史。”（3）新的生产力及与之相适应生产关系的产生既是客观过程，也是可以通过主观努力改变的过程。在承认生产方式变革是一个客观过程的同时，特别强调新社会思想、新政治设施在变革生产方式中的作用，强调通过无产

---

1 《马克思恩格斯选集》第 2 卷，人民出版社 2012 年版，第 2 页。

2 《列宁选集》第 2 卷，人民出版社 1972 年版，第 425 页。

阶级革命的方式夺取政权，并以统治阶级的资格消灭旧的生产关系。这是历史唯物主义能够转化为革命理论的关键点。如果只是片面强调生产关系变革的客观过程，人只会变成受社会规律支配、受命运支配的奴隶。当发现生产关系无法促使而且阻碍着生产力发展的时候，一个目光敏锐的马克思主义者就必须意识到社会革命的条件开始具备，就应该顺应这一趋势，促使社会革命的到来并保证其成功。

与苏联共产党相比，中国共产党更加强调从唯物史观中引申出的人民群众创造历史的观点，从中发展出更加系统完备的群众路线。毛泽东反复指出："必须明白：群众是真正的英雄，而我们自己则往往是幼稚可笑的，不了解这一点，就不能得到起码的知识。""人民，只有人民，才是创造世界历史的动力。"[1] 从表面上看，承认人民群众推动历史发展，重视人民群众的历史主体地位是同传统中国的圣人史观完全相悖的，其实不然。中国文化对圣人的要求是以天下为己任、以百姓福祉为己任，只有遵循百姓的意愿博施于众才可称为圣人，这与西方文化中的英雄人物仅凭个人意志独自扭转乾坤的英雄史观有根本不同。历史唯物主义的群众观点，从内在逻辑上与中国思想对圣贤人格（以百姓之心为心）的赞颂，有着强烈的契合之处。

1 《毛泽东选集》第 3 卷，人民出版社 1991 年版，第 790、1031 页。

二

科学社会主义和新国家观

现代中国接受科学社会主义，既有向西方寻求真理的渴望，也有俄国革命的激励和帮助，更有中国历史文化作基础。

1. 社会主义是共同富裕

按照马克思最初的设想，社会主义必须由全世界无产者联合起来，通过阶级斗争整个推翻资产阶级专政而实行无产阶级专政才能产生，这是正统的观点。恩格斯在《社会主义从空想到科学的发展》中说："社会主义现在已经不再被看作某个天才头脑的偶然发现，而被看作两个历史地产生的阶级即无产阶级和资产阶级之间斗争的必然产物。"[1] 科学社会主义建立在工人运动的现实力量基础上，建立在历史唯物主义的理论基础上，建立在剩余价值学说这一剥夺者终将被剥夺的历史正义基础上，它有着以下鲜明特征。

第一，在强调暴力革命的同时不放弃合法斗争甚至用和平手段取得政权。用暴力革命反对资产阶级是无产阶级革命的一条基本原则。《共产党宣言》指出，无产阶级"通过革命使自己成为统治阶级，并以统治阶级的资格用暴力消灭旧的生产关系"[2]。《资本论》进一步指出："暴力是每一个孕育着新社会的旧社会的助产婆。"[3] 针对19世纪末西方国家采取以普选制为基础的代议制，恩格斯提出调整斗争策略的必要性，可以用普选权维护工人利益。但在比较落后

1 《马克思恩格斯选集》第3卷，人民出版社2012年版，第796页。
2 《马克思恩格斯选集》第1卷，人民出版社2012年版，第422页。
3 《马克思恩格斯选集》第2卷，人民出版社2012年版，第296页。

的俄国从事无产阶级革命的列宁，由于缺少合法手段，突出强调暴力革命的必要性。第二，工人阶级应在革命中居主导地位。马克思认为：无产阶级（工人阶级）是资本主义社会里最革命也是最先进的阶级，只有以最革命、最先进、最能代表先进生产力发展方向的阶级作为革命的主导力量，这样的革命才是有前途、有未来的。农民并不与社会最先进的生产力结合，因此以农民为主导的革命就不可能代表社会发展的方向。第三，对资本主义历史作用抱持积极的态度。《共产党宣言》指出："资产阶级在历史上曾经起过非常革命的作用。""资产阶级在它的不到一百年的阶级统治中所创造的生产力，比过去一切世代创造的全部生产力还要多、还要大。"[1]封建传统势力、民粹主义势力希望本国避免发展资本主义，直接发展出自己所希望的"理想社会"，纯属主观幻想。社会主义要依靠资本主义的发展所造成的强大革命力量即工人阶级，发展它的阶级意识，把它组织起来，帮助它建立自己的工人政党。社会主义与资本主义是一种共生的关系，离开资本主义的发展就谈不上社会主义社会的到来。第四，社会主义国家性质。列宁说："极少数人享受民主，富人享受民主，——这就是资本主义社会的民主制度。"[2]而社会主义的本质特征是人民群众当家作主，人民群众成为国家的主人。第五，生产资料公有制和消费品按劳分配。社会主义并不能消灭一切不公平现象。列宁说："马克思不仅极其准确地估计到了人们不可避免的不平等。而且还估计到：仅仅把生产资料转归全社会公有（通常所说的'社会主义'）还不能消除分配方面的缺点和'资产阶级权利'的不平等，只要产品'按劳动'分配，'资产阶级权利'就会继续通行。"[3]

1 《马克思恩格斯选集》第 1 卷，人民出版社 2012 年版，第 402—405 页。
2 列宁：《国家与革命》，人民出版社 2015 年版，第 89—90 页。
3 列宁：《国家与革命》，人民出版社 2015 年版，第 95—96 页。

很明显，社会主义条件下一定程度的贫富差距不仅是客观存在的，而且也是不可避免的，只有在社会主义高级阶段，才能实现“各尽所能，按需分配”。

以上是科学社会主义的基本观点。那么，社会主义的思想是如何被中国人接受的？根据现有资料，最早将社会主义思想传入中国的是英国传教士李提摩太。1899 年春由李提摩太翻译、蔡尔康撰文，将英国学者本杰明·颉德的《社会进化论》一书译为《大同学》并在上海《万国公报》连载，其中介绍“德国讲求养民学者，有名人焉。一曰马克思。一曰恩格斯”。1904 年 2 月，梁启超在《新民丛报》连续发表其《中国之社会主义》一文，认为“中国古代井田制度，正与近世之社会主义同一立脚点”。1905 年初，孙中山以“中国社会主义者”身份，访问第二国际在布鲁塞尔的国际局，希望能接纳兴中会为第二国际成员。同年 10 月，孙中山正式提出“三民主义”，把民生主义直接等同于社会主义。这说明，社会主义思想进入中国首先是以解决贫富悬殊、解决好民生的面貌出现，与古代的“不患寡而患不均”联系在一起。马克思主义在中国传播的初期带有很大的“格义”色彩，尽管后来中国共产党摆脱“格义”能正确理解科学社会主义的本义，但是作为一个民族共同的潜意识却是难以改变的。生活在欧洲的恩格斯很自然地将社会主义与原始基督教进行比较，他说：“基督教和工人的社会主义都宣传将来会从奴役和贫困中得救；基督教是在死后的彼岸生活中，在天国里寻求得救，而社会主义则在现世里，在社会改造中寻求。”[1] 因此，西方式社会主义往往同“得救”相联系，而与中国传统相结合的社会主义必定同“富裕”相联系——让一部分人先富起来，先富带动后富，实现共同富裕。

1 《马克思恩格斯选集》第 4 卷，人民出版社 2012 年版，第 327 页。

一个是“得救”，一个是“富裕”，体现两种不同文化背景下对社会主义认识的差异。过去我们照搬西式社会主义，强调纯而又纯的公有制——起源于柏拉图《理想国》、原始基督教社团、托马斯·莫尔《乌托邦》等所设计的公有制，结果证明并不适合中国国情。通过对社会主义实践正反两方面经验教训的比照，邓小平鲜明指出“贫穷不是社会主义”。中国特色社会主义的关键词应该是“富裕”和“共同富裕”。就如孔子说的“富之、教之”，孟子说的“天之生此民也，使先知觉后知，使先觉觉后觉也”，在致富路上，不让一个人掉队。

2. 国家是一种历史现象

国家不是亘古不变的社会现象，会产生也会消亡。列宁说：“国家是剥削被压迫阶级的工具。”[1] 按照这样的国家观，国家是为统治阶级利益服务的暴力机器，不管采取何种统治方式，无论君主制、贵族制、共和制，都不能掩盖为统治阶级服务的性质。既然资本主义国家是资产阶级压迫无产阶级的暴力机器，那么，“无产阶级国家替代资产阶级国家，非通过暴力革命不可”[2]。无产阶级掌握政权时，应当“打碎、摧毁、炸毁”全部国家机器，建立起全新的无产阶级专政的国家机器。列宁的国家学说有一条非常清晰的逻辑链：国家是阶级压迫的工具→阶级斗争贯穿于全部阶级社会历史→阶级斗争必然导致无产阶级专政→无产阶级专政的国家将逐渐自行消亡，最终实现共产主义。马克思主义国家学说有以下要点。

第一，无产阶级专政是一种历史现象。马克思说：“在资本主义社会和共产主义社会之间，有一个从前者变为后者的革命转变时期。同这个时期相适应的也有一个政治上的过渡时期，这个时期的国家

1 列宁：《国家与革命》，人民出版社 2015 年版，第 12 页。
2 列宁：《国家与革命》，人民出版社 2015 年版，第 22 页。

只能是无产阶级的革命专政。”[1] 列宁把是否坚持无产阶级专政当作检验是否是马克思主义者的试金石。无产阶级专政的意义在于，“将第一次提供人民享受的、大多数人享受的民主，同时对少数人即剥削者实行必要的镇压”[2]。列宁承认无产阶级专政的镇压性质，只是将少数人压迫大多数人的资本主义国家，转变为大多数人镇压少数压迫者的社会主义国家。第二，防止社会公仆变成社会主人。恩格斯在《法兰西内战》序言中说，工人阶级取得统治权“一方面应当铲除全部旧的，一直被利用来反对工人阶级的压迫机器，另一方面还应当保证本身能够防范自己的代表和官吏，即宣布他们毫无例外地可以随时撤换”[3]。无产阶级专政条件下，依然要防止出现国家和国家机关由社会公仆变为社会主人的危险，即防止人们去追求升官发财。列宁在引述恩格斯的论述时说：“要完全消除升官发财的思想，就必须使国家机关中那些无利可图但是‘荣耀的’职位不能成为在银行和股份公司内找到肥缺的桥梁，像在一切最自由的资本主义国家内所经常看到的那样。”[4] 第三，国家自行消亡。在未来的共产主义社会将实现“国家消亡”，这是马列主义国家学说的最后归宿。从总体上看，列宁对“国家”评价是比较负面的，把国家称作“祸害”和“废物”，这与恩格斯的观点一致。恩格斯强调：“国家无非是一个阶级镇压另一个阶级的机器，而且在这一点上民主共和国并不亚于君主国。国家再好也不过是在争取阶级统治的斗争中获胜的无产阶级所继承下来的一个祸害。”[5] 但国家消亡只能是社会主义国家，因为资本主义国家不是自行消亡，而是通过无产阶级革命来消灭，只有在

1 《马克思恩格斯选集》第 3 卷，人民出版社 2012 年版，第 373 页。
2 列宁：《国家与革命》，人民出版社 2015 年版，第 92 页。
3 《马克思恩格斯选集》第 3 卷，人民出版社 2012 年版，第 54 页。
4 列宁：《国家与革命》，人民出版社 2015 年版，第 79 页。
5 《马克思恩格斯选集》第 3 卷，人民出版社 2012 年版，第 55 页。

无产阶级国家，当阶级消亡，阶级压迫不再必要的时候，国家才有可能自行消亡。列宁讨论了国家消亡的经济基础，指出："国家完全消亡的经济基础就是共产主义的高度发展，那时脑力劳动和体力劳动的对立已经消失，因而现代社会不平等的最重要的根源之一也就消失。"[1]

马列主义国家学说的核心是，国家是一种历史现象，是为统治者利益服务的工具。这就意味着，在这样的国家，被统治者是绝对的利益受损方。即使是社会主义国家，也是无产阶级迫不得已继承下来的一种"祸害"。马列主义关于国家自行消亡的思想暗含了一个基本前提，即国家对人类来说是一种无奈的、最终要消除的罪恶，国家消亡之日才是人类彻底自由解放之时。同时，还暗含这样一种观点，即国家是不必要的、强加给人的历史现象。国家要消亡的观点，对中国人并不陌生。比如，庄子式无政府主义早就认为，国家、政府本身是违反自然的异己力量。东晋鲍敬言、唐末无能子、近代康有为、谭嗣同、章太炎以及近代中国社会党创始人江亢虎等都是无政府主义代表。其中江亢虎对学生时期的毛泽东产生过较大影响。马克思主义国家学说固然与中国传统的无政府主义国家观有本质区别，但列宁将国家看作是消极性的、废物的观点，对现实社会主义国家建设依然带来一些消极影响。

3. 实践中不断发展着的人性论

马克思主义人性论是属于抽象与具体相统一、自然属性与社会属性相统一的，不断实践着、发展着的人性论。马克思把"自由"看作是人的类特征，但与欧洲启蒙运动思想家不同的是，他不认为这种类特征已经先天存在着，而是需要在历史社会中不断实现的可

1 列宁：《国家与革命》，人民出版社 2015 年版，第 98 页。

能性。在这个意义上，马克思提出："人的本质不是单个人所固有的抽象物，在其现实性上，它是一切社会关系的总和。"[1] 如果不谈人有自由的类特征这种可能性，只是片面地讲人的本质是社会关系总和，会带来两个问题。一是会陷于这样的逻辑困境：人性由社会关系决定，社会关系由生产方式决定，生产方式内在的矛盾通过阶级斗争表现出来，最终阶级性决定着人性。这使完整丰富的人性教条化。二是把人的自由和解放作为共产主义社会的目标就失去了内在的依据。只有当人本身具有自由的类特征，有内在的实现体力、脑力全面发展的需要，才能谈得上把人从异化中、从资本的奴役中解放出来的必要。人的解放须建立在人有自由的类特征以及有解放的必要和有解放的能力这一基础上。社会主义学说建立在对人性抱乐观主义态度上。比较宋明道学的心性学，双方的思维逻辑存在一致性。天地之性（善）作为人的本性内在于人，它是先天的而不是后天强加的，人生的使命就是把内在于人的本性绽放出来。这是一个把可能性转化为现实性的过程。

马克思主义人性论着重解决三个问题。

第一，为科学社会主义理论提供更加扎实的基础。恩格斯在《社会主义从空想到科学的发展》中说，在这样的社会，"人终于成为自己的社会结合的主人，从而也就成为自然界的主人，成为自身的主人——自由人"[2]。但是，如果人的类特征中本身就没有实现自由的必要性和可能性，那么追求人的解放和自由岂不是强加于人的外在的东西？正如孟子批评告子将人性比作杞柳时说，是顺着杞柳的本性做成杯盘还是伤害它的本性做成杯盘？同样道理，马克思认为人有自由的类特征，所以实现自由才是有价值的终极追求，人类解放

1 《马克思恩格斯选集》第 1 卷，人民出版社 2012 年版，第 135 页。
2 《马克思恩格斯选集》第 3 卷，人民出版社 2012 年版，第 817 页。

事业才是正义的。

第二，社会关系反映着人性，只能通过具体的社会关系观察人性。人性无法从单个的、没有联系的人类个体中抽象出来，它只体现在社会关系之中并由社会关系规定着。观察独自漂流在荒岛上的鲁滨孙，难以获得人性的全部内容。这是闪耀着真理光芒的、有深刻洞察力的人性论。同样一个人，面对弱者和面对强者，会有完全不同的表现，是因为两者的社会关系发生改变。说明改造客观世界，不断改变人与自然、人与人、人与社会关系的重要性。恶的制度产生恶的人，贪婪的制度产生贪婪的人性。这是马列主义提出无产阶级革命的重要依据。一般的观察者也能发现，处于富裕状态的人们总体上比处于饥饿状态的更乐于助人，个人尊严得到普遍尊重的社会中人们会更加自律。不过，马列主义者从来是两点论，人从来不只是环境的产物，还有主体性、能动性。

第三，人性有不断改进的可能性。《共产党宣言》曾对共产主义的各种责难作出回应，如“有人反驳说，私有制一消灭，一切活动就会停止，懒惰之风就会兴起”。这一责难隐含着对人性的假设——人是而且只能是逐利的动物。马克思、恩格斯对此的回答是“这样说来，资产阶级社会早就应该因懒惰而灭亡了，因为在这个社会里劳者不获，获者不劳”[1]。这种回答不能说没有力量，但显然很不够。因为，别人依然可以反驳说，正是有了私有产权的保护，我有努力工作的动力；我因努力积蓄财产，才获得了“懒惰”的资格；当“懒惰”危及我的生活，又会激发再努力的动力；所以，这样的社会是不可能因懒惰成风而灭亡的。如果不解决双方在人性看法上的差距，即如果不改变西方文化传统的人性恶的看法，争论就不会有结

1 《马克思恩格斯选集》第1卷，人民出版社2012年版，第414页。

果。列宁写作《国家与革命》时遇到同样的困难——消灭私人占有生产资料和实行按需分配后，如何保证人们有努力工作的动力。他的思路是：在共产主义第一阶段，消灭私人占有生产资料的同时，必须保留“不平等的资产阶级权利”，允许实行按劳分配的竞争关系。实质是肯定人为自身经济利益努力的看法。在共产主义高级阶段，针对把“各尽所能，按需分配”冷嘲热讽为“纯粹乌托邦”，列宁认为未来实现这一制度要满足两个条件，“既不是现在的劳动生产率，也不是现在的庸人”[1]。意思是，当具备劳动生产率极大提高、人的思想觉悟空前提高这两个必要条件时，才有可能进入共产主义社会。这暗含着马列主义人性论的一个基本前提，即人性有不断改进的可能性。马克思主义对于人类有不断趋于完美的可能性给予高度肯定。人们在改造客观世界的同时，不断改造主观世界，在实践过程中成就自己。这一点，与宋明道学认为不断破除习染使“道心”不断呈现的思路，与王夫之的人性发展论，甚至与现代新儒家将人的道德心性的实现看作一个实践的过程[2]，都有相同的思维结构。马列主义提出共产主义新人的培养有两点需要注意：一是由外而内的改造和由内而外的觉悟两者相统一，但由内而外的觉悟是根本；二是要有生产力不断提高和物质财富不断丰富作基础。它们共同统一于社会实践之中。只不过，儒家心性论并不谈后者。

1　列宁：《国家与革命》，人民出版社 2015 年版，第 99 页。

2　张君劢：《为中国文化敬告世界人士宣言》，参见《新儒家思想史》，中国人民大学出版社 2006 年版，第 569 页。

三

建党学说和革命策略

如果说马克思主义哲学和科学社会主义理论提供了世界观和革命目标，列宁的建党学说和革命策略则解决了如何组织起来，如何将批判的武器转化为武器的批判。中国共产党是按照列宁主义建党原则建立起来的，其首要原则是：共产党是马克思主义（或者说科学社会主义）同工人运动相结合的产物，它决定党的性质首先是工人阶级的先进部队。除此以外，列宁建党学说有以下几个重要特征。

第一，重视从思想上建党。列宁在《怎么办？》的题记摘录了拉萨尔于1852年6月给马克思的信："党内斗争给党以力量和生气。党本身模糊不清、界限不明，是党软弱的最大明证。党是靠清洗自己而巩固的……"[1]开展积极的思想斗争，定期清除不合规党员以保证党的活力、战斗力，是列宁建党思想的特征。后来苏联共产党将思想观点的交锋演变成残酷斗争、无情打击、肉体消灭，给早期中国共产党带来消极影响。毛泽东继承了思想建党的原则，但在具体路径上与列宁有明显不同。中国化佛学和宋明道学有一个共同观点：人的区别在于觉悟的高低。"思想觉悟"成为毛泽东党建思想的关键词，体现为内外结合的自觉、自新过程。而列宁党建思想的关键词是"思想灌输"，"就是把认清无产阶级的地位及其任务的这种意识灌输到无产阶级中去"[2]。它是一种由外向内的、单向的、强制性的活动。觉悟与自觉相关，而灌输与强迫相关，觉悟和灌输体

1 《列宁选集》第2卷，人民出版社1972年版，第290页。
2 《列宁全集》第6卷，人民出版社1986年版，第37页。

现了两种不同文化传统下的不同思路。只是国内外大多数研究者没有注意两者之间的区别及其意义，并没注意区别觉悟与灌输的差异，因而一些马克思主义的教授依然在大谈“灌输”。

第二，党要始终成为工人运动的领导而不能成为尾巴。这涉及党在整个工人运动中的定位问题，是顺着工人的愿望，跟随在工人运动后面发挥作用，还是积极引导、启发工人的思想，主动组织开展工人运动。实质是共产党始终是革命党，还是成为社会改良党；是完成自己的历史使命，还是对社会做些修补工作。列宁《怎么办？》批驳了当时党内流行的观点，如“社会民主党应当从主张社会革命的政党，变成主张社会改良的民主政党”[1]等。从中引申出的“党要成为革命的引领者，而不能成为革命的尾巴”这一思想，无论对俄国革命还是中国革命都产生积极影响。但这一问题远比看上去的复杂，涉及一连串的现实问题。比如，这里的领导是不是包办代替，强迫群众接受新的目标任务？在共产党成为执政党后，要不要继续推进包括自身在内的社会革命？还是仅仅满足于目前执政党的地位，不再对社会体制作重大变革？要不要牢记历史使命——最终实现对生产力和人的彻底解放，还是随波逐流？按照列宁的不断革命论，无疑应该是前者而不是后者。仅仅满足于当前执政地位就必定会失去政权，这是历史辩证法。在不断开展自我革命中推进社会革命，应是共产党人的鲜明政治本色。

第三，社会主义革命可以在单独一国取得胜利。这是列宁的理论贡献。他在 1915 年 8 月的《论欧洲联邦口号》中写道：“经济和政治发展的不平衡是资本主义的绝对规律。由此就应得出结论：社会主义可能首先在少数甚至在单独一个资本主义国家内获得胜利。”[2]到

1 《列宁选集》第 1 卷，人民出版社 1972 年版，第 295 页。
2 《列宁选集》第 2 卷，人民出版社 1972 年版，第 554 页。

了 1916 年 8 月俄国十月革命的前一年，列宁有了更深入的思考。在武装斗争，建立自己的军队方面，列宁说："武装无产阶级，以便战胜、剥夺资产阶级，并且解除其武装，——这是革命阶级唯一可行的策略，这种策略是由资本主义军国主义的整个客观发展所准备、奠定和教给的。"[1] 列宁这些断言在十月革命中得到验证，1917 年 10 月 25 日，随着"阿芙乐尔"号巡洋舰向临时政府驻地冬宫发出的炮击声，一个新纪元宣告开始。对于武装斗争在革命中的意义，毛泽东用一句更加简洁的话来概括：枪杆子里面出政权。

四

马列主义对中国社会的意义

马列主义作为现代中国的指导思想，其影响是全方位的。中国历史上除了佛教，还没有哪一种外来思想能够全面渗透到中国社会的各个层面。马列主义对于中国人民摆脱帝国主义、封建主义、官僚资本主义的压迫，赢得民族独立和解放，实现国家改造和现代化转型，发挥着决定性的作用。这是任何一种西方思想都难以胜任的。

马列主义被中国人接受，成为重建关于人与自然、人与人、人与社会新秩序的思想基础。通过马列主义这一通道，实现了中华文

---

1 《列宁选集》第 2 卷，人民出版社 1972 年版，第 724 页。

明话语体系与西方文明话语体系的有效对接，为大规模吸收西方科学革命、工业革命、社会革命的优秀成果提供坚实的思想基础、制度基础。马列主义的革命性、批判性，给中华文化注入强劲活力；马列主义的国际主义，打破中华文化的自足性，给传统天下观赋予新的含义；马列主义揭示西方资本的实质，为我们驾驭资本并为我所用提供智慧。现代中国人普遍接受这样一种观念：世界是物质的、客观实在的，而非伦理的、鬼神的、虚幻的；人类历史是不断发展进步的客观过程，而非退步的、循环的；思维与存在、主观与客观是对立的统一过程，矫正了传统中国思想中的“不二”观。马克思主义改变了中国思想的样态，开始认真思考人的客观知识是如何获得这一问题，把来自古希腊的传统转化为中国现代思想的重要部分。

毫无疑问，马列主义对中华民族精神面貌的重塑更不容忽视，首要的无疑是斗争精神。由于受专制主义尤其是清朝二百多年的奴化统治，中华民族的精神之花凋零，专制奴化统治使国人成为目光呆滞、手足无措、唯诺恭顺的奴才，像猥琐的老鼠啃噬着人血馒头而不自知。马列主义唤醒了千百万受帝国主义压迫、受统治阶级剥削的麻木心灵，使之意识到自身权利、自身利益、自身前途。阶级斗争学说在一个历史阶段使民族精神之花在血与火的淬炼中重新绽放，释放出巨大力量。列宁说：“被压迫阶级如果不努力获得有关武器的知识，学会使用武器，占有武器，那它只配被压迫，被虐待，被人当作奴隶对待。”[1] 人民群众除了自己解放自己，自己为自己争取权利，没有别的出路。经过马列主义和中国革命的洗礼，如凤凰涅槃，锻造出一个具有大无畏精神、敢于斗争、敢于胜利的民族，一个面对敌人枪炮敢于前仆后继、奋勇向前的民族。中华民族在斗争

1 《列宁选集》第 2 卷，人民出版社 1972 年版，第 723 页。

中实现空前的团结统一。马克思主义是斗争哲学，从不讲士大夫式的童话故事，用近乎冷酷的斗争激励中华民族恢复曾有的激情与豪迈，找回失去的自强不息、知其不可为而为之的精神。美国记者埃德加·斯诺冲破重重阻力到达陕北采访的时候，对这一点感受尤深。在谈到对周恩来的印象时写道："背弃古代中国的基本哲学、中庸和面子哲学；无可比拟的吃苦耐劳的能力；无私地忠于一种思想和从不承认失败的不屈不挠精神——这一切似乎都包含在这个红军的故事和参加创建红军的一个人的故事中。"在谈到共产党和农民的关系时写道："他们真诚的迫切的宣传目标始终是要震撼、唤起中国农村中的亿万人民，使他们意识到自己在社会中的责任，唤起他们的人权意识，同儒道两教的胆小怕事、消极无为、静止不变的思想作斗争，教育他们，说服他们，而且没有疑问，有的时候也缠住他们，强迫他们起来为人民当家作主——这是中国农村中的新气象——而斗争，为共产党心目中的具有正义、平等、自由、人类尊严的生活而斗争。"[1] 近代以来，中西文化大交流过程中，关于中国人卑劣的人格，往往成为一些人讥讽的对象。哀其不幸、怒其不争，是鲁迅对国民性的剖析，更有西方传教士、文人学者的描述。形容得比较文绉绉的语言是：中国人比较功利和现实，缺乏超越意识，缺乏宗教精神。通俗点的语言是：只要日子过得好，管他谁统治。有的文人甚至自我标榜：只要小民幸福，不管国家崛起。这种市侩的嘴脸，商人的精明，毫无原则、毫无公义、毫无廉耻，反映着长期受专制统治、奴化教育所形成的卑劣人格。这一切都在中国共产党领导的社会革命中得到彻底涤荡。斗争精神无疑是马列主义通过中国共产党人带给中华民族最为宝贵的礼物。

1 〔美〕埃德加·斯诺:《西行漫记》，董乐山译，东方出版社 2010 年版，第 53、111、112 页。

马克思主义的批判精神是一种科学精神、认真的精神。毛泽东曾说："世界上怕就怕认真二字，共产党就最讲认真。"[1] 共产党人让讲认真的精神、批判的精神在中国扎根、开花、结果。马克思主义还改变了中国人循环保守的历史观，第一次将人类进步建立在可靠的物质生产之上，而不是善良动机上。马克思主义哺育一代中国人为理想、为信仰而努力，为捍卫一种价值观而奋斗。传统中国思想有君子小人之争，有仁与不仁之争，有名教与自然之争，最后演变为利益之争。正如孙中山说的，最能打动中国人心的是发财，一听说发财，大家都会拼命跟着。从整个人类历史发展看，能超越个人利益，为更纯粹的共同利益而努力，是社会迈入更高文明的标志。马克思主义关于全人类共同利益的教导，使人们从狭隘的个人利益、家族利益中摆脱出来，看到更大的共同利益。

一百多年前，梁启超曾放言，美哉，我少年中国，与天不老！壮哉，我少年中国，与国无疆！而经过马克思主义的思想性锻造，古老中国的确如衔来枝枝香木的凤凰，开始在丹穴山上浴火重生，终将一飞冲天、傲视那些"哈哈"的群鸟。

潜龙腾渊，鳞爪飞扬；

乳虎啸谷，百兽震惶。

立志于中华民族千秋伟业的百年大党——中国共产党，正迎来风华正茂的如歌韶华。

---

1 《毛泽东传》（1949—1976），中央文献出版社 2003 年版，第 759 页。

跋

继往开来正当时

本书以“古今之变”立论，取司马迁的“究天人之际，通古今之变”。但本书“古的东西”舍弃不少，比如阴阳五行、天干地支、名家、阴阳家等，“今的东西”还不够丰富，一些重要人物的思想未能提及。这样的安排虽有笔者的一些考量，但毕竟会留下些遗憾。这里就“今的东西”再续写几句，以作为本书的结尾。

思想是冲着问题去的。什么是中国思想？当然是研究中国问题和人类问题的观念体系。严格讲，那些只是介绍和研究西方学术观点的，不属于中国思想。现代中国思想尽管纷纭复杂，但总的基调是将中国实际与西学相结合创立新的学说，以解决三千年未有之变局面临的问题。洪秀全的“拜上帝会”是中西结合的第一次有意义的尝试，其次是康有为的变法和大同理论，再次是孙中山的三民主义，最终是中国共产党的社会主义理论。其他的，如以夷制夷、中体西用、科学救国、实业救国等，都只是围绕上述主轴线的一些零碎、不系统的观点和主张。中国现代思想是围绕如何实现民族复兴而产生的一套庞大观念体系，从形而上的哲学，到个人的修身、修养等。但有一些学者是不赞成的，他们只紧盯现代西方思想的发展轨迹，比如现代性或后现代理论，结果把西方的问题看作是自己的问题，把西方的困境看作是自己的困境，把西方的议题看作是全人类共同的议题。这与我们过去在科技发展上采取紧盯策略有关，似乎所有学科都须采取这样的策略。他们很难摆脱西方中心论、摆脱人类社会是单线条发展的思维模式（尽管他们坚决反对西方中心论和单线条发展），总认为西方的今天肯定是我们的明天。当我们在科技领域从难望其项背到跟跑，再到并跑，甚至领跑的时候，开始发现领跑的前提是必须要有自己独特的问题意识和思维方法。没有思想上的引领就没有其他方面的领跑，思想是我们高飞的翅膀。

笔者在自序中提出，当今中国成功的奥秘很大程度上要从中华文化特性中去寻找，从中华民族特性中去寻找，从中国思想中去寻找。由于本书采用以历史为线索逐一介绍主要思想人物的方式，就很难有机会对该结论作综合性阐述。这里作一补充，以便寻找中华民族之所以能够再续辉煌的历史文化上的理由。

第一，独特思维。从阴阳和合、相反相成中，中国人很早就形成了“一分为二、合二为一、二还是二”的独特思维用于思考问题、解决问题。所谓“一分为二”，体现在两点论，任何事物都呈现正、反两个方面，有好的、也有坏的，有善的、也有恶的，不能绝对化。所谓“合二为一”，体现在“不二”论，如阴与阳、战争与和平、自由与平等、落后与先进等，都寓于统一的事物之中。所谓“二还是二”，体现在“和而不同”论，两个貌似对立的东西是可以长期共存的，人为地追求一致，其结果将是“同则不继”。这种中国式智慧就会避免西方文化传统中非白即黑、不是正统就是异端等思维带来的暴力和战争。凡是与我不一致的，凡是价值观不同的，就必须反对、就不允许存在，这种思想依然顽固地存在于一些西方人的头脑中。而这种毫不宽容的思维模式只会引来无穷无尽的社会冲突和撕裂。

第二，世俗性。西周以来中国就进入了世俗社会，历代圣贤哲人都在努力构建一套不依靠神、不依靠宗教也能建立有序社会的思想体系，这是最具中国特色的文化形态，也是我们中华文明的伟大之处。19 世纪以来，西方社会的主题也是世俗化的，但遗憾的是迄今依然没能成功构建起不依靠神、不依靠宗教的伦理体系，并把这套伦理体系作为社会秩序的基础、生活幸福的基础。西方现代性危机很大程度上源于此，因为上帝死了，一切皆有可能。但中国人不存在上帝死了所带来的惶恐、失序和虚无等焦虑心态。上帝死了，对于中国人来说就如同隔壁老人家去世了——可以表示同情，但不会妨碍人们继续生活。中国人不需要宗教也能过有意义、有价值的知性生活。自古代开始，中国人就认为，人者，天地之心、天地之德。人类的秩序来自人自身，人类的道德力量来自人自身，人性之善来自人自身，是人而非神才是人类社会秩序和道德的基石。作为世俗性社会，中国很早就产生了以人为本位而非以神为本位的观念。重视人的主体性、人的价值、人的生命，是中华文化的内核。与世界同时期其他文明相比，对人的价值的肯定，中华文明可谓鹤立鸡群。

第三，坚持以民为本位。《诗经·大雅·烝民》曰："天生烝民、有物有则。"说明民都是天之子。《尚书》说："民惟邦本，本固邦宁。"中国思想中很早就发展出一种以民为本位而非以君为本位、以国为本位的观念，这种观念以各种形态留存在不同历史时期。当把这种观念转化为具体的制度，把所有人的聪明才智都激发出来，不让一个人掉队，便成为生动而真实的写照。中国共产党人继承了这样的优秀思想传统并把它转化为一套有效运转的制度，这是了不起的成就！一个能把大部分人或绝大部分人的潜力都激发出来的社会，想不成功都难。我们这个时代最奇妙的是，任何奇妙的想法都有可能实现。党的二十大报告指出："中国共产党是为中国人民谋幸福、为中华民族谋复兴的党，也是为人类谋进步、为世界谋大同的党。"笔者坚信，坚持以人为本位、以民为本位的中华文明，具有圆而润智慧的中华民族，是不可能产生军国主义、帝国主义、极端民族主义的思想和体制的，一个强盛的中华文明只会有利于世界和平、有利于人类进步。

第四，率先垂范和主动揽责。《召诰》曰："其惟王位在德元。"周公告诫成王要做全天下的楷模。《诗》曰："尔之教矣，民胥效矣。"上位者言传身教，百姓就会效仿。以身作则、率先垂范是从古至今对士君子的普遍道德要求。《汤诰》曰："其尔万方有罪，在予一人；予一人有罪，无以尔万方。"如果全天下有错，错在我一人；我一人有罪，别连累百姓。这种主动揽责的政风，使中国历史上出现了二百六十份"罪己诏"，这在世界文明史上是空前的。西方传统却有着根深蒂固的"替罪羊"文化——通过牺牲他人来摆脱罪孽、纯洁自己。我们很难相信西方历史中会有一位皇帝、一个国王主动向国民自我检讨，指出自己的过错，事实确实没有，甩锅、推卸责任依然是当代西方政治的基本逻辑。可以预见，中华文明中率先垂范和主动揽责的这份担当、这种精神一旦重新爆发出来，其发展伟力将势不可当。

第五，理一分殊，治道可变而天道不变。中国传统思想认为，宇宙间有一个理，能在万事万物中体现，此理便是人心、良知。谁能逃脱天理的规制？谁能不害怕良知的拷问？治理国家的方法可以改变，但万变不离其宗，其为民的天道不会变、也不能变。"民之所欲天必从之。""圣人当以百姓之心为心。"中国文化中，天命就是民意、天道便是人心。从中国思想中很自然概括出这样的经典——"江山就是人民，人民就是江山"。中华文明的天道是为民，是全心全意为人民服务。治道可变，但天道不变。中华文明定义下的统治合法性就在其中。

第六，天下为公。《吕氏春秋》曰："治天下也，必先公，公则天下平矣。"何谓公？无私。何谓无私？孔子说："天无私覆、地无私载、日月无私照。"即不偏不倚地对待天下苍生，既不会刻意优待某个人或忽视某个人，也不会因个人好恶作取舍。政府对待管理对象要像天地日月那样，一视同仁、公平对待。中华文明定义下的"公"，其首义是不偏不倚、客观公正，而非单从财产所有制上说的。中华文明定义下的理想社会不会是柏拉图《理想国》描述的或者莫尔《乌托邦》描绘的，也不是一些马克思主义经典作家论证的那种纯而又纯的绝对的公有制社会，它与我们的民族传统不符。可以说，我国现阶段所确立的公有制为主体、多种所有制经济共同发展的基本经济制度有着强大的历史文化支撑。我们所追求的天下大同，不是绝对平均、绝对平等，其中心思想还是各得其所、各得其宜，鳏寡孤独废疾者皆有所养。真要实现这一点，确实很困难，但这是一种经过努力可以克服的困难。

第七，中国式政治经济学。《礼记·大学》蕴含中国式政治经济学的要义。比如“生财有大道，生之者众、食之者寡，为之者疾、用之者舒”——创造物质财富的人很多，寄生者、游荡者很少；工作时要尽心竭力，享用时却思虑再三。相反，如果整个社会创造物质财富的人很少，都不愿意从事艰苦的行业，却有一大群吃闲饭搞内耗的，干活时悠然自得，享受时唯恐不及，即便你掌握着“最先进”的技术、“最科学”的经济刺激办法、“最精确”的统计结果，也依然无济于事、归于无效。

中国思想中还有仁义、天下、王道等内容。把中国古代思想中有价值的元素根据中国实际进行现代转化，再融合全人类文明成果，应是中国现代思想的基本样态。这是一项永远在路上的工作。本书初步论证了在西方众多思想流派中，马克思主义之所以能在中国扎根并开花结果的原因。今后在适当时机还要讨论这样一个问题，马克思主义全面进入中国社会，是如何为中华民族更大规模吸收包括西方在内的全人类优秀文明成果奠定扎实的思想基础和制度基础的。这种讨论将会对中华民族创立的人类文明新形态，以及支撑这种文明新形态的思想体系有一个更加清晰的理解。

只要对中华民族的前途充满信心，就必然会对人类的前途充满信心。

图书在版编目（CIP）数据

中国思想的古今之变 / 蔡晓著. —北京：中国工人出版社，2023.5
ISBN 978-7-5008-8035-6

Ⅰ.①中… Ⅱ.①蔡… Ⅲ.①思想史—中国 Ⅳ.①B2

中国国家版本馆CIP数据核字（2023）第074914号

中国思想的古今之变

出版人	董　宽
责任编辑	蒋佩轩　蔡杰锦
责任校对	张　彦
责任印制	栾征宇
出版发行	中国工人出版社
地　　址	北京市东城区鼓楼外大街45号　邮编：100120
网　　址	http://www.wp-china.com
电　　话	（010）62005043（总编室） （010）62005039（印制管理中心）
发行热线	（010）82029051　62383056
经　　销	各地书店
印　　刷	北京盛通印刷股份有限公司
开　　本	710毫米×1000毫米　1/16
印　　张	21.25
字　　数	255千字
版　　次	2023年9月第1版　2023年9月第1次印刷
定　　价	68.00元